Peter Wießmüller

Miles Davis

Sein Leben
Seine Musik
Seine Schallplatten

Collection Jazz
OREOS

COLLECTION JAZZ
Die großen Musiker des Jazz
Ihr Leben, ihre Musik, ihre Schallplatten
Herausgegeben von Gerd Filtgen
und Walter Lachenmann

Für die freundliche Unterstützung bei der Zusammenstellung der Informationen und des Bildmaterials für diesen Band sowie für die Erlaubnis zum Abdruck bedanken wir uns herzlich bei folgenden Fotografen, Journalisten, Plattenfirmen und Institutionen: Amerika-Haus Bonn, Karlheinz Bechholz, Blue Note, Capitol, CBS, Cicala, Columbia, Debut, Gudrun Endress, Flying Dutchman Records, Dany Gignoux, Don Hunstein, IMS, Jazzpodium, Karlheinz Klüter, Mercury, Hozumi Nakadaira, Francis Paudras, Prestige, Ralph Quinke, Vernon Smith, Chuck Stewart, Swing Journal Tokyo, Bruce Talamon, VGM Records, Horst Weber, Peter Wießmüller.

Umschlag-Fotos: Dany Gignoux

2. erweiterte und überarbeitete Auflage, 1988
© OREOS Verlag GmbH., 8176 Schaftlach
Produktion: Verlagsbüro Walter Lachenmann, Schaftlach
Satz, Druck und Einband, Kösel, Kempten
Printed in Germany
ISBN 3-923657-04-8

Inhaltsverzeichnis

Vorwort

In der Geschichte der Jazzmusik stellt die künstlerische Karriere des Trompeters Miles Davis ein Novum dar – ist sie unvergleichlich. Schon in den 40er Jahren, als 18jähriger, wirkte der schmächtige, tiefschwarze Trompeter im Quintett des expressiven Bebopschöpfers Charlie Parker als kühler Antipode und etablierte sich so im Zentrum der Jazzentwicklung, aus der er bis heute nicht mehr wegzudenken ist. Stilistisch ist sein Name mit mehreren Jazzepochen untrennbar verknüpft. Im Cooljazz, dem Hardbop, dem modalen Jazz und dem daraus entwickelten Prinzip der kommunikativen Gruppenimprovisation, sowie last not least dem Electricjazz hat er über vierzig Jahre auf die Jazzszene stilschöpfend oder zumindest stilbildend eingewirkt und deren Verlauf maßgeblich beeinflußt. Miles Davis war es darüber hinaus vergönnt, seine eigene musikalische Tradition zu schaffen; als schwarzer Bourgeois, beladen mit einem unlösbaren Schwarz-Weiß-Konflikt, galt er seit jeher als unbequemer Wanderer zwischen Kulturkreisen, und er trieb die Synthese zwischen europäischer Musiktradition und seinem eigenen schwarzafrikanischen Erbe wie ein Besessener voran. Der rätselhafte »Prince Of Darkness«, wie er sich von Insidern gerne spiegeln läßt – avancierte so zur alles überragenden Persönlichkeit und läßt sich, nicht frei von Eitelkeit, den »Picasso des modernen Jazz« nennen.

In seinem Aufsatz »Zaubertrank aus Rock und Jazz« schrieb der bekannte Kritiker Werner Burkhardt: »Er ist aus dem Stoff, aus dem Kultfiguren sind.« Aber Miles, der es immer wieder verstand, mit musikfremden Sensationen, seiner Verschwendungssucht, Modeambitionen, Skandalen mit Gesetzeshütern oder sensationellen und vulgären Interviews, weit über die Grenzen der Jazzszene hinaus Schlagzeilen zu machen, fügt neue Superlative hinzu. Für eine kultische Erhöhung erschien bisher für zeitgenössische Helden deren frühes Ableben eine unabdingbare Voraussetzung. Anders bei Davis: Er durchbrach dieses eherne Gesetz und überwand während der sechs Jahre seiner Abstinenz Drogen, Krankheit und Tod, um im Alter von 55 Jahren das vielleicht spektakulärste Comeback der Jazzgeschichte zu feiern. Und so ganz nebenbei leitete er in der ausgebrannten Jazzszene eine Blues-Renaissance ein.

Durch alle Stilwandlungen hindurch findet sich wohl kaum ein Jazzmusiker, der es so unnachahmlich versteht, die bizarren Widersprüche seiner ureigensten Persönlichkeit unmittelbar als Triebfeder kreativer Produktion zu nutzen. Die Liste derer, die ihm dabei musikalisch assistierten, liest sich dabei wie ein »Who's Who« der Jazzgeschichte.

Als ich Mitte der 60er Jahre zum erstenmal mit seiner Musik konfrontiert wurde, öffnete mir die eigenwillige Dynamik und die atemlose Spannung des Albums »Four & More« eigentlich erst die Ohren für ein Verständnis des modernen Jazz. Die Fähigkeit, Aggressivität und Melancholie zur »rasenden Trauer« zu synthetisieren, seine Kraft, scheinbar Unvereinbares katalysatorisch zu binden und dabei auch noch populär zu sein, haben seither ihre Faszination auf mich nicht eingebüßt. In den folgenden Jahren verbarg sich für mich in fast jedem neuen Miles-Album, auch über den Electricjazz hinaus, eine Sensation; das Phänomen Miles Davis hat mich bis heute nicht mehr losgelassen. Die kontinuierliche Würdigung seines gesamten Schallplattenwerks von »Prebirth Of The Cool« bis »Siesta« erschien mir deshalb als besonders reizvoll.

Wer dagegen versucht, wie viele seiner Kritiker, den alten gegen den neuen Miles, den modalen gegen den elektrifizierten auszuspielen, hat das Phänomen Miles Davis nie erfassen können. Durch alle Stilwandlungen hindurch ist es nur in seiner Ganzheit zu begreifen; allein der unvergleichliche Ton seines Horns, den Gil Evans einmal mit einer »weißen Wolke« verglich, erscheint von solchen Klügeleien unberührt und zeitlos.

Für die Entstehung dieses Buches fühle ich mich Gerd Filtgen, dem Mitherausgeber, besonders verbunden. Außerdem möchte ich Horst Weber, den ich während der Arbeit an diesem Buch als weiteren Autor kennenlernte und mit dem ich seitdem befreundet bin, für seine Anregungen und Ermutigungen danken.

Für Sabine   *Peter Wießmüller*

Die Lebensgeschichte von Miles Davis

Jugendjahre in East St. Louis (1926–1944)

Eine Biographie über Miles Davis zu verfassen, ist ein äußerst schwieriges Unterfangen, denn sein Leben mutet an wie ein Traumszenarium, das immer nur bruchstückweise ins Bewußtsein desjenigen dringt, der sich mit seiner Person beschäftigt. Auch für Werner Burkhardt ist seine eminente musikalische Bedeutung »zweifelsfrei, doch so rätselhaft bleibt der Mann . . . Von sektiererhafter, scheinbar publikumsfeindlicher Arroganz, hat er den Jazz aus dem Elfenbeinturm herausgeführt und an das Publikum herangetragen. Stolz ist er, läßt sich von niemandem etwas sagen . . .«

Die Geschichten und Histörchen, die sich um seine Person ranken, die Skandale, die er provoziert, haben sich längst zu einem Mythos ausgewachsen – so lebt er als scharlatanhafter »Zirkustrompeter« oder als der »größte lebende Jazzmusiker« in der Vorstellung von Menschen, denen seine Realität nicht gegenwärtig und faßbar ist.

»Ich bin ein gewöhnlicher Mensch, und sie haben mich zu etwas Seltsamem hochstilisiert. Du weißt, sie sagen, ich trete Idioten in den Arsch, fahre Ferraris, du verstehst, und vögle vier zur gleichen Zeit«, so versucht Miles sich von seinem öffentlichen Bild abzuheben, und man ist fast geneigt ihm zu folgen. Aber selbst mit dieser Aussage spinnt er den Mythos um seine Person weiter und vertieft damit die Spaltung, deren Spannungsmoment – zwischen Traum und Wirklichkeit – sich in seiner Musik immer wieder auf so wunderbare Weise durchsetzt. Ob die Geschichten, die von Miles erzählt werden, im Detail richtig wiedergegeben sind, ist dabei unerheblich, denn sie haben sich längst verselbständigt. Miles und seine Legende treten in Wechselwirkung zueinander als eine Funktion aus Realität und Fiktion, – sie »ist der Stoff, aus dem die Kultfiguren sind«. »Du möchtest, daß ich dir erzähle, wo ich geboren bin – diese alte Geschichte?«, fragte Miles einen Journalisten in den 50er Jahren. »Es war in dem guten alten Alton, Illinois, 1926. Die Woche vor meinem letzten Geburtstag mußte ich meine Mutter antelefonieren und sie fragen, wie alt ich werde«, so spinnt Miles schon wieder selbst an seiner Legende weiter.

Die Lebensgeschichte von Miles Davis beginnt so banal, daß sie den spektakulären Verlauf, den sie nehmen sollte, kaum erahnen läßt.

Ein Jahr nach der Geburt ihres ersten Sohnes Miles Dewey III. (25. Mai 1926), zieht die Davis-Familie nach East St. Louis, direkt gegenüber von St. Louis am Ostufer des Missouri. Dort eröffnet Miles' Vater, von Beruf Zahnarzt und Kieferchirurg, eine freie

Praxis, die dank seiner Geschicklichkeit so floriert, daß er einen nicht unerheblichen Landbesitz erwerben kann, auf dem der kleine Miles relativ behütet und naturverbunden aufwachsen sollte, und es sich die Familie leisten konnte, nach der Geburt des zweiten Sohnes Vernon, getreu ihrer mittelständischen Ideologie des sozialen Aufstiegs, in einen Stadtteil umzuziehen, in dem fast ausschließlich Weiße wohnen. Aber die Familie kann das typisch kleinkarierte Rassenklima des mittleren Westens nicht durchbrechen; so sind denn auch Miles' früheste Eindrücke von Rassenproblemen geprägt. »Als ich noch ein kleiner Junge war«, erinnert er sich, »brüllte mir in der neuen Nachbarschaft ein Weißer ›Nigger, Nigger‹ nach. Kurz darauf hielt mich ein anderer an, um mich zu fragen: ›Was machst du hier? Das ist hier keine Niggerstraße‹.« Miles' Vater war so wütend, daß er sein Gewehr nahm und sich – glücklicherweise ohne Erfolg – auf die Suche nach den beiden machte. Die Erstgeborenen der Davis-Familie, die den Namen Miles schon seit drei Generationen vererbt hatten, waren schon seit jeher intelligent, eigensinnig und vor allen Dingen stolz gewesen.

Auch der musikalische Geschmack spiegelte die mittelständischen Attitüden der Davis-Familie wieder. »Mein Vater wurde sechs Jahre nach der großen Sklavenbefreiung geboren und verbot mir, Musik zu machen, denn das Barrelhouse war der einzige Platz, wo Schwarze spielen konnten«, führt Miles dazu aus. Doch obwohl seine Mutter die Kinder immer wieder ermunterte, sich mit klassischer Musik zu beschäftigen, besaß sie eine kleine Sammlung von Duke-Ellington- und Art-Tatum-Platten, durch die der Knabe zum ersten Mal Bekanntschaft mit dem Jazz machte. Als Miles der Vollendung seines 13. Lebensjahres entgegensieht, bittet der Vater einen Patienten um Rat, wie er bei seinem Sohn am besten das Interesse an Musik wecken könne. Dieser Patient, der Trompeter und Musiklehrer Alwood Buchanan soll ihm geantwortet haben: »Schick Miles bei mir jeden Mittwoch in der ›High School‹ vorbei, in der ich Unterricht gebe, und kaufe ihm zu seinem Geburtstag eine Trompete.«

Miles' Mutter wehrt sich heftig gegen dieses Vorhaben, denn sie assoziiert eine Trompete mit Jazz, einer Musik, die sie insgeheim genießt, die sie aber als deklassierend empfindet. Deshalb favorisiert sie eine Violine, die sie als Symbol der klassischen Musik ansieht. Aber Miles' Vater schenkt dem Sohn eine Trompete – seit Satchmo ein Symbol für schwarzes Selbstbewußtsein, »weil er meine Mutter so liebte«, kommentiert Miles Jahre später ironisch.

Wie sehr der Knabe unter der doppelten und widersprüchlichen Beeinflussung in seinem Elternhaus gelitten haben muß, läßt sich ganz allgemein als unauflösbarer Rollenkonflikt, dem ein schwarzer Bourgeois unterliegt, beschreiben: Einerseits ist er ein Vertreter des »schwarzen Mittelstandes«, für den die Integration in die Welt des weißen Bürgertums höchstes Ziel ist, woran er aber durch seine Rassenzugehörigkeit gehindert wird, so daß er seine Hautfarbe als Stigma erleben muß. Dieses Stigma wird andererseits zum Motor seiner Bemühung, sich zu einem stolzen, selbstbewußten Vertreter seiner Rasse zu emanzipieren,

Miles Davis, ca. 1944

der seine afro-amerikanische Kultur nicht verleugnen muß. Diesen Widerspruch schildert Miles sehr hautnah: »Du mußt wissen, daß meine Mutter ziemlich gut das Bluespiano beherrschte, doch das blieb mir bis ins Erwachsenenalter verborgen . . . und es ist schon seltsam: als Jungen guckte sie mich immer so an, als ob sie mich jederzeit schlagen wollte, wenn ich mich mit meinem Horn beschäftigte.« So blieb Miles' Verhältnis zu seinem afro-amerikanischen Kulturerbe Zeit seines Lebens widersprüchlich. Fragten ihn später Journalisten nach seinem Verhältnis zum Blues, so gab er so unterschiedliche Antworten wie: »Lassen Sie mich in Ruhe mit dieser Niggermusik«, und: »Es ist ein Harmonieschema wie jedes andere auch« oder: »Das fragst du noch? Ich bin in St. Louis aufgewachsen! Was anderes haben wir doch da gar nicht gespielt. Nur weil ich Musik studiert habe, ist meine Musik anders geworden. Bands kamen mit den Dampfern von New Orleans den Strom herauf und einige kamen aus Kansas City oder Oklahoma, und alle haben sie den Blues gespielt.«

So ist für Miles der Blues ein Symbol der Unterdrückung seiner rassischen Minderheit, ein demütigendes Stigma der Sklaverei, zum anderen strahlt er eine schillernde Faszination aus und ist ein Vehikel für den Ausdruck des Protestes. Miles' seltsames Gefühl, wenn er in Gegenwart seiner Mutter Jazzmusik spielte, bringt die Spannung der Widersprüchlichkeit auf einen Nenner, die für sein ganzes Leben bestimmend sein sollte.

Bereits in jugendlichem Alter versucht Miles aus diesem Dilemma auszubrechen, indem er sich von dem gegensätzlichen Milieu der Boppers und Hipsters anziehen läßt. Aber Miles, selbst von so tiefschwarzer Hautfarbe, wie sie selbst unter den Schwarzamerikanern ein Randgruppenphänomen darstellt, muß hier seine mittelständischen Attitüden und seinen Reichtum zumindestens verbal verleugnen, um die Philosophie, Lebensweise und die Laster der Hipsters übernehmen zu können. Die Trompete gibt ihm ein künstlerisches Gestaltungsmittel in die Hand, mit der er diesen vielschichtigen schwarz-weißen Grundwiderspruch immer wieder kreativ umsetzen kann. Künstlerisch produktiv konnte Miles vor allem deshalb werden, weil sein persönlicher Konflikt genau ins Zentrum des allgemeinen Grundwiderspruchs des Jazz hineinpaßte. Sowohl Miles' privater als auch der allgemeine Widerspruch des Jazz verlangten eine ständige Akkulturation der westeuropäischen »weißen« und der afroamerikanischen »schwarzen« Traditionen – ein Prozeß, der von »stets prekären und letztlich dann auch immer wieder aufgekündigten Kompromissen« bestimmt ist.

Miles besucht im entscheidenden Alter eine rassisch gemischte High School, kann aber keine Freunde unter seinen weißen Mitschülern gewinnen. Im Gegenteil: sie werden zu gehaßten Konkurrenten, denn obwohl Miles schnelle Fortschritte auf der Trompete macht und sich bald zum herausragenden Musiker der Schule entwickelt, belegt er im Schulwettstreit immer nur dritte Plätze. Diese Ungerechtigkeit, die tiefe Spuren bei Miles hinterläßt, interpretiert Davis später mit sozial-psychologischem Gespür: »Es machte mich so rasend, daß ich mir einbildete, jeden Weißen übertreffen zu müssen. Wäre ich nicht unter den Druck dieses Vorurteils geraten, hätte ich wahrscheinlich kaum so schnelle Fortschritte erzielt.«

Die Freundschaft zu Clark Terry, mit dem Miles das Interesse am Boxsport teilt, eröffnet ihm die Möglichkeit in lokalen Gruppen oder mit den zahlreichen Musikern, die flußauf- oder -abwärts in St. Louis Station machen, zu spielen. Die stilistische Palette dieser Ensembles bewegt sich zwischen Rhythm & Blues bis zu Count Basie's »Kansas City Seven«. Eine dieser Gruppen, in denen Miles immer wieder Wochenendarrangements erhält, sind die »Blue Devils« des Trompeters Eddie Randall, bei denen der 16jährige Miles bereits zu einer Art musikalischem Direktor aufsteigt.

Zu jener Zeit war der Altsaxophonist Sonny Stitt auf der Durchreise. Nachdem er Miles gehört hatte, sprach er ihn an: »Du siehst so ähnlich aus, wie einer, der Charlie Parker heißt, und du spielst auch so ähnlich wie er.« Miles hatte von Parker nie zuvor etwas gehört, aber er war von Stitts Spiel sehr beeindruckt. »Komm doch mit uns«, schlug Stitt Miles vor, und

St. Louis am Missouri

dieser erinnert sich: »Die Burschen in der Tiny Bradshaw Band trugen Smokings und boten mir ganze 60 Dollar die Woche, wenn ich mit ihnen spielen würde.« Miles war von dem Angebot begeistert: »Ich ging nach Hause und fragte meine Mutter, ob ich auf Tour gehen könne. Sie sagte nein, denn sie wollte, daß ich die High School abschließe. Ich sprach zwei Wochen kein Wort mit ihr, aber mit der Band ging ich auch nicht.«

Ähnliche Angebote, wie etwa von dem Saxophonisten Illinois Jacquet lehnte Miles als folgsamer Sohn seiner Mutter ebenso ab – ein unvorstellbares Verhalten für einen echten Hipster. Als Miles im Juli 1944 seinen Schulabschluß in der Tasche hat, ergab es sich, daß gerade die Bigband des Sängers Billy Eckstine nach East St. Louis kam, die einen Hort für junge vorwärtsdrängende Bop-Musiker darstellte. Neben Charlie Parker und Dizzy Gillespie gehörten dem Orchester die noch unbekannten Musiker Art Blakey, Budd Johnson sowie die Sängerin Sarah Vaughan an.

»In dem Moment, als ich den Club betrat, ging ein Typ auf mich zu und fragte mich, ob ich eine Union Card besitzen würde. Es war Dizzy, den ich noch nicht kannte, und ich antwortete ihm: ›Yeah, ich habe eine‹, obwohl ich keine besaß. – ›Komm mit, wir brauchen einen Trompeter.‹ – Ich reihte mich sofort in die Band als dritter Trompeter ein und begann zu spielen.«

Miles hatte das unverschämte Glück, genau der richtige Mann am richtigen Ort zur rechten Zeit zu sein: »Das unmittelbare Erlebnis von Dizzys und Birds Spiel regte mich so auf, daß ich keine Noten lesen konnte, doch ich liebte die Musik so sehr, daß ich die Arrangements in- und auswendig konnte. So spielte ich mit der Eckstine-Band in der Gegend von St. Louis ungefähr drei Wochen.«

Gillespie und Parker erkennen sofort das musikalische Talent des jungen Miles und nehmen ihn unter ihre Fittiche. Ein paar Tage bevor die Bigband die Stadt in Richtung New York

Dizzy Gillespie

wieder verläßt, nimmt Bird Miles zur Seite: »Schau Miles, ich glaube, daß du spielen kannst, aber du solltest raus aus der Provinz von East St. Louis und nach New York kommen. Ich bin da besonders häufig im ›Three Deuces‹ auf der 52. Straße anzutreffen. Vielleicht können wir dort zusammen spielen.«

Als Miles Davis 18jährig East St. Louis verläßt, zieht er ohne jedes erkennbare musikalische Konzept aus, um dem »Erfolg nachzujagen«; ihm ist nur klar, daß er unbedingt Charlie Parker in New York treffen will. Aber allein auf sich gestellt im Großstadtdschungel von Harlem macht der bis dahin wohlbehütete, schmächtige Junge mit dem geschniegelten Haar, obwohl er schon recht gut Trompete spielen kann, einen verängstigten Eindruck.

Belastet mit allen Benachteiligungen, die sich aus den besonderen Bedingungen seiner Sozialisation im Spannungsfeld zwischen rassischer Zugehörigkeit und euro-amerikanischer Kultur ergaben, hat Miles es aber doch geschafft, zu einer der wichtigsten, wenn auch

Billy Eckstine
und Sarah Vaughan

zugleich schillerndsten Persönlichkeiten der Jazz-Szene aufzusteigen. Seit seinem vielum-
jubelten Comeback 1955 beim Newport-Jazzfestival sollte Miles' Erfolg nicht mehr
abreißen. In dem Maße aber, wie sich seine Popularität steigerte, gestaltete sich sein
Verhältnis zur Öffentlichkeit immer konfliktreicher. Sein vormals scheues, zurückhalten-
des Wesen verwandelte sich schrittweise in das Gegenteil: Miles stellte zunehmend Aggressivität und Zynismus zur Schau. Die anwachsenden psychischen Widersprüche in
seiner besonderen sozialen und künstlerischen Situation sind das Ergebnis seines konsequenten Erfolgsstrebens innerhalb einer Gesellschaft, von der er sich wegen seiner
schwarzen Hautfarbe niemals wirklich akzeptiert fühlen kann.

Die Lehrjahre bei Charlie »Bird« Parker (1945–1948)

Die Zusammenarbeit des jungen Miles Davis mit Charlie Parker zwischen 1945 und 1948
kann wohl in drei Phasen eingeteilt werden.
Zum ersten Mal tritt Miles ins Rampenlicht, als ihn Parker im Herbst 1945 in sein Quintett
holt, das im »Three Deuces« engagiert ist. Es ist eine ziemliche Ernüchterung für Miles, als
er die Unzulänglichkeit seines Trompetenspiels erkennen muß. Doch Parker, der sein
großes Talent spürt, redet ihm immer wieder geduldig zu, und Miles erinnert sich: »Es war
Bird, der mich zum Spielen ermunterte. Er wollte mich in die Band integrieren. Doch Nacht
für Nacht machte ich einen Rückzieher; das Tempo war zu schnell und die Anforderungen
so hoch. Ich sagte zu ihm: ›Für was brauchst du mich?‹ Ich spielte fortwährend in seinem
Schatten. Wenn ›Bird‹ eine Melodie blies, spielte ich einfach hinterher und überließ ihm
die Führung . . . Meine einzige Funktion war die Verantwortung für größeren Sound.«
Trotzdem verpflichtet Parker den Trompeter zu einer Studio-Session für »Savoy« am 26.
November 1945, die später als »Geburtsstunde des Bebop« auf Schallplatte gewertet wird.
Bei den Stücken »Billie's Bounce«, »Now's The Time« und »Thriving On A Riff«, in
denen Dizzy Gillespie aufs Klavier wechselt, bekommt Miles, begleitet von der Rhythmusgruppe Curly Russell (Baß) und Max Roach (Schlagzeug), die Gelegenheit, sich zu
profilieren. Obwohl er in den kurzen Soli sauber bläst, spürt man seine Unsicherheit ganz
deutlich; einzig in »Thriving On A Riff«, in dem er einen »Cupe-Mute-Dämpfer«
verwendet, kommt schon sein Drang zum individuellen Ausdruck zur Geltung.
Als in New York die Tore vieler Clubs für immer schließen, nehmen Parker und Gillespie
Engagements an der Westküste an, und Davis kehrt für kurze Zeit zu seiner Familie nach
East St. Louis zurück. Dort ergibt sich für ihn die Gelegenheit, in die Benny-Carter-Band
einzusteigen, die ebenfalls einen Gig an die Westküste gebucht hat, und damit ein erneutes
Zusammentreffen mit Charlie Parker.
Die zweite Phase der Zusammenarbeit zwischen Miles und »Bird« ist von Parkers
Vorstellung über eine kontrastierende Funktion der zweiten Hornstimme in seinem Quintett

Tommy Potter, Charlie Parker und Miles Davis, 1947

bestimmt. Ross Russell, der Produzent von »Dial Records«, berichtet darüber: »Es war an der Zeit, etwas Neues auszuprobieren. Der Trompeter seiner Wahl sollte kein virtuoses Feuerwerk abziehen, sondern ein Musiker von anderem Charakter sein, jemand der einen relaxten Legato-Stil bevorzugt, mit einem warmen Ton in den unteren und mittleren Registern, jemand wie Miles Davis . . .«

In den Mitschnitten aus dem »Finale Club« von Los Angeles ist Miles technisch stark verbessert zu hören, wobei auch schon sein Drang deutlich wird, in der Live-Atmosphäre so heiß wie Dizzy zu blasen. Die nächsten Studioaufnahmen spielt Miles Davis am 28. März 1946 mit einem Parker-Septett u. a. mit Lucky Thompson (Tenorsaxophon) ein. Dabei entstehen so berühmte Titel wie »Moose The Mooche«, »Yardbird Suite«, »Ornithology« und »A Night In Tunisia«.

Die Art und Weise, in der Parker Musik macht, weist ihn als Genius aus. Bird kommt mit ein paar thematischen Ideen ins Studio. Die dazugehörenden Melodien und Harmonien, die strukturelle Form sowie der Soloaufbau werden kollektiv ausgearbeitet. Parker gibt die Themen auf dem Altsax vor, überträgt sie auf die anderen Bläser, demonstriert das

Miles Davis, 1947

harmonische Gerüst und bezeichnet gelegentlich einen Akkord. Die daraus resultierende spontane Arbeitsweise ist vom musikalischen Instinkt des Leaders bestimmt und steht jener der klassischen Musik diametral entgegen. Miles wird zum gelehrigen Schüler. In seiner späteren Karriere sollte ein solch praktizierter Spontaneismus im Studio ganz außergewöhnliche Früchte tragen (»Kind Of Blue«, »In A Silent Way« etc.).

Parkers schlechter Zustand und sein völliger Zusammenbruch im Juli 1946, der einen längeren Aufenthalt in der Nervenklinik »Camarillo« nach sich zieht, unterbricht die Zusammenarbeit zwischen Miles und Bird erneut.

Während Miles auf eine Möglichkeit wartet, nach New York zurückkehren zu können, lernt er Charlie Mingus kennen und tourt erneut mit Benny Carter. Diese Gelegenheit ergibt sich, als Billy Eckstine in Los Angeles auftaucht und Miles in dessen Bigband den Platz von Dizzy Gillespie übernehmen kann. Bis zu deren Auflösung im Frühjahr 1947 bleibt Davis Mitglied dieser Formation, mit der er u. a. mit Art Blakey, Gene Ammons und Sonny Stitt Aufnahmen macht.

Im April 1947 kommt Charlie Parker wieder völlig hergestellt nach New York und nimmt seinen vielversprechenden Schüler erneut zu sich. Damit beginnt die dritte und längste

Periode der Zusammenarbeit in einem All-Star-Quintett, deren neue Rhythmusgruppe aus Tommy Potter (Baß) und Max Roach (Schlagzeug) besteht. Der Klavierstuhl wird mit dem großartigen Bud Powell, später mit John Lewis, Duke Jordan oder Tadd Dameron besetzt. Gelegentlich wird das Quintett durch den Posaunisten Jay Jay Johnson zum Sextett erweitert.

In dieser für den Bebop wohl fruchtbarsten Zusammenarbeit, die bis Ende 1948 währt, spielt Miles Davis mit Parker entweder für Dial oder Savoy bei zahlreichen Aufnahmesitzungen eine Flut von Titeln mit hoher musikalischer Qualität ein, die wahrscheinlich zu den wichtigsten Dokumenten des Jazz überhaupt zählen. Stücke wie »Chasin' The Bird«, »Bird Of Paradise«, »My Old Flame«, »Out Of Nowhere«, »Quasimodo« und »Crazeology« zählen zu den ausgereiften Klassikern des Bebop, in denen Miles als Antipode zu Bird sein Talent als Bebop-Trompeter in cooler Intonation voll zur Geltung bringt. Die großartige Schule Charlie Parkers hat bewirkt, daß es Miles gelingt, seine Selbstzweifel, die ihn so oft daran denken ließen, den Musikerberuf wieder an den Nagel zu hängen, zu überwinden. Besonders eindrucksvoll gestaltet sich der reizvolle Kontrast zwischen Miles und Bird, wenn sie zusammen Blues spielen.

Während dieser Zeit lebt Miles gemäß seiner bürgerlichen Erziehung: er trinkt und raucht nicht, sondern widmet sich weiter diszipliniert seinen musikalischen Studien.

Am 8. August 1947 ist es dann soweit: Miles Davis feiert in den Savoy-Studios seine Premiere als Leader der »Miles Davis All Stars«, die personell mit dem Parker-Quintett identisch sind. Bei dieser Gelegenheit werden die vier Kompositionen des Trompeters »Milestone«, »Little Willi Leaps«, »Half Nelson« und »Sippin At Bells« eingespielt, als deren Urheber fälschlicherweise überall Charlie Parker angegeben wird. Allerdings fallen diese Titel kaum aus der Parker-Konzeption heraus; mit dem Unterschied, daß sie die seltene Gelegenheit bieten, »Bird« auf dem ungewohnten Tenorsaxophon zu hören.

Daneben gewinnt Miles Davis' stilistische Entwicklung immer mehr Einfluß auf die Stilistik Parkers. Miles' erste stilbildende Gehversuche im Bereich der Improvisation stehen im Wesentlichen unter dem Einfluß des Tenoristen Lester Young, was André Hodeir zu der Bemerkung veranlaßt: »Miles Davis ist der einzige Trompeter, der der Musik Parkers den intimen Charakter geben konnte, in dem ein wesentlicher Teil ihres Charmes liegt.«

Ist das improvisatorische Moment in Miles Davis' Spiel zwischen 1945 und 1947 eine »Konsequenz aus den Einflüssen der musikalischen Aura seines Mentors, Charlie Parker, und damit des Bebop schlechthin«, so entwickelt er im Bereich der Improvisation eine stilbildende lineare Melodik, die in seinen eigenen Kompositionen, wie »Milestone«, »Half Nelson« und in dem am 28. Oktober entstehenden »Bongo Bop«, »Prizeology«, sowie in der Balladenbearbeitung »Embraceable You« deutlich zutage tritt.

Zur gleichen Zeit beginnt Miles Davis sich an einem Diskussionszirkel um den Arrangeur Gil Evans zu beteiligen, der im wesentlichen aus Musikern des Claude-Thornhill-Orchesters besteht und dessen Ergebnisse zu den berühmten Capitol-Aufnahmen »The Birth Of The Cool« führen sollten. »Gil«, so bemerkt einmal Gerry Mulligan, »ist unter den Arrangeuren, deren Stücke ich gespielt habe, der einzige, der eine Sache so notieren kann, wie der Solist selbst sie blasen würde.«

Was Miles Davis an der klangbedingten Reduktion des Thornhill-Orchesters so fasziniert haben mag, hängt wohl auch damit zusammen, daß diese der »Orchestrierung der Sonorität« Lester Youngs auf dem Tenorsaxophon gleichkommt. Das Zusammentreffen des Arrangeurs Gil Evans mit dem Improvisator Miles Davis, das bis auf den heutigen Tag andauert, bezeichnet J. E. Berendt als einen der großen Glücksfälle der Jazzgeschichte, und Miles bekennt einmal selbst: »Seit Charlie Parker habe ich nichts gehört, was mich so tief berührt wie Evans.«

Im Kreis um Evans, zu dessen wichtigsten Mitgliedern Gerry Mulligan, Lee Konitz und John Lewis zählen, hat Miles endlich Gelegenheit, seine für einen schwarzen Musiker ungewöhnlich gute theoretische Ausbildung in die Praxis umzusetzen. Als Prototyp der Ergebnisse dieser Workshops – eine Verbindung von Improvisation und arrangiertem Sound – mag die Komposition »Israel« gelten, die »mit herben, spröden, neue Horizonte aufreißenden Klängen dem Inbegriff der Jazztradition verpflichtet bleibt, dem Blues.« (Joachim E. Berendt).

Im gleichen Monat, im September 1948, während Miles Davis seine »Tuba Brass Band«, die das coole Klangideal verwirklichen soll, im »Royal Roost« einstimmt, geht er mit dem Parker-Quintett erneut ins Studio. Neben den so eindeutig dem Bop verpflichteten Titeln wie etwa »Merry-Go-Round« oder »Perhaps« werden Stücke wie »Marmaduke«, »Barbados« sowie insbesondere »Ah-Leu-Cha«, eingespielt, die konzeptionell von der Tristano-Schule geprägt wurden.

Vor allem »Ah-Leu-Cha« ist thematisch schon kontrapunktisch ausgelegt. Aber auch die Soli von Parker scheinen sich unter dem Einfluß von Miles einem kühlen Klangideal anzunähern – eine Beeinflussung, die mittelbarer auf die Arrangeure des Evans-Kreises zurückzuführen ist.

Ende 1948 verfällt Charlie Parker erneut in eine tiefe Drogenabhängigkeit. Miles Davis und Max Roach verlassen daraufhin gemeinsam das berühmte Quintett, weil »Bird« nicht mehr in der Lage ist, die geschäftlichen Belange seines Ensembles wahrzunehmen. Zu diesem Zeitpunkt mag Miles klar geworden sein, daß er nun seinen eigenen Weg finden müsse. Der Ausgangspunkt erscheint klar. Das Fazit seiner zweigleisigen Entwicklung, deren personifizierte Gegenpole »Bird« und Gil Evans sind, kommt der Entfaltung einer stilistischen Spannweite gleich, in deren Zentrum Miles' eigene musikalische Persönlichkeit steht. Da sich der moderne Jazz insgesamt nach diesem Muster entwickeln sollte, war Miles Davis mit den typischen Besonderheiten seiner sozialen Situation dazu prädisponiert, sich über 30 Jahre lang im Zentrum dieser Entwicklung zu etablieren.

Hot Lips Page, Miles Davis und Kenny Dorham, Paris 1949

The King Of The Cool (1948–1955)

Neben der ziemlich kontinuierlichen Zusammenarbeit mit Charlie Parker bis Ende 1948 ist Miles Davis zeitweise »free lancing« auf der New Yorker Szene anzutreffen. So kann er reichlich musikalische Erfahrung in verschiedenen Gelegenheitsgruppen sammeln, in denen er u. a. mit Coleman Hawkins und Oscar Pettiford zusammentrifft. Im Audubon, einem Tanzlokal am Broadway, spielt er mit vielversprechenden Talenten der neuen Generation zusammen, wie etwa mit John Coltrane und Sonny Rollins, die beide noch am Anfang ihrer Karriere stehen. Mit der Organisation und Leitung der »Prebirth«- und »Birth Of The Cool«-Session sichert sich Miles 23jährig endgültig einen Platz in der Szene. Er fügt seinen Namen als überragender, wenn nicht größter Cooltrompeter der 40er Jahre der Liste der Jazzpersönlichkeiten hinzu.

21

Nach der Veröffentlichung der »Birth Of The Cool«-Session wird dem neuen Star von verschiedenen Seiten vorgeworfen, er habe sich unrechtmäßig mit »fremden Federn geschmückt«. Doch Gil Evans sieht die Funktion des Trompeters anders: »Miles hatte Gefallen an einigen der Dinge gefunden, die Gerry (Mulligan) und ich für Claude (Thornhill) geschrieben hatten. Die Instrumentierung für die Davis-Session wurde durch die Tatsache bestimmt, daß dies die kleinste Anzahl von Instrumenten ist, die es möglich macht, diesen Sound zu erzielen und alle von der Thornhill Band verwendeten Harmonien zu bringen. Miles wollte eben mit einem derartigen Sound spielen.« Auch Gerry Mulligan, der ähnlich wie Evans eine bedeutende Rolle bei der Planung dieser Capitol-Session gespielt hatte, würdigte später nicht nur den eigenwilligen Instrumentalstil von Davis, sondern er erinnert sich auch an dessen bedeutsame Funktion: »Miles beherrschte diese Gruppe vollständig. Der ganze Charakter der Aufführung wurde von ihm geprägt. Deshalb hatten wir Angst, einen weiteren Trompeter dazuzunehmen, obwohl es wirklich ideal gewesen wäre, eine zweite Trompete dabeizuhaben.«

Miles ist in jenen Tagen schon so populär, daß er nach der Mitwirkung bei den »Metronome All Stars« (hier bilden die drei wichtigsten Trompeter dieser Zeit – Dizzy Gillespie, Fats Navarro und Miles – den Trompetensatz) eine Einladung zum Jazzfestival bekommt, das Charles Delaunay im Mai 1949 in Paris veranstaltet. Neben der Charlie Parker Group ist das Quintett von Miles Davis, das er zusammen mit dem Pianisten Tadd Dameron leitet, die große Bebop-Attraktion auf der Bühne der Salle Pleyel.

Die Rückkehr von seiner ersten triumphalen Europareise in die rauchigen Jazzclubs New Yorks mag Miles so kontrastierend erlebt haben, daß er von einer tiefen Depression befallen wird. Dem negativen Vorbild Charlie Parkers folgend, beginnt er sich alsbald das unselige Heroin in die Venen zu spritzen. Schon während seiner ersten Jahre in New York hatte Miles mittelbar Bekanntschaft mit den Schattenseiten des Musikerbusiness gemacht, in dem Kokain als Zahlungsmittel weit vor Geld rangiert. Zu der Zeit, in der Parker Unterschlupf in Miles' Appartement fand, kam Miles immer häufiger mit der »Heroingei-ßel« in Berührung. Nicht selten fand er Bird an zwielichtigen Orten, gezeichnet vom »verschnittenen Heroin«, die Spritze noch in der Vene des blutüberströmten Armes steckend, so daß er seinen musikalischen Ziehvater immer häufiger frühmorgens zu Bett bringen mußte.

Anfänglich scheint der Drogenkonsum Miles' Karriere kaum zu beeinträchtigen, denn die Aufnahmen mit der Vokalistin Sarah Vaughan und die erneute Mitwirkung bei den Metronome All Stars weisen ihn als originellen Improvisator auf. Doch bald hinterläßt die persönliche Krise ihre musikalischen Spuren – Miles' künstlerische Entwicklung beginnt unter der sklavischen Abhängigkeit vom Rauschgift spätestens seit 1951 zu stagnieren.

Die Studioaufnahmen, die während der vierjährigen Abhängigkeit vom »weißen Schnee« zwischen 1950 und 1954 eingespielt werden, sind von unterschiedlicher Qualität und dem Davis'schen Standard oft nicht entsprechend; trotzdem weisen sie vielfältige Stilelemente und Begegnungen mit wichtigen Musikern auf, die Miles' künstlerische Entwicklung stufenweise dokumentieren. Zwei erneute Studiotreffs mit Charlie Parker – im Januar 1951 als Sideman und im Januar 1953 unter Davis – verlaufen ebenso unbefriedigend wie die Aufnahmen mit dem Lee Konitz Sextet.

In Miles' Live-Tätigkeit aus dieser Zeit, die meist entsprechend seinem Zustand aus nur kurzen Clubengagements im New Yorker »Birdland« bestehen, und die auf einer Reihe von Schwarzpressungen dokumentiert sind, ist seltsamerweise von einer musikalischen Krise kaum etwas zu spüren. Fast immer im Kreise von All-Star-Gruppen, geht Miles getreu seinem Motto kein Risiko ein und stellt sich, streng am Bebopstil orientiert, meist vital intonierend in glänzender Spiellaune vor.

Eine bemerkenswerte Verpflichtung führt ihn 1952 mit einem Ensemble, dem Milt Jackson und Zoot Sims angehören, auf eine ausgedehnte Tournee. Langsam beginnt die Musik des

Miles Davis, 1958

Trompeters sich wieder »zu beleben« und »an Farbe zu gewinnen«, wie A. Polillo diagnostiziert. Weiter führt er aus: »Der Klang seiner Trompete wird abgerundeter, elastischer, vielfältiger und kräuselt sich gelegentlich zu einem leichten Vibrato. Die kurzen rhythmischen Phasen, die ein Kennzeichen seiner Themen und seines solistischen Vortrages darstellen, werden besser ausgewertet und somit ausgeprägter und effektvoller. Immer öfter wagt sich Miles aus dem mittleren Register und in schnelle Tempi.« Der Grund für das künstlerische Aufblühen Miles Davis' – die plötzliche Reife in seiner Musik – ist wohl darin zu sehen, daß der Trompeter Anfang 1954 die Kraft findet, sich aus der Heroinabhängigkeit zu lösen. In einer für ihn typischen Art und Weise wählt er eine grausame Therapie, die Insidern als »Cold Turkey« geläufig ist: »Es ging mir schlecht, und ich war dieses Zeug leid geworden. Wißt ihr, man kann alles satt kriegen, auch das Angsthaben. Ich legte mich aufs Bett und fing an, zwölf Tage hintereinander die Decke anzustarren. In dieser Zeit fluchte ich auf alle, die ich nicht leiden mochte . . . Es war wie eine schwere Form von Grippe, nur etwas schlimmer. Ich mußte alles erbrechen, und ich stank, als ob ich in Hühnerbrühe eingetaucht gewesen wäre. Dann hörte es auf.«

Es ist fraglich, ob Miles in der Folgezeit immer ganz »clean« geblieben ist. Einerseits wird immer wieder von Kontakten zur Drogenszene berichtet, andererseits spricht Miles' konstantes Bedürfnis nach körperlicher Fitness, dem er durch regelmäßiges Boxtraining nachkommt, gegen einen Drogenkonsum.

In der Zeit seines künstlerischen Comebacks kann Miles Davis' Stil schon nicht mehr als »cool« bezeichnet werden. Er nähert sich einer Spielweise, die die Bop-Renaissance einleitet und deren stilistische Elemente er im wesentlichen mitbestimmen sollte, wenn er auch eleganter und weniger stürmisch oder brennend als die meisten Protagonisten des neuen Hardbopstils bläst. Einige seiner Aufnahmen, die er im Laufe des Jahres 1954 mit kleinen Studioformationen einspielt, gehören zu den gelungensten seiner Laufbahn und des Jazz überhaupt. Besonders sind die Quartett-Aufnahmen mit dem Pianisten Horace Silver vom März und April hervorzuheben. Ein paar Wochen später entsteht das kleine epische Meisterwerk »Walkin« und das fast ebenso gelungene »Blue 'n Boogie« mit dem Posaunisten Jay Jay Johnson und dem Tenoristen Lucky Thompson. Die kompositorischen Kleinodien »Oleo«, »Airegin« und »Doxy« von und mit Sonny Rollins, die im Juni aufgenommen werden, stehen denen in nichts nach. Dieses erfolgreiche Jahr beschließt Davis mit der legendären »Christmas-Eve-Session« der »Modern Jazz Giants«, an der Milt Jackson und Thelonious Monk beteiligt sind. Besonders in »Bag's Groove« und »The Man I Love« beweist Miles in »vollem Maße den Wert und die Reinheit seines Stiles, seinen klaren Formensinn und die Ausdrucksstärke seiner lyrisch-melancholischen Vortragsweise, die manchmal majestätisch und in ihrer Einfachheit zart bezaubernd sein kann« (A. Polillo).

Das Todesjahr Charlie Parkers bringt Miles auf dem ersten »Newport Jazz Festival« im Juli 1955 mit einer der zahlreichen Gelegenheitsgruppen, die er meist mit dem Schlagzeuger

Philly Joe Jones aus Freelancing-Musikern zusammenstellt und der u. a. Thelonious Monk, Zoot Sims und Gerry Mulligan angehören, einen triumphalen Durchbruch beim Publikum. Die enthusiastischen Kritiker und die Wahl zum besten Trompeter durch die »Down Beat«-Leser kommentiert Miles spöttisch: »Über was reden die eigentlich; ich habe doch nur so gespielt, wie ich das schon immer tat.«

Das erste legendäre Miles-Davis-Quintett (1955–1959)

Nach dem Newport-Erfolg und nach Plattensitzungen mit Jackie McLean und Charlie Mingus ist Davis so populär, daß er daran denken kann, ein beständiges Ensemble zu bilden. Als er im Herbst 1955 in Philadelphia erneut auf den jetzt schon reiferen John Coltrane trifft, ist es soweit: Miles gründet ein Quintett, das Geschichte machen sollte: »Es setzte den Standard für alle folgenden, ja überhaupt für Quintette im modernen Jazz . . .«, so J. E. Berendt, und es wird häufig in seiner Bedeutung mit Louis Armstrongs »Hot Five« und »Hot Seven« auf eine Stufe gestellt. Neben John Coltrane, der in diesem Quintett zum führenden Tenoristen der Szene aufblüht, wirken Philly Joe Jones, einer der rhythmischen Hexenmeister des neuen Hardbop, der vielseitige und technisch glänzende Pianist Red Garland und der junge Baßvirtuose Paul Chambers mit, der dem Davis'schen Quintett bis 1962 angehören sollte. Dieses Quintett blieb bis zum Frühjahr 1957 zusammen und gastierte häufig im Café Bohemia vom Village. Miles versteht es in dieser Working-Group, die unterschiedlichsten Strömungen des Hardbops – repräsentiert durch die verschiedenen Talente der einzelnen Ensemblemitglieder – ausreifen zu lassen und zu einer idealen Einheit zusammenzuschweißen.

Doch den größten Einfluß auf die Musik dieses Quintetts übte wohl der Pianist Ahmad Jamal aus, den viele Musiker – vor allem Miles – für ein überragendes Genie halten. Davis hat insbesondere von Jamals meisterhaftem »timing«, seiner Verbindung von motivischer Ornamentik und die »sophistication« der Einfachheit, sowie seinen Verzierungsweisen balladesken Materials profitiert.

Zur internationalen Popularität tragen die vier Langspielplatten »Cookin'«, »Workin'«, »Relaxin'« und »Steamin'« bei, die in einem erheblichen zeitlichen Abstand von Prestige veröffentlicht werden. Sie entstehen bei zwei langen Aufnahmesitzungen im Mai und Oktober 1956, ohne daß nur ein Titel wiederholt werden muß. Danach wechselt Miles die Plattenfirma, schließt mit der promotionsträchtigen Columbia, mit der er schon länger liebäugelt, einen Exclusivvertrag ab und liefert – unterstützt durch die immensen technischen Möglichkeiten seines neuen Partners – ein überragendes Album ab, das Columbia unter dem Titel »Round About Midnight« veröffentlicht.

Andere zusätzliche Aktivitäten machen das Jahr 1956 zum bis dahin ereignisreichsten seiner Karriere. Dazu zählt die Studioarbeit mit dem »Brass Ensemble of the Jazz and

John Coltrane, Julian »Cannonball« Adderley, Miles Davis, Bill Evans

Classical Music Society«; unter der Leitung Gunther Schullers stellen die Arrangeure Jay Jay Johnson und John Lewis Miles zum ersten Mal vor einem orchestralen Background als Solisten auf dem Flügelhorn heraus. Im November geht Miles zum zweiten Mal auf eine kurze Europatournee und tritt unter dem Motto »Birdland '56« mit einer französischen Rhythmusgruppe auf. Mit von der Partie, deren wichtigste Stationen Paris, Amsterdam und Baden-Baden sind, sind das »Modern Jazz Quartett«, Bud Powell und Lester Young. Zurück in New York erweitert Davis seine Gruppe durch Sonny Rollins zum Sextett.
Das Jahr 1957 ist nicht weniger turbulent. Zur Jahreswende scheidet »Trane« wegen Alkoholproblemen aus dem Davis-Ensemble aus, so daß Sonny Rollins bis zur Auflösung des legendären Quintetts im Frühjahr die einzige Saxophonstimme bildet. Die Absicht der finanzkräftigen Columbia, Miles mit aufwendigen Besetzungen zu produzieren, läßt das Interesse des Trompeters an orchestralen Formen wieder erwachen und ist für Davis Anlaß, seine musikalische Partnerschaft mit Gil Evans wieder aufleben zu lassen. Miles, der von Gil sagt: »Er kann meine Gedanken lesen und ich die seinen«, zieht ihn sofort für neue Arrangements heran. Daraus erwachsen zehn wunderbare Zwiegespräche zwischen Flügelhorn und Orchester, die André Hodeir »kleine Concerti« nennt, und welche ungemein zur Popularität Miles Davis' beitragen. Weitere denkwürdige Stationen dieser Kooperation bilden die im Sommer 1958 entstehenden Aufnahmen zu der Oper »Porgy And Bess«, deren Jazz- und Blues-Elemente Evans lächelnd kommentiert: »Wir drei, Gershwin, Miles

Miles mit Gil Evans

und ich, arbeiten daran gemeinsam«, und die genialen »Sketches Of Spain« (1959/60), mit denen Gil seine Vorliebe für den Flamenco und den französischen Impressionismus dokumentiert. Miles gesteht beglückt: »Gil läßt das Orchester wie eine einzige große Gitarre klingen!«

Im Sommer 1957 gastiert Davis mit verschiedenen, nicht völlig befriedigenden Quintetten – u. a. erneut mit Sonny Rollins, der von dem Belgier Bobby Jaspers abgelöst wird, sowie dem Pianisten Tommy Flanagan und Art Taylor am Schlagzeug – öfters im Café Bohemia oder im Birdland.

Das Jahr 1957 klingt mit einem erneuten Aufenthalt in Paris aus. Neben einem Auftritt im französischen Fernsehen und einem Gastspiel im Club St.-Germain spielt Davis bei dieser Gelegenheit mit französischen Musikern und Kenny Clarke die Musik zu Louis Malles Kinothriller »Ascenseur pour l'échafaud« ein. Die spektakuläre Filmmusik stellt nach Inhalt und Art ihrer Entstehung eine kühne Neuheit dar (vgl. S. 125) und macht deutlich, daß sich Miles' Instrumentalstil leicht gewandelt hat. »Jetzt benutzte er oft Dämpfer und improvisierte gern sehr freie Melodielinien auf harmonischen Grundlagen, die aus wenigen Akkorden bestanden. Er wußte die Pausen mit größerem Geschick zu nutzen, und sein Instrumentalton war noch ätherischer und raffinierter geworden« (A. Polillo).

Nach einer Kehlkopfoperation, die Miles' Stimmbänder arg in Mitleidenschaft zieht, knüpft Miles enge Bande zu dem kometenhaft aufgestiegenen Altsaxophonisten Julian

»Cannonball« Adderley, der immer häufiger mit Miles' Gruppe »freelancing« zusammen-
arbeitet und zu dem Davis über den Zeitpunkt seines Ausscheidens aus dem Ensemble
(September 1959) bis zu dessen Tod 1975 eine tiefe Freundschaft verbindet. Als Miles
Davis im Winter 1958/59 alle Musiker seines legendären Quintetts wieder zusammen hat,
erweitert Adderley dieses zum Sextett, das sich in der Szene alsbald einer ziemlichen
Popularität erfreut.

Somethin' Else: Miles Davis und der modale Jazz (1959–1963)

Der stilistische Umbruch, den Miles in diesen Monaten nun endgültig vollzieht, hat sich
schon längst angebahnt. Davis ist nämlich der traditionellen harmonischen Improvisationsweise schon lange überdrüssig geworden, und er hegte schon seit der Zeit bei Parker bewußt
oder unbewußt ein zunehmendes Interesse für die »Entwicklung von melodischen Improvisationen auf der Basis der Reduktion von Akkorden auf ein Minimum«. Miles ist auf der
Suche nach einer Improvisationsform, die ihn von fixierten Akkordfolgen befreit und die
ihm die freie Gestaltung von Harmonieabläufen ermöglicht. In zahlreichen musiktheoreti-
schen Analysen aus dem Jahre 1946 bis 1948 weist Franz Kerschbaumer nach, daß die
Davis'schen Improvisationschorusse aus dieser Zeit, schon stellenweise auf in der Funktionsharmonik enthaltenen diatonischen Skalen (Tonleitern) basieren. »So betrachtet war
Miles bereits von Beginn seiner Karriere für die ›modale Improvisationsweise‹ prädisponiert«, wie Kerschbaumer weiter ausführt. Spätestens seit 1954 beschäftigte er sich bewußt
mit Skalen, wie folgendes Zitat zu seiner Eigenkomposition »Swing Swang« aus der
»Christmas Eve Session« illustriert: »Es ist in diesem Fall auf nur einer Skala aufgebaut,
und wenn ich es spiele, blase ich es in dieser Skala – wodurch ein gänzlich anderer Sound
entsteht.« Und gegenüber Nat Hentoff äußert sich Davis hinsichtlich der neuen Improvisa-
tionstechnik: »Wer diesen Weg einmal einschlägt, kann immer wieder darauf gehen. Man
braucht sich nicht um Akkordwechsel zu kümmern und kann sich viel mehr auf die
Linienführung konzentrieren. Es wird zu einer echten Herausforderung, zu prüfen, wie
melodisch-einfallsreich man sein kann. Solange man von Akkorden abhängt, ist man sich
bewußt, daß nach 32 Takten die Akkorde verbraucht sind und daß einem nichts anderes
übrig bleibt, als das, was man gerade gespielt hat – mit Variationen – zu wiederholen. Ich
glaube, es wird im Jazz eine Rückkehr zur Betonung der melodischen Variationen anstelle
der harmonischen geben. Natürlich haben einige klassische Komponisten seit Jahren in
dieser Art geschrieben. Zu vieles im modernen Jazz wurde dick von Akkorden.«
Und daß Miles in der Anwendung der modalen Improvisation nicht mit der Tradition des
Jazz bricht, geht aus folgendem Zitat hervor: »Alle Akkorde befinden sich schließlich in
einer Relation zu Skalen, und aus bestimmten Akkorden lassen sich bestimmte Skalen
ableiten.«

Julian »Cannonball« Adderley, John Coltrane

Diesen Umbruch der Improvisationsweise vollzieht Miles programmatisch als Sideman bei den Aufnahmen zu dem Adderley-Album »Somethin' Else« im März 1958. Hier wird von Davis bewußt zum ersten Mal die »Anzahl der Skalen auf nur eine Tonreihe reduziert, sodaß das jeweilige Stück« – wie z. B. »Autumn Leaves« – »in seiner Gesamtheit funktionsharmonisch bleibt, die Davis-Improvisation aber modal ist« (Kerschbaumer).
Bei Miles Davis scheint diese Entwicklung einem bewußten Schritt gleichzukommen, während sein Saxophonist John Coltrane, der andere große Melodiker des Jazz, einen beschwerlicheren Weg beschreitet. Dieser gestaltet seine Improvisation durch eine funktionsharmonische Re-Interpretation dank seiner immensen Instrumentaltechnik immer komplexer. Und trotzdem kehren die Akkordplatten in funktionaler Regelmäßigkeit immer wieder, so daß Trane zwangsläufig die Klischeebildung spüren muß. Wahrscheinlich kommt Gil Evans der Verdienst zu, in der Zusammenarbeit mit dem Trompeter zum ersten Mal die Ableitung einer modalen Improvisation aus einem funktionsharmonischen Gerüst formalisiert zu haben.
Vier Wochen nach den »Somethin' Else«-Aufnahmen bringt Davis für sein eigenes Sextett die Komposition »Miles« mit ins Studio, in der die Funktionsharmonik kaum noch eine

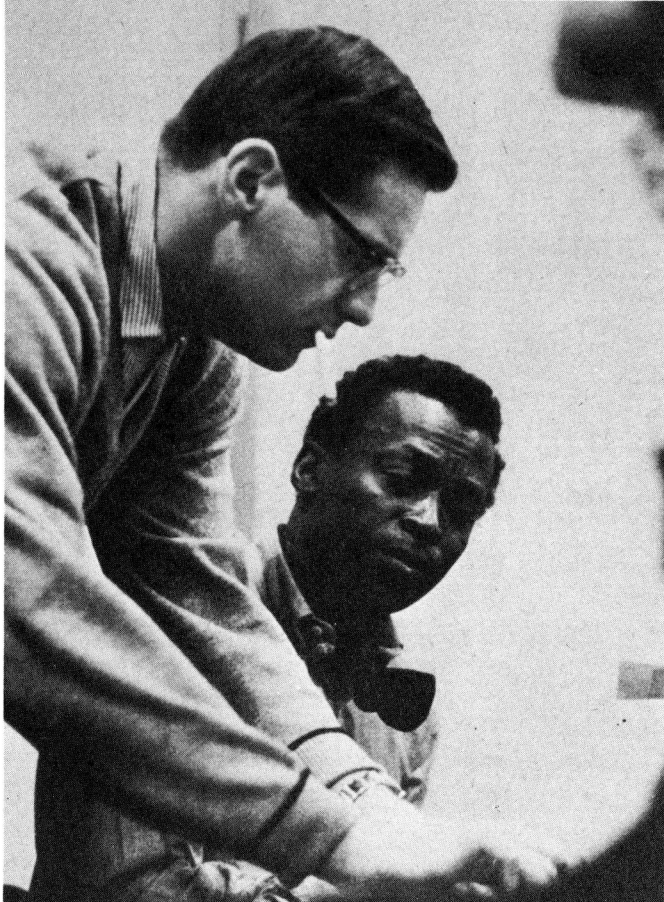

Mit Bill Evans

Rolle spielt, und schafft damit die Möglichkeit für die Solisten, in frei fließenden Linien entlang einer melodisch horizontalen Kontinuität zu improvisieren.

Unmittelbar nach den »Milestone«-Aufnahmen werden Philly Joe Jones und Red Garland durch Jimmy Cobb und Bill Evans abgelöst. Die folgenden Monate – nur unterbrochen durch die Zusammenarbeit mit den Orchestern von Michel Legrand und Gil Evans – sind musikalisch reichhaltig dokumentiert: sowohl der Studioset vom Mai (»On Green Dolphin Street«, »Fran-Dance« etc.) als auch die Live-Mitschnitte vom Newport-Jazzfestival und vom »Plaza Hotel« weisen ein hohes musikalisches Niveau auf. Sind diese Aufnahmen seit dem »Miles Ahead«-Album stilistisch mehr oder weniger von einem Übergangscharakter bestimmt, so legt Miles Davis im April 1959 Aufnahmen zu dem Album »Kind Of Blue«

vor, die als modaler Jazz par excellence gelten. Am Ergebnis dieses endgültigen stilistischen Umbruchs war der Pianist Bill Evans wesentlich beteiligt; Davis führt dazu aus: »Ich habe sicher eine Menge von Bill Evans gelernt. Er spielt das Klavier auf eine Art und Weise, wie es gespielt werde sollte; er beherrscht alle Arten von Skalen.«

Es läßt sich also sagen, daß Miles hier die schon immer vorhandene Tendenz vollendet, seine Improvisationen – wie in den Titeln »So What« oder »All Blues« – vom »Gerüst ständig wechselnder Akkorde« zu befreien. Für J. E. Berendt wird in der neu gewonnenen Freiheit der modalen Improvisation vor allen Dingen ein »gruppenintegrierendes Element spürbar«, das es den Musikern ermöglicht, eine bis dato »unbekannte Lyrik und Sensibilität« kollektiv zu entfalten.

Während der Aufnahmen zu dem Album »Kind Of Blue« saß im Kontrollraum des Studios der Tenorist und Producer Teo Macero, der für Miles' zukünftige Schallplattenkarriere eine Schlüsselposition gewinnen sollte. Dieser war wie kaum ein anderer in der Lage, die sich immer schneller revolutionierende Aufnahmetechnik den künstlerischen Belangen der Miles-Davis-Musik anzupassen.

Der im März des gleichen Jahres erschienene Leitartikel des hoch angesehenen Kulturmagazins »Esquire« und die im April ausgestrahlte TV-Show unter dem Motto »The Sound of Miles Davis«, machen Miles auf einen Schlag über die Grenzen der Jazzszene hinaus zu einem bekannten Mann.

Zur Jahreswende 1959/60 kann sich Miles gemeinsam mit Gil Evans und Teo Macero an das Mammut-Opus »Sketches Of Spain« wagen.

Indessen zeichnen sich personelle Veränderungen in seinem Ensemble ab. Julian Adderley scheidet im Oktober 1959 aus und gründet ein eigenes erfolgreiches Quintett. Im Frühjahr 1960 kann Davis John Coltrane, obwohl dieser schon seine eigenen Pläne verfolgt, noch einmal zu einer ausgedehnten Europatournee überreden; zum ersten Mal konnten die Fans in Skandinavien, Frankreich und Deutschland Miles mit einer eigenen Gruppe bewundern. Doch das Quintett tourte im Rahmen der Konzertreihe »Jazz At The Philharmonic«, die sehr viel konservatives Publikum anzieht. Dementsprechend sind die Reaktionen auf die Vorstellungen des Davis-Quintetts ziemlich geteilt. Besonders der Stil von John Coltrane wurde kontrovers diskutiert, und es kam schließlich so weit, daß Davis bei einem Konzert den Auftritt abbrach, als man seinen Saxophonisten auspfiff.

Zurück in New York kehrt John Coltrane der Davis-Gruppe endgültig den Rücken, wodurch offenkundig wird, daß der Trompetenheros trotz aller Erfolge in einer musikalischen Krise steckt. Miles – seines expressiven Kontrastes beraubt – muß sich nackt und unsicher fühlen. Versuche, die entstandene Lücke mit alten Weggefährten aus vergangenen Boptagen, wie etwa Sonny Stitt, der für eine weitere Europatournee im Herbst 1960 einsteigt, oder mit Jimmy Heath zu füllen, sind wenig erfolgreich. Dann macht Miles, wie so oft in seiner Karriere, aus der Not eine Tugend. Er holt den Session-erprobten Hardbop-Tenoristen Hank Mobley, der mehr einen »Legato-Stil« bevorzugt, in sein Quintett und beginnt unter Ausweitung seiner technischen Möglichkeiten auf der Trompete selbst in den Kontrastpart zu schlüpfen. Mit der Routine seines wohlbekannten Repertoires entstehen im Frühjahr 1961 zwei hochgradige Live-Mitschnitte während eines Gastspiels im Blackhawk von San Francisco und bei einem Konzert in der Carnegie Hall – bei letzterem wirkt auch das Gil-Evans-Orchester mit. In den kurz zuvor entstandenen, aber auch mittelmäßigen Studioaufnahmen zu dem Album »Someday My Prince Will Come«, tritt die Stagnation in der stilistischen Entwicklung abermals deutlich zutage.

Das Jahr 1962 erbringt musikalisch eine ziemlich magere Ausbeute. Miles experimentiert mit wechselnden Besetzungen. Im Herbst 1961 hat er sein Ensemble durch den Posaunisten Jay Jay Johnson zum Sextett erweitert. Während eines Gastspiels im Birdhouse in Chicago ersetzen Philly Joe Jones und Red Garland für kurze Zeit Jimmy Cobb und Wynton Kelly. Im Winter 1961/62 taucht wieder einmal Sonny Rollins bei Miles auf, der aber ebenso schnell wieder verschwindet, wie der Vibraphonist Buddy Montgomery. Eine erneute Zusammenarbeit mit Gil Evans auf der Grundlage lateinamerikanischer Rhythmen, aus der die im Laufe des Jahres 1962 eingespielten Titel des Albums »Quiet Nights« stammen, muß ebenso wie die im Herbst 1963 in Hollywood mit dem Orchesterleiter produzierte Theatermusik zu den Komödie »The Time Of The Barracudas« als verunglückt betrachtet werden. Während Miles für das Mißlingen von »Quiet Nights« seinen Produzenten Teo Macero verantwortlich macht, zieht es der Theaterproduzent vor, die Musik nicht zur Aufführung zu bringen. Im August 1962 entstehen im Sextett mit dem Posaunisten Frank Rehak und dem Tenorsaxophonisten Wayne Shorter sowie dem Sänger Bob Dorough Vokalaufnahmen, die kaum in die stilistische Kontinuität von Davis passen. Shorter, der hier zum ersten Mal mit Davis arbeitet, sollte schon zu diesem Zeitpunkt ein ständiges Quintettmitglied werden, aber dieser kann sich keine Gewißheit darüber verschaffen, ob er sein musikalisches Konzept in der Davis-Band verwirklichen kann und zieht deshalb weiterhin ein festes Engagement bei Art Blakey vor.

Das neue Miles-Davis-Quintett und der Free Jazz (1963–1967)

Als sich zu Beginn 1963 die Rhythmusgruppe Kelly/Chambers/Cobb, die in den Krisenjahren relativ konstant mit Miles zusammen gearbeitet hat, ihre eigenen Wege geht, ist Miles gezwungen, für einen längeren Aufenthalt an der Westküste ein völlig neues Sextett zusammenzustellen; es besteht aus George Coleman (Tenor), Frank Strozier (Altsax), Harold Mabern (Piano), Ron Carter (Baß) und Frank Butler (Schlagzeug). Über ein erneutes mehrwöchiges Gastspiel im Blackhawk von San Francisco ist im »Down-Beat« zu lesen: »In der Gegenwart von Miles' Feuer blühte das ungewohnt besetzte Ensemble sofort auf. Sein glühender Streifzug in höhere Register war so ausgeprägt, daß sich einige der Zuhörer fragten, ob er jetzt ein kleineres Mundstück verwende.«

Mit Ron Carter

In Los Angeles spielt Miles mit Coleman, Carter und Butler einen Teil der Aufnahmen zu dem Album »Seven Steps To Heaven« ein und engagiert dazu den englischen Pianisten Victor Feldman, der dazu seine beiden reizvollen Kompositionen, das Titelstück und »Joshua«, mit ins Studio bringt.

Als Davis mit George Coleman und Ron Carter nach New York zurückkehrt, verpflichtet er auf Empfehlung seines alten Freundes Jackie McLean den erst 17jährigen Schlagzeuger Tony Williams sowie den ebenfalls äußerst begabten Pianisten Herbie Hancock in sein neues Quintett, mit dem er sogleich das restliche Material zu »Seven Steps To Heaven« einspielt. Gleich danach feiert Miles musikalisch ein sensationelles Live-Comeback. Der Jazzautor A. Polillo schreibt darüber: »Die Gruppe wurde eines der überzeugendsten Ensembles, die in den 60er Jahren auf der Jazz-Szene tätig waren, und bildete wahrscheinlich das beste unter den vielen, die Miles Davis im Verlauf seiner Laufbahn geleitet hat. Jedenfalls war es die dauerhafteste, ausgewogenste, einheitlichste und am weitesten fortentwickelte Besetzung von allen.«

Zwar verändert der Trompeter kaum sein Standardmaterial – jahrelang sollte das Publikum immer wieder meisterhafte Versionen der zarten Balladen wie »My Funny Valentine«,

»Autumn Leaves«, »Milestone« und »Walkin'« hören –, doch durchdringen seine hochkarätigen Musiker das alte Material nach allen Regeln der Kunst mit sämtlichen Möglichkeiten der modalen Improvisation; diese macht die herkömmlich schematische Begrenzung
des Solisten auf 8-, 12- und 16taktige Akkordgruppen überflüssig.

Über die Konsequenzen der freien Gestaltung der Choruslänge für das Ensemblespiel
schreibt Ekkehard Jost: »Das Improvisieren über verschiedene Modi, deren Aufeinanderfolge zwar festgelegt ist, deren zeitliche Ausdehnung jedoch variabel ist, bringt für das
Zusammenspiel der Gruppe Konsequenzen mit sich, die für die spätere Entwicklung des
Free Jazz von grundlegender Bedeutung werden. In dem Moment, wo die Vereinbarung
eines nominierten Takt-Schemas entfällt, sind die Gruppenmitglieder gezwungen, sehr
intensiv aufeinander zu hören.«

Die aus dieser Musizierpraxis resultierende Spontaneität demonstriert das Davis-Quintett
mit der Dauer seines Bestehens immer eindrucksvoller, und die Musiker betreten – die
Tradition niemals aus dem Auge verlierend – eine völlig neue Kommunikationsebene. Ein
zweiter Schritt in Richtung Free Jazz ist eine perfekte Integration ohne Verlust der
Individualität, in der es keiner Absicherung durch außermusikalische Signale mehr bedarf.
Die sich immer mehr intensivierende und rhythmisch dichtere Melodik entsteht infolge der
raschen Tempi, die die Achtel-Note zur rhythmischen Normalgestalt werden läßt. Neben
die zunehmende melodische Befreiung tritt die rhythmische, für die vor allem der
Schlagzeuger Tony Williams verantwortlich ist. Dieser durchbricht sukzessiv die traditionelle Swingbegleitung, »indem er im Rahmen seiner vielgestaltigen Begleittechnik einerseits die traditionelle Swing-Begleitfigur zeitlich verschiebt und variiert und andererseits
die Achtel- und Triolenbegleitung einführt. Durch diese Technik gewinnt der gesamte
Ensembleklang an rhythmischer Dichte und Vielgestaltigkeit«. Williams indiziert damit
ein starkes, rhythmisches Wechselspiel zwischen allen Ensemblemitgliedern.

Besonders der jugendliche Williams übt auf Miles eine geradezu magische Wirkung aus.
Im Gefolge der fliehend-pulsierenden Cymbals entwickelt der Leader ein bei ihm nie zuvor
vermutetes Feuer, einen Drive und eine ungewöhnliche Freiheit auf seinem Horn, das er
mittlerweile in allen Registern und in jedem Tempo vollkommen beherrscht.

Mit diesem Quintett erreicht die internationale Popularität Miles Davis' Mitte der 60er
Jahre durch seine zahlreichen Tourneen, die ihn ab 1963 immer wieder nach Europa und
Japan führen, ein kolossales Ausmaß. Davon zeugen auch alle internationalen Kritiker- und
Fanpolls, die Davis mit den Musikern seines Quintetts zeitweise in verschiedensten Sparten
nach Belieben beherrscht. Selbst seine eingefleischtesten Gegner, die immer zahlreicher
geworden waren, mußten spätestens angesichts der außergewöhnlichen Qualität von Miles'
zahlreich veröffentlichten Live-Mitschnitten aus den Jahren 1963 bis 1965 anerkennen, daß
Miles zu den größten Musikern zu zählen ist, die der Jazz je hervorgebracht hat.

Nachdem Sam Rivers für einige Monate den Saxophonisten George Coleman abgelöst hat,
ergibt sich für Davis im September 1964 endlich die Gelegenheit, seinen Wunsch-

Herbie Hancock, Tony Williams

Saxophonisten Wayne Shorter in die Gruppe zu holen, der wegen seiner außergewöhnlich breitgefächerten Instrumentaltechnik und seiner Begabung als Komponist eine zusätzliche Bereicherung darstellt. Zwischen 1965 und 1967 legt Miles vier stilistisch ähnliche Studioproduktionen (»E.S.P.«, »Miles Smiles«, »Sorcerer« und »Nefertiti«) vor, deren Themen mit zwei Ausnahmen ausschließlich von den Musikern seines Ensembles oder von ihm selbst komponiert sind. Daraus resultiert eine grundlegende Weiterentwicklung des Repertoires in Form veränderter Thementypen und der daraus sich ergebenden Improvisationsgrundlagen, in denen der Einfluß des Saxophonisten Wayne Shorter zum Tragen kommt. Die Tonalität der aus dieser Zeit hervorgegangenen Kompositionen unterscheidet sich etwa von den »Kind Of Blue«-Einspielungen durch die Quartenmelodik, d. h. die frühere Modalität – die dem Dur-Moll-System nahestehenden Skalen – wird, in chromatischer Fortschreibung von »alterierten, lydischen und ionischen« Skalen abgelöst, »die auch als Grundlage für die Improvisation fungieren«. Diese Entwicklung – die Anwendung aller zwölf Töne der Oktave als Improvisationsgrundlage – »stellt eine Parallele zu den entsprechenden Tonalitätsentwicklungen der abendländischen Kunstmusik des 20. Jahrhunderts und somit eine westliche Komponente im permanenten Akkulturationsvorgang zwischen der abendländischen und der afro-amerikanischen Musik dar«. Diese zusätzliche tonale Abstraktionsmöglichkeit bzw. das Wegimprovisieren vom Thema gilt generell gesehen als »eine tonale Komponente zur Entwicklung des Free Jazz, zu dessen vollständigem Durchbruch Davis sich aber nie durchringen wollte«. Mit Ausnahme von Charles Mingus hat wohl kein anderer Musiker den tonalen Jazz mit sich entwickelnder Konsequenz »immer näher an den freitonalen geführt, wie Miles Davis«, notiert J. E. Berendt. Alle Musiker seines Quintetts spielen auf ihren eigenen Aufnahmen »free« oder zumindestens annähernd frei. »Nur Miles Davis vermeidet den endgültigen Schritt über die Grenze.« Miles' Verdienst ist es – und der bringt ihn in eine extreme Position gegenüber den jungen zornigen Heißspornen des Free Jazz der 60er Jahre –, daß er die Spannung zwischen Traditionsbezogenheit und Avantgarde behutsam pflegt und nicht der Willkür preisgibt. »Schau – du brauchst nicht einfach chaotisch zu spielen. Das ist keine Freiheit. Du brauchst die Kontrolle dieser Freiheit.« Dementsprechend äußert er sich über die Musiker der neuen Welle: »Was ist so avantgardistisch daran? Lennie Tristano und Lee Konitz haben schon vor 15 Jahren Ideen geschaffen, die neuartiger waren als die heutigen Dinge. Und als sie das taten, waren diese Dinge musikalisch sinnvoll.« Zum ersten Mal als Miles' stilistische Entwicklung nicht im Hauptstrom der Avantgarde angelegt ist, sollte er historisch betrachtet (als Bindeglied der musikalischem Kontraste der 60er Jahre) gegenüber dem Free Jazz Recht behalten: »Nahezu alle Avantgardisten der Neobop-Bewegung der 70er und 80er Jahre spielten oder spielen ›frei und kontrolliert‹« (Berendt).

Bitches Brew: Miles Davis – der »Picasso des Jazz« (1967–1970)

Im Jahre 1967 leitet Davis behutsam einen stilistischen Umbruch ein, der die ganze Jazz- und Rockszene im positiven (aber auch im negativen) Sinne revolutionieren sollte. Allerdings kann diese stilistische Entwicklung zwischen 1967 und 1975 kaum unter einen bestimmten Oberbegriff zusammengefaßt, geschweige denn definiert werden, da es sich – wie Kerschbaumer scharfsinnig ausführt – entgegen dem »Revolutionspostulat« bei der stilistischen Entwicklung Miles' »in dieser Zeit verstärkt (um) einen permanenten Evolutionsprozeß« handelt, »der enger als vorher im Zusammenhang mit der Akkulturation seitens der abendländischen Kunstmusik und der Musik der ›Dritten Welt‹ zu bringen ist . . .«.

Zu Recht bezeichnet Kerschbaumer den Versuch vieler Jazzpublizisten als irreführend, Davis' Spielweise etwa mit dem Erscheinen von »In A Silent Way« mit Termini wie Pop-, Rock- oder Elektrik-Jazz zu definieren, »da hiermit nur sekundäre Komponenten seines Personalstils definiert werden«. Derart oberflächliche Analysen werden diesem stilistischen Umbruch, der sich nahezu über drei Jahre erstreckt und keineswegs einheitlich ist, kaum gerecht; eine Behauptung, die sich mit den Samplern »Circle In The Round«,

»Directions« etc. beinahe lückenlos dokumentieren läßt. Andere Kritiker, die ihr Urteil entweder an den Prämissen des Free Jazz ausgerichtet haben, oder aufgeklärte Traditionalisten, die Miles Mitte der 60er Jahre endlich verdaut hatten, reagierten beleidigt und führten den stilistischen Wandel wegen der sprunghaft gestiegenen Verkaufszahlen – etwa des Albums »Bitches Brew« – auf rein kommerzielle Überlegungen seiner Vertragsfirma zurück. Kerschbaumer formuliert diesen Sachverhalt vorsichtiger und weniger dramatisch, nämlich daß das »gute Verhältnis zu Columbia sowie wirtschaftliche und soziale Aspekte« Davis schließlich veranlassen, »nicht die Plattenfirma zu wechseln, sondern deren publikumswirksame Tendenzen in sein sich ständig veränderndes musikalisches Konzept mit einzubeziehen«.

Daß sich Miles Davis' Stilistik zum ersten Mal in seiner Karriere nicht mehr im Zentrum der allgemeinen Jazzentwicklung vollzieht, sondern daß er konsequenter als früher seinen eigenen Weg verfolgt, hat mannigfaltige Gründe. Schon ab Mitte der 60er Jahre war Miles' Schlagzeuger Tony Williams durch die »Einführung der Achtel- und Triolenbegleitung bestrebt, die Feinnervigkeit und Polyrhythmik seines Stils mit Elementen des Rock-

Mit Wayne Shorter, 1967

Schlagzeugspiels zu durchsetzen, so daß sein Spiel wesentlich an Kraft und Emotionalität gewann.« Ein weiterer Beweggrund ist wohl darin zu sehen, daß Miles 1967 innerhalb seiner traditionellen Quintettkonzeption, die ja auch schon aus der Parker-Ära herrührte, alle klanglichen und mit der Erschließung der chromatischen Skalen alle tonalen Improvisationsmöglichkeiten ausgeschöpft hatte. Nach Ansicht von Joe Zawinul heißt der Mann, der als erster Miles dazu bewegt, Neuland zu erkunden, Wayne Shorter: »Ihr müßt daran denken, daß Wayne sechs Jahre lang bei Miles gewesen ist und dazu beigetragen hat, dieser Musik Form zu verleihen und die Stücke, die er schrieb, hatten auch die Wirkung, das, was Miles brachte, in einem gewissen Umfang zu verändern. Alles fing an, als Wayne ›Nefertiti‹ für die Miles-Davis-Gruppe schrieb. Das war der Beginn einer neuen Welt.« Es folgen ähnlich angelegte Kompositionen wie »Fall«, »Paraphenalia«, »Sanctuary« u. a. Ebenso wie in dem Miles-Thema »Stuff« findet sich hier zum ersten Mal ein Thementypus, der »endlose Melodien« verwendet, die denen des Free-Jazz-Trompeters Don Cherry nahekommen. Die verhältnismäßig langen Themen werden vor, nach und zwischen den Improvisationen häufig wiederholt, »wobei die melodische Abfolge der Töne gleichbleibt, einzelne Phrasen aber in den Wiederholungen zeitlich verschoben sind . . .«. Auf dem großartigen Album »Miles In The Sky« leitet Davis zum ersten Mal vorsichtig die Tendenz ein, rudimentär klangliche Stimmungen des Rock mit einzubeziehen. Es tauchen zum ersten Mal elektronische Instrumente wie E-Gitarre, Fender-Baß oder Elektroklavier auf.

Im Laufe des Jahres 1968 geht Miles Davis zum letzten Mal mit seiner traditionellen Quintettbesetzung ins Studio. Es entsteht dabei das wunderbare Album »Filles de Kilimanjaro«, das auf so unnachahmlich schlichte Weise die ostinative Spielweise kultiviert, die Miles' Ensemblestilistik aus den Rockströmungen leicht transzendiert. Viele Kritiker werten daher »Filles de Kilimanjaro« als den Gipfelpunkt der Entwicklung des Miles-Davis-Quintetts seit 1965. Zur Zeit der Fertigstellung dieser LP haben der englische Bassist Dave Holland und der weiße amerikanische Pianist Chick Corea schon Ron Carter und Herbie Hancock ersetzt. Vor allem Chick Corea versteht es, die unterlegten Ostinatoklischees zu befreien, um aus ihnen eine motorische, energetische Kraft zu gewinnen, so daß sie den darübergelegten melodischen Horninterpretationen trotz ihrer Einfachheit ebenbürtig erscheinen.

Anfang 1969 geht Miles erneut ins Studio, spielt das Album »In A Silent Way« ein und wartet dabei mit einer radikalen Veränderung des Gruppenkonzepts auf. Anstelle des freien Austausches unter allen Gruppenmitgliedern setzt Miles eine neue Dualität, die auf die Grundprinzipien westafrikanischer Ritualtänze baut. Miles' Trompetenimprovisationen als fragmentarische Soli in der Rolle des Vorsängers stehen einem vielfältigen Geflecht, dem kollektiven Trommelchor gegenüber, dessen komplexes und vielschichtiges Zusammenspiel – bestehend aus drei Keyboards, Baß und Schlagzeug – so intensiv wirkt, als seien mehrere Rhythmusgruppen ineinander verzahnt. Dazu stoßen zwei neue instrumentelle

Dave Holland, Chick Corea

Variationen: einmal das Sopransaxophon Wayne Shorters – eher in der Funktion einer zusätzlichen Klangfarbe als eine Solostimme erfüllend – und zum ersten Mal bei Miles die heißen, aber zugleich voller Sensibilität phrasierten Gitarrenkürzel des Engländers John McLaughlin. Als die Aufnahmen zu diesem Album beendet sind, sind vier Riesenspulen bespielt, und der Produzent Teo Macero wendet sich an Miles: »Ich habe wenigstens 60 Minuten auf jeder Spule, das sind 240 Minuten Musik. Ich weiß nicht, wie wir das auf eine Platte bringen.« Ein stufenweises Reduktionsverfahren ergibt zweimal achteinhalb Minuten Musik, was aber zu einer Veröffentlichung nicht ausreicht, und Macero berichtet weiter: »Ich nahm die achteinhalb Minuten, wiederholte und streckte manche Stücke an verschiedenen Stellen, bis ich etwa 17 bis 18 Minuten auf jeder Seite hatte. Wenn Sie genau hinhören, werden Sie wissen, wovon ich spreche. Als wir es endlich Miles vorspielten, sagte er: ›Ich habe es nicht gemacht, aber es ist so, wie es sein sollte.‹«

Diese Geschichte bezeichnet auch in trefflicher Art die Arbeitsweise Miles Davis' im Studio, die der englische Trompeter Ian Carr mit der »Workshop-Weise« der flämischen

Malerschule vergleicht: »Etwa bei Rembrandt, der ein Studio hatte, in dem viele Maler arbeiteten, von denen sich jeder auf eine bestimmte Technik spezialisiert hatte. Miles arbeitet entsprechend mit all den Musikern, mit denen er zusammenkommt. Oder auch mit Arrangeuren (Gil Evans), Produzenten (Teo Macero) . . . Auf diese Weise bekommt Miles Davis soundsoviele Kompositionen zugeschrieben, die in Wahrheit von anderen stammen, was keineswegs das Verdienst von Miles Davis schmälert.«

Miles hat sich in den zahlreichen Gruppen, die er während seiner langen Karriere geleitet hat, selbst meist in der Funktion eines musikalischen Katalysators gesehen. Aus diesem Grund ist er immer bestrebt zu wissen, wer im Augenblick zu den besten Musikern der Szene gehört, um sie dann um sich zu versammeln. Geht man die Namen der Musiker durch, mit denen Miles schon gearbeitet und die er reihenweise zu Stars gemacht hat, liest es sich wie ein »Who's who« des Jazz. Aber das entscheidende ist, daß er es immer wieder genial versteht, sehr gegensätzliche musikalische Einzelpersönlichkeiten »katalysatorisch« in sein stilistisches Konzept einzubinden. Entsprechend setzt er auf die Erfahrung im musikalischen Kollektiv: »Du mußt eine Gruppe um dich haben, die besser ist, als du es bist, nur dann strebst du nach immer mehr. Du solltest immer die Möglichkeit haben, von jedem in der Gruppe zu lernen. Ich habe kein Interesse an Musikern, es sei denn, ich weiß, sie suchen die äußerste Grenze ihrer Möglichkeiten herauszufinden, um dann darüberhinauszukommen.«

Aus dem Experimentalklima der »In A Silent Way«-Produktion entwickelt Miles das relativ strenge Konzept für das Album »Bitches Brew«, das er im August 1969 aufnimmt. Dementsprechend wirkt das Album geschlossener und abgerundeter, wenn auch die stilistischen Elemente – bis auf die Vitalisierung des Perkussionshintergrundes mit zeitweise drei Schlagzeugern und einem Perkussionisten – die gleichen sind. Als besonders reizvoll entpuppt sich das Baßklarinettenspiel Bennie Maupins, dessen klangliche Gestaltungen der Musik des Albums oft einen impressionistischen Reiz im Sinne Debussys verleihen, was J. E. Berendt zu der Charakterisierung »L'Après-midi d'un Faune im Jazz-Kontext« veranlaßt.

Obgleich »Bitches Brew« ein sehr gelungenes Album ist, wird von vielen Kritikern in unzulässiger Weise die musikalische Kettenreaktion, die das Album auf die Szene im allgemeinen sowie die Auswirkung auf die Popularität von Miles Davis im besonderen (die Auflage erreicht innerhalb weniger Monate eine halbe Million Kopien) mit sich bringt, mit seinem Stellenwert in Miles' eigener Ensemblestilistik vermengt. Entgegen allen publizistisch aufgemachten Phantasien des »Umbruchs mit Knall« reiht sich »Bitches Brew« nahtlos an die Kontinuität der stilbildenden Entwicklung des Trompeters ein. Außerdem hat diese Musik überhaupt nichts mit einer angeblich gelungenen Synthese von Jazz und Rock zu tun. Vielmehr versteht es Miles, den Jazz für Klangelemente und Rhythmen des Rocks atmosphärisch zu öffnen, indem er sie mit einem gewissen »Afrika-Gefühl« in Einklang bringt. Viel deutlicher fallen dagegen Miles' Rockanklänge in der Musik aus, die er für den Film »Jack Johnson« im April 1970 einspielt. Die Spannung, die das dokumentarische Szenenmaterial über den ersten schwarzen Boxweltmeister vermittelt, lebt vor allem vom »Soundtrack« Miles Davis'.

Die Wirkung, die das brückenschlagende Album »Bitches Brew« auf die gesamte Musikszene jenseits der Klassik ausübt, läßt das musikalische Ansehen seines Urhebers derart in die Höhe schnellen, daß der japanische Kritiker Shoichi Yui Miles Davis zum »Gipfelpunkt der bisherigen Jazzentwicklung« ausruft. Während andere neue Stilbildende – wie Charlie Parker oder John Coltrane – jeweils nur für wenige Jahre die Entwicklung beherrschten, reiche der Einfluß Miles Davis' von Ende der 40er Jahre bis zum heutigen Tag. Miles' mannigfaltige stilbildende Tendenzen veranlassen Duke Ellington – selbst einer der fruchtbarsten Neuerer des Jazzstils seiner Zeit und aus ähnlichem Holz geschnitzt – Davis in den Rang eines »Picasso des Jazz« zu erheben. Diesen Vergleich erläutert der amerikanische Kritiker R. J. Gleason im »Rolling Stones«-Magazin so: »Er hat stilistische Veränderungen zum Stilprinzip erhoben. Und wo immer man geht, stößt man auf kleine Bruchstücke seiner Musik. Sein Einfluß hat die gesamte moderne Musik Amerikas durchdrungen.«

Vom Rock- und Electric-Jazz zur schwarzen Pop-Music (1970–1972)

Während sich Miles' einschneidender stilistischer Umbruch vorerst nur bei seinen Studioproduktionen vollzieht, bestehen im Gegensatz dazu seine Live-Auftritte zwischen 1967 und Ende 1969 aus der »Musizierpraxis« des Quintetts der Jahre 1965 bis 1967 und dem Repertoire, das die Gruppe in dieser Zeit erarbeitet hat. Im wesentlichen kommen dabei die Titel »Agitation«, »Nefertiti«, »Mesqualero«, »Footprints«, »Ginger Bread Boy«, »Directions«, »About That Time« und das immer wieder faszinierende »Round About Midnight« zur Aufführung; die einzelnen Themen werden meist in einem durchgehenden Set musikalisch in einem Medley verzahnt. In diese Zeit fallen wiederum zwei ausgedehnte Europatourneen (1967 und 1969), die auf vielen Rundfunkmitschnitten und Amateuraufnahmen nahezu lückenlos dokumentiert sind, und deren glanzvolle Höhepunkte Miles' zweiter und dritter Auftritt bei den Berliner Jazztagen bilden.

In Newport zeigt sich Miles 1967 entgegen aller New-Jazz-Tendenzen sehr melodiös. Über spätere Live-Auftritte der veränderten Quintettbesetzung erzählt der Pianist Chick Corea wahre Fabelgeschichten: »Die Gruppe mit Holland, DeJohnette und Shorter entwickelte wirklich herrlich improvisiertes Material. Gewöhnlich spielten wir zum Aufwärmen zwei bis drei Stücke – danach gestalteten wir den Rest des Konzertes mit einer einzigen wunderbaren Komposition.«

Selbst Ende 1969 sind keinerlei Rockimplikationen in Davis' Livemusik zu registrieren; der Puls basiert immer noch auf einer Jazzgrundlage, die durchgehenden Sets sind von

Keith Jarrett, Jack DeJohnette

harmonischer Abstraktion und vom Wechsel der Stimmungen und des thematischen Materials geprägt, aber die allumspannende Stimmung geht auf magische und unerklärliche Weise von Miles' Trompetenspiel aus.

1969 versucht Miles zum ersten Mal in Quintett-Besetzung ein Rockpublikum zu faszinieren und tritt in Fillmore East bei einem Blockkonzert mit der Steve Miller Band und Neil Youngs »Crazy Horse« auf, was zur totalen Verwirrung der Rockfans führt: die Musik ist ihnen viel zu komplex.

Als Wayne Shorter Anfang 1970 aus dem Davis-Quintett aussteigt, leitet Miles auch eine neue Ära seiner Live-Auftritte ein. (Shorter: »Wir hatten ähnliche konzeptionelle Vorstellungen, aber in der praktischen Ausführung entwickelten wir uns weit auseinander!«) Er holt den weißen Saxophonisten Steve Grossman in seine Gruppe und stellt sich im April 1970, verstärkt durch den brasilianischen Perkussions-Tausendsassa Airto Moreira, im Fillmore West (vgl. »Black Beauty«, S. 185) erneut einem Rockpublikum vor. Doch von Rockeinflüssen ist in Miles' Musik wiederum kaum etwas zu spüren, dagegen verblüfft er sein Publikum zum ersten Mal auf dem Hintergrund eines Perkussionszaubers mit völlig frei gestalteten Abschnitten. Als Miles wenig später den Pianisten Keith Jarrett dazu überreden kann, sein Ensemble zum Septett zu erweitern, kann er schon im Juni des gleichen Jahres – diesmal im New Yorker Fillmore East (»Live At The Fillmore«, S. 186) – mit einer ausgereiften Live-Konzeption aufwarten, einer ausgewogenen Mixtur aus Elementen, die von der Emanzipation afro-amerikanischer Rhythmen bis zur europäischen freejazzigen Collage reicht.

Ungefähr vier Wochen später tritt die gleiche Gruppe im New Yorker Central Park auf. Nach einem Set, das stilistisch den Fillmore-East Aufnahmen ähnlich ist, schickt Miles die gesamte Gruppe vom Podium, um einen total unbegleiteten und ganz außergewöhnlichen Chorus über »Round Midnight« zu blasen – er will demonstrieren, daß er weder seine Lyrik noch seine musikalische Vergangenheit vergessen hat. Dagegen endet der Auftritt auf der »Isle Of Wight« Ende 1970, bei dem das Publikum statt Steve Grossman den famosen Gary Bartz hört, mit einem Desaster, das die Grenzen Miles' als Publikumsmagnet aufzeigt: Trotz gelungenem Einstieg verläßt Davis, gekränkt wegen des augenscheinlichen Desinteresses von über 150 000 Rockfans nach nicht einmal 25 Minuten die Freiluftbühne.

Im Herbst des gleichen Jahres steigen Dave Holland und Chick Corea bei Miles aus, der dafür den jungen E-Bassisten Michael Henderson verpflichtet, während die Virtuosität Keith Jarretts ausreicht, mittels beidhändigem Spiel neben dem Orgel- auch noch den E-Piano-Part des ausgeschiedenen Corea zu übernehmen. Zu diesem Zeitpunkt tritt eine erneute Vitalisierung ein. Das dritte Live-Album (»Live Evil«, S. 189), das das Davis-Ensemble – verstärkt durch das Gastspiel des Gitarristen John McLaughlin – innerhalb eines Jahres aufnimmt, legt dafür ein eindrucksvolles Zeugnis ab. Als Airto seine eigenen Wege geht, übernehmen gleich zwei Perkussionisten dessen Part. Neben Don Alias ist es vor allem der Congaspieler George »M'tume« Foreman, der afrikanische Fundamentalrhythmen in die Ensemblestilistik einbringt. Der Musiktheoretiker Kerschbaumer sieht darin ein neues Stilelement, denn: »war bisher der Akkulturationsvorgang bei Davis (Tonalität, Form) auf die europäische Musik bezogen, so wurde diese mit der Aufnahme dieser rhythmischen Elemente aus der afrikanischen Folklore erstmals auf die Musik der dritten Welt ausgedehnt«.

Als das letzte Mitglied der einst legendären Quintettbesetzung Ende der 60er Jahre, Jack DeJohnette, im Frühjahr 1971 die Davis-Gruppe verläßt, wird er sehr schnell durch den Schlagzeuger Leo Chandler ersetzt. In dieser Formation begibt sich Miles in der zweiten Jahreshälfte erneut auf eine Europatournee, die einen triumphalen Verlauf nehmen sollte.

Anläßlich eines Konzertes in München gelingt es Davis, in einem durchgehenden 80-Minuten-Set mit sparsamsten Ausdrucksmitteln das enorme Schlagwerk (Leo Chandler, Don Alias und M'tume), die beiden Keyboards – simultan gespielt von Keith Jarrett –, Gary Bartz' boppiges Altsax über den donnernden Baßfiguren Michael Hendersons, die mit minimalsten Intervallsprüngen auskommen, in einen Guß von Drive zu zwingen. Zum ersten Mal stellt sich Miles vor einem europäischen Publikum mit einer elektrisch verstärkten Trompete vor. In gewohnter Haltung – tief nach vorne gebeugt, sein Horn ganz dicht gegen die Plattform haltend – läßt er seine Trompete noch intensiver als gewohnt erstrahlen.

Wenige Tage später vermittelt die Gruppe auf dem 8. Berliner Jazzfestival ein ähnliches Bild: Miles betritt die Bühne in silbernen hochhackigen Stiefeln, einer leuchtend roten Samthose, braunem Pullover und mit einem langen roten Chiffonschal umschlungen, während seine Gruppe bereits spielt. Werner Burkhardt – stets ein kritischer Beobachter der Jazztage – schildert, wie Miles sich »wippend neben seine Gruppe« setzt und diese streng beobachtet – »wie die beiden Bongospieler ein rhythmisches Reizklima schaffen, und der Pianist Keith Jarrett wie in Trance raunende Tripatmosphäre tupft. Nur manchmal stellt er sich zwischen seine Leute, tritt auf die Wah-wah-Fußmaschine und entlockt seiner elektrisch angeschlossenen Trompete zwei, drei Signaltöne. Dann zieht er sich wieder zurück und läßt wieder den anderen Spielraum, und die Grenzen zwischen freier Form und hochbezahlter Durchspielprobe geraten anfangs ein wenig ins Schwimmen. Doch nach zwanzig Minuten kommt er zur Sache. Er reduziert den elektrischen Anteil an seiner Musik, der dem Trompetenstrahl zwar mühelose Deutlichkeit verliehen, ihm aber den unverwechselbaren, persönlichen Ton genommen hatte. Er beginnt, Bögen zu spielen und sich mit Jarrett in einen atemverschlagenden Dialog zu verwickeln.«

Die absolute Disziplin der Gruppe verwandelt die Bühne in eine Werkstatt, in der jeder Ton, jedes rhythmische Teilchen, jedes atonale Geräusch weiterführt. Trotzdem verrät dieser experimentelle Zusammenhang eine höchst formale Strenge Miles'scher Prägung, in der er zu seinem eigenen Vergnügen – für das Publikum deutlich sichtbar, wie er sich mit seinen Musikern lächelnd verständigt – das kommunikative Element immer wieder ins Spiel bringt. Anläßlich des Frankfurter Auftritts charakterisiert Ulrich Olshausen in der FAZ den Egoismus Miles Davis', weil er nur spielt, wenn ihm gerade danach ist, als funktionales Element. »So ist es jetzt fast so, daß die Gruppe auch ohne Miles bestehen könnte. Der Pianist Keith Jarrett und der Sopran- und Altsaxophonist Gary Bartz sind so hervorragende Improvisatoren und haben so viel Spielraum, daß sie die Musik auch allein tragen könnten. Wenn dann allerdings Miles Davis aus dem Hintergrund nach vorn wandert, um seine zeitlich sehr begrenzten Einwürfe zu machen, dann kommt eine enorme Spannung auf. Die Melodiefragmente von Davis nähmen sich, in Noten geschrieben, dürftig aus, ihre Klangkraft und ihr durch Pausen verzögerter Einsatz aber offenbaren einen Sinn für Dramatik, der im Jazz kaum seinesgleichen hat. Das modale Spiel – das knapp zwei Stunden währende Stück bezieht sich auf einen einzigen Grundton, so etwa wie Dudelsackmusik – erfährt durch diese Praxis eine Rechtfertigung. Das ›timing‹ der kurzen Phrasen würde durch einen Harmoniewechsel Zwängen ausgesetzt, die ihm seine Brisanz nehmen würden. Seine Mitspieler gehen faszinierend auf ihn ein (besonders Keith Jarrett)

und verstehen sich auch untereinander blendend, weil sie jünger sind und mehr Free-Jazz-Erfahrung haben. Die Verständigung wird einmal in kleinen Motivspielen hergestellt, wie sie im neuen Jazz üblich sind; verblüffend sind dagegen die Erahnung der Fortführungslogik einer angefangenen Phrase durch einen anderen Spieler und das durch rein optische Vermittlung ermöglichte synchrone Eingehen auf einen Spielimpuls. Gerade weil dieses ›interplay‹ auch geschieht und weil Bartz und Jarrett so andersgeartete Musikertypen sind (sie bauen ihre Soli viel zusammenhängender auf und mit einer Architektonik, die mehr auf lang geplante und zum Ende zielgerichtete Steigerungen aus ist) – gerade deshalb ist aber der Egoismus von Davis im Gesamtkonzept ein eigenes, funktionelles Element, das zur Magie dieser Musik gehört.«

Miles kommerzielle Erfolge beim Konzertpublikum ließen seine Nachahmer wie Pilze aus der Erde schießen. Aber während die »Zauberlehrlinge« ohne den Meister künstlerisch in der Sintflut des Kommerzgeschäftes musikalisch verebbten, befindet sich der Hexenmeister im Juni 1972 schon wieder im Studio, um einen neuen »Zaubertrank« anzusetzen. Das Ergebnis ist eine Musik, in der melodische Linien kaum mehr eine Rolle spielen, was als Ergebnis einer seit fünf Jahren währenden Auseinandersetzung Miles Davis' mit der Rhythmik und dem Sound populärer schwarzer Musik (Soul, Funk und Big City Blues) angesehen werden muß. Schon 1968 entsetzte sich der Jazzkritiker und Purist Leonard Feather darüber, daß er, als er Davis in Hollywood aufsuchte, keine einzige Jazzplatte fand: »Stattdessen lagen im ganzen Hotelzimmer Platten oder Kassetten von James Brown, Dionne Warwick, Aretha Franklin und den Fifth Dimension verstreut.« Im sich anschließenden Blindfold-Test belegte Miles Davis so renommierte Jazzkollegen wie Freddie Hubbard (»I don't dig that kind of shitman«), Thad Jones, Sun Ra, Archie Shepp etc. mit üblen Schimpfwörtern, so daß der spätere Abdruck im »Down Beat« von Auslassungszeichen wimmelte: wütend hatte Miles allzuoft die Kaliber »shit« und »fuck« gebraucht. Die einzige Musik, an der er Gefallen fand, stammte von der Gruppe »Fifth Dimension«. Sie erweckte vor allem deswegen sein Interesse, weil der »Prologue« aus der LP »The Magic Garden« alle jene Kriterien aufzuweisen schien, an denen er in diesem Moment seine eigene Arbeit gemessen hätte. Wenig später lobt Miles Jimi Hendrix (»Er hatte keine Ahnung von modaler Musik, aber er war so etwas wie ein Naturtalent«) und »Sly and The Family Stone«, deren Erfolge beim schwarzen Publikum ihn nicht mehr ruhen ließen. Anfang der 70er Jahre formulierte er seine Liebe zur schwarzen Popmusik folgendermaßen: »Wenn Al Green wenigstens Titten hätte, ich würde den Kerl glatt heiraten. Er ist ein fabelhafter Rhythm' & Blues-Sänger. Dann Aretha Franklin. Da passiert wirklich nichts, das nicht bei ihr passiert. Und die Sachen, die Marvin Gaye schreibt – wenn er möchte, daß ich da mitspiele, braucht er mich bloß anzurufen und zu sagen, wo er ist. Oh verdammt, die Sachen sind gut.«

Das Studioalbum »On The Corner« zeichnet sich durch eine nahezu völlig kollektive Parallelisierung von Melodie- und Rhythmusstrukturen mit äußerst subtiler rhythmischvielgestaltiger, großenteils aus Sekundenschritten bestehender Spielweise aus. Die Kritik charakterisiert dieses Album gerne als rhythmischen Klangurwald oder als »Manhattan Jungle Symphony« und übersieht dabei häufig eine stilistische Komponente, zu der Miles gerade im Umgang mit der Musik von Marvin Gaye Zugang findet. Gemeint ist der Sound und eine Annäherung an Geräuschkollagen, die eine motivische Verarbeitung der arhythmischen Geräuschkulisse einer Großstadt ermöglichen. Diese Tendenz, die auf einer weiteren, etwas uneinheitlichen Studioproduktion – die Aufnahmen erstrecken sich vom September 1972 bis Juni 1974 – »Get Up With It« hörbar wird, indiziert in der Davis'schen Stilistik zwei Neuheiten: Einmal nutzt Miles persönlich die Möglichkeiten der Soundgestaltung auf den Keyboards, die er als Fortentwicklung seiner Trompetenstilistik mit anderen Mitteln begreift, und zum zweiten beschäftigt er sich seit dem Frühjahr 1972 mit der Art und Weise, wie die europäische Avantgarde das tonale Problem der vollkommenen Emanzipation der Dissonanz und der Anwendung von Klangfarben löst. Miles erarbeitet sich in sechswöchiger Klausur insbesondere einen Zugang zu Stockhausens »Mixtur« und seiner »Telemusik«. Zu diesem Zweck läßt er extra den jungen, akademisch gebildeten Paul Buckmaster aus London einfliegen.

Die rhythmische Neuorientierung (1972–1978)

Im Sommer 1972 stellt Davis ein neues Working-Ensemble zusammen. Nach einigen Umbesetzungen kristallisiert sich eine Basisgruppe heraus, die in der Regel ohne Tasteninstrumente auskommt, wobei aus der Eliminierung der Klavierakkordik sich die Tendenz zur tonalen Freiheit weiter fortsetzt. Zum festen Bestand des Ensembles gehören die beiden Gitarristen Pete Cosey und Reggie Lucas sowie der Schlagzeuger Al Foster. Aus der alten Gruppe übernimmt Miles den überragenden Perkussionisten M'tume und vor allem seinen Bassisten Michael Henderson, dem mehr und mehr eine tragende Rolle zufällt. Zu der Frage, was er an Henderson so schätzt, führt Miles aus: »Michael hat schon 'nen duft'n Sound drauf, und ich habe schon ziemlich viel mit ihm geübt. Wenn er zum Beispiel in E-Moll spielt, und ich dazu ein A oder ein C oder B blase, dann wird er nicht mehr so leicht nervös wie früher. Er hält die Tonart, ein bißchen hat er sich an mich schon gewöhnt.«
Dieses sich Aneinandergewöhnen, Aufeinanderhören, um sich gegenseitig in Schwingung zu versetzen, gewinnt in der neuen Konzeption wieder zunehmend an Bedeutung. Allerdings kommt der erste Live-Mitschnitt, der schon beim 6. Konzert am 29. September 1972 in der New Yorker Philharmonic Hall entsteht und bei dem Davis die Saxophonstimme des jungen Carlos Garnett vorstellt, noch zu früh. Die Ausnutzung der Zauberwelt von Klängen als weitere Dimension des musikalischen Gestaltens ist noch zu wenig ausgereift. Gil Evans beurteilt dieses stilistische Durchgangsstadium wie folgt: »Ich erwarte mit Ungeduld den Augenblick, an dem Miles in seiner Entwicklung wieder zu einem Punkt gelangt, der

ihn veranlaßt, mehr zu spielen. Das wird dann der Fall sein, wenn diese gewiß interessante rhythmische Entwicklung in sich abgeschlossen ist. Sie hat sich ja längst in diese Richtung bewegt, hat immer mehr an Swing gewonnen. dieses rhythmische Brodeln ist im Grunde genommen ganz natürlich. Es swingt auf ganz andere Weise als früher, da die Rhythmusgruppe – zumindest in der Swing-Ära – die starre Funktion hatte, alles zusammenzuhalten, eine Einheit herzustellen, daher außerordentlich präzise sein mußte, im Dienste der Bläser stand und sich nicht in den Vordergrund drängen durfte. Sie hatte damit eine ganz andere Aufgabe als heute, da die Rhythmusgruppe so gesehen ziemlich unabhängig ist. Aber das kann wieder Struktur annehmen, was zur Folge hat, daß sich in der Musik eine neue, viel reichere Harmonie ergibt. In der Kunst muß man Geduld haben, muß den Entwicklungen reichlich Zeit lassen, sich zu vollziehen.«

Mit dem Einstieg des Saxophonisten und Flötisten Dave Liebman Anfang 1973 gewinnt Miles wieder einen talentierten Improvisator, der sich sofort wunderbar in die Gruppenstruktur einfügt und sie farblich bereichert. Jetzt tritt ein Reifeprozeß in der Gruppe ein, der zu einer Stabilisierung führt.

In dieser personellen Zusammensetzung unternimmt Davis 1973 eine erneute Europatournee, die überall ein ziemlich kontroverses Echo hinterläßt. In Paris im Juli und auf dem Jazzfestival von Montreux erlebt der »Superstar des Jazz sein Waterloo«: Die Zuschauer, die an solistische Höchstleistungen gewöhnt sind, quittieren Miles' kollektive Improvisationselemente, als etwa nach 20 Minuten jeweils eine gewisse (logische) Flaute einsetzt, mit einem gellenden Pfeifkonzert. Das Problem scheint offensichtlich: In einer Situation, in der ein bewundernswerter Star musikalisch ins Kollektiv eintaucht, konstituieren sich rasch die Pole der Bewunderung und Verachtung, da hört schnell jedes Differenzieren auf. Nur ein alter Kenner der Jazzszene, Werner Burkhardt, registriert anläßlich des Auftrittes bei den 10. Berliner Jazztagen »Kontinuität« und stellt die Frage: »Soll man ihn lieben oder hassen? Die Frage paßt gut zu Miles, (denn) selbstherrlich wie eh und je gibt er die alten Rätsel auf.« Dave Liebman versucht das Geheimnis zu lüften, indem er begeistert erklärt, daß »es Miles mit seiner derzeitigen, von der Kritik so unsicher beurteilten Musik auf ›Klangfarben‹ ankommt, die Farbe nimmt den Platz der melodischen Linie ein.« Doch die meisten Kritiker reagieren weniger begeistert – eher verständnislos. Unter dem Stichwort »das Jahr, in dem Miles nicht mehr gewählt wurde«, stuft J. E. Berendt es als die »Jazz-Don-Quichotterie des Jahres ein, daß Miles überhaupt nicht mehr in den internationalen Kritiker-Polls auftaucht, während ihn viele Musiker weiterhin als eine große Vaterfigur ansehen.«

Aber was ist geschehen? Wie soll die Musik, die die Gemüter so erregt, charakterisiert werden? Auf der Basis eines polyrhythmisch und polymetrisch komplizierten Perkussionsteppichs, der nahezu alle Strömungen des afroasiatischen Raums einschließt, entwickeln die »Solisten« endlose Melodien, die gewöhnlich in sehr langen Zeitabschnitten gestaltet sind und in der Regel meist nur über einen einzigen Grundton entwickelt werden. Dave

Liebman schreibt über diese Annäherung an die indische Melodik, daß die Gruppe oft bis zu »vier Stunden ihre Musik über E-flat« entwickeln würde – ein Konzept, das Miles ziemlich geheimnisvoll kommentiert: »Alle Klischees werden dermaßen verdichtet, daß du ›Body And Soul‹ in zwei Takten spielen kannst. Unsere Melodien werden immer kürzer und kürzer, und wir spielen davon immer weniger, denn alle Melodien, die du hören kannst, sind schon durch das Plattengeschäft registriert und ausgebeutet worden. Alles scheint man irgendwo schon einmal gehört zu haben. Aus diesem Grunde beschäftigen wir uns heute viel mehr mit Rhythmen, besonders mit Polyrhythmik. Und die Melodie kann sich im Rhythmus von Baß und Schlagzeug wiederfinden. Wir sind drei Orchester in einem: ein afrikanisches, ein okzidentales und ein orientalisches.«

Diese Improvisationsebene, die auf äußerst strenge Weise einen einzigen Takt oder Akkord aus einem bestimmten melodischen Zusammenhang tonal, rhythmisch, strukturell und räumlich (Klangfarbe, Schwingung) wie unter einem Mikroskop auswertet, wird mit anderen Ebenen, die zeitlich anders verlaufen – wie etwa avantgardistische Elemente der europäischen Klassik, eng verzahnt.

Auf dem eben schon erwähnten 10. Berliner Jazzfestival ist zu beobachten, wie sich Miles als »musikalischer Mentor« seiner Gruppe gemausert hat. Er steht unmittelbar vor dem Schlagzeug – seit jeher sein Lieblingsplatz –, während links neben ihm die gewaltigen afrikanischen Congas plaziert sind; äußerst aufmerksam lenkt und dirigiert er (wie jeder Dirigent mit dem Rücken zum Publikum) seine Schützlinge. Wenn er zur Trompete greift, gibt er außergewöhnlich kraftvoll blasend oft nur eine neue tonale Richtung an, um dann das Feld wieder seiner Truppe zu überlassen – oder er setzt sich an die Orgel, um mit der Handkante Tontrauben zu schlagen, spielt kurze Rhythmuspartikel und versucht sie auf die Mitspieler zu übertragen, gibt mit der Hand Anweisungen, wann ein Instrument ein- und auszusetzen hat, schüttelt den Kopf, fängt einen neuen Rhythmus- oder Melodiegedanken an, setzt ab, gibt einen neuen Impuls usw., beständig um die Veränderung des musikalischen Farbspektrums bemüht. Vor allen Dingen der Gitarrist Pete Cosey und Dave Liebman gehen fasziniert auf Miles' Einfälle ein. Die ganze Szenerie vermittelt auch optisch ein ethnisch bunt gemischtes Bild, in dessen Mittelpunkt die hypnotisch-dämonisierte Figur des Leaders hin- und hertänzelt. Gekleidet in einen dunkelbraunen, ärmellosen Overall, ein afrikanisch gemustertes Hemd und in silbernen hochhackigen Schuhen sowie drapiert mit einem langen weißen Schal, dessen beide Enden fast bis zum Boden reichen, scheint der »Prince of Darkness« damit auch eine rituelle Wirkung – die Anrufung der musikalischen Besessenheit aller Beteiligten – noch zu steigern. Das Verhältnis zu seinem Publikum in dieser Konzertszenerie schildert Miles so: »Wenn wir spielen, dann denke ich nur noch an mich, denn wie könnte das Publikum mich beeinflussen? Ich weiß, daß es Mist wird, wenn ich mich nicht selbst beeinflusse. Die Art, wie wir heute spielen, das nimmt mich so in Anspruch, daß ich überhaupt nicht mehr an die Leute denken kann. Wir spielen ohne Unterbrechung, dabei verliere ich oft fünf Pfund und bin so naß geschwitzt, daß man mich auswringen kann.«

Doch diese sensationelle Szenerie kann auch über die Enttäuschung der Fans über die neue Nüchternheit und die Strenge des Vortrages in der Musik nicht hinwegtäuschen. Sie können zwar einen Bezug zu den Rhythmen der neuen Davis'schen Ensemblestilistik herstellen, klagen aber immer häufiger über die vermeintlich musikalische Desorganisiertheit.

Als sich die Gruppe im März 1974 in der Carnegie Hall von New York zu einem Live-Mitschnitt (vgl. »Dark Magus«, S. 195) einfindet, wird sie durch einen weiteren Gitarristen, Dominique Gaumont, und einen zweiten Saxophonisten, Azar Lawrence, verstärkt. In der folgenden Zeit wird Miles wegen seines zunehmenden körperlichen Verfalls zu immer häufigeren unfreiwilligen Pausen gezwungen. Nachdem er im Sommer 1974 während einer Südamerika-Tournee eine Herzattacke erleidet, schränkt er seine musikalischen Aktivitäten ziemlich ein.

Als Liebman die Gruppe verläßt, findet Miles in Sonny Fortune schnell einen Ersatz, den er im Februar 1975 seinem japanischen Publikum vorstellt. Auf dieser Tournee werden die beiden Live-Alben »Agharta« und »Pangaea« produziert. Davis soll zu diesem Zeitpunkt schon sehr krank gewesen sein, verhält sich aber durchaus nicht unangenehm oder schwierig. Obwohl er ständig körperliche Schmerzen verspürt, absolviert er das Konzertprogramm und gibt dem Publikum sein Bestes. Am Ende eines jeweiligen Konzerts kommt er sogar überraschend noch einmal auf die Bühne, um eine Zugabe zu spielen.

Neben sporadischen Clubauftritten erscheint Miles im Sommer 1975 auf dem Newport Jazzfestival und auf einem Konzert im New Yorker Central Park zum letzten Mal vor einem Massenpublikum, dem er statt dem unglücklich agierenden Sonny Fortune den unbekannten Saxophonisten Sam Morrison präsentiert.

Miles' plötzliches Verschwinden aus der Szene erklärt sich nicht nur aus seinem Gesundheitszustand, sondern weil er auch verspürt haben mag, daß er in eine musikalische Sackgasse geraten ist. Die hereinbrechende Sintflut, die »Jazz-Rock-Welle«, scheint auch ihn überrollt zu haben, da wird es immer schwieriger, in diesem stilistischen Bereich eine differenzierte Position einzunehmen.

Was Miles während seines sechsjährigen Rückzuges getrieben hat, dafür gibt es nur wenige Anhaltspunkte. Im September 1975 muß er seine Hüftoperation verschieben, weil er eine verschleppte Lungenentzündung auszukurieren hat. Ende des gleichen Jahres ist er wieder soweit hergestellt, daß der chirurgische Eingriff – der Einsatz eines künstlichen Hüftgelenks – stattfinden kann. Das folgende Jahr 1976 steht im Zeichen seiner medizinischen Rekonvaleszenz. Während dieser ganzen Zeit intensiviert Miles erneut seine musikalische Partnerschaft mit Gil Evans. Zusammen schmieden sie den Plan, Puccinis Oper »Tosca« zu bearbeiten, wobei Miles' Trompetenstimme den Part der Arien übernehmen soll. »Meine Favoriten sind Stockhausen, James Brown und Tosca«, gesteht Miles und versinnbildlicht damit noch einmal die drei wichtigsten Komponenten seiner Musik: das komplexe und sich ständig verändernde Gefüge Stockhausens – eine Vorliebe, die er mit Gil Evans teilt –, die ewigen Rhythmen James Browns und Puccinis Lyrik.

Nach einem längeren Poker erneuert Davis im Dezember 1976 seinen Vertrag mit der so oft von ihm verschmähten Columbia – für diese gibt das die Gelegenheit, den Markt, der immer wieder nach neuen Davis-Alben verlangt, nach und nach mit aussortierten Studioaufnahmen aus der ruhmreichen Vergangenheit zu versorgen (»Water Babies«, »At The Paris International Jazz Festival«, »Circle In The Round« und »Directions«).

Im Januar 1978 sitzt Miles Davis im Studio an der Orgel und spielt unter anderem mit dem Gitarristen Larry Coryell, seinem langjährigen Schlagzeuger Al Foster und dem japanischen Keyboardspieler Masabumi Kikuchi »Rhythm Tracks« ein – Improvisationen und Brass-Arrangements, die darübergelegt werden sollen, werden nie aufgenommen. Die Musik ist als eine Mischung aus Free Jazz der 60er und Disco der 70er Jahre angelegt. Einmal wird Miles mit dem Schlagzeuger Sonship, dann wieder mal mit dem Bassisten Jaco Pastorius gesehen, mit denen er Sessions veranstaltet. Im Laufe des Jahres 1979 arbeitet Davis erneut mit Gil Evans ein Projekt aus, an dem auch Paul Buckmaster und Pete Cosey beteiligt sind – ein Plan, der wie alle vorangegangenen, den schmerzhaften

Schleimbeutelentzündungen, die sich nun in allen Gelenken des Trompeters eingenistet haben, zum Opfer fällt. Neben diesen harten Fakten jagt ein Gerücht das andere; jedesmal, wenn in Miles' Umgebung irgendein »exotischer Musiker« (wie etwa Mick Jagger, Willi Nelson, Joe Zawinul oder John McLaughlin) gesichtet wird, schießen die Spekulationen ins Kraut. Paradoxerweise läßt das Andauern von Miles' musikalischem Schweigen die Schatten, die seine künstlerische Bedeutung auf die Entwicklung des modernen Jazz geworfen hat, immer länger werden, so daß ein beleidigter »Down-Beat«-Leser schreibt: »Laßt uns Miles endlich vergessen. Es ist irgendwie krank, daß wir uns ständig über den Mangel neuer Davis-Platten und seine offensichtliche Publikumsverachtung beklagen. Nach allem ist Miles doch schließlich kein Gott.« Ein findiger Journalist stilisiert Miles Davis wegen seiner mysteriösen Zurückgezogenheit zum »Howard Hughes des Jazz«.

Der »Howard Hughes«
des Jazz

Der neue Miles der 80er Jahre

Das spektakuläre Comeback 1981

In seiner Septemberausgabe von 1980 setzte das amerikanische Jazzmagazin »Down Beat«
den langjährigen Spekulationen um Miles Davis ein Ende: Nach einer Serie von Operationen, der Entfernung von Gallensteinen, einer Ulcusbehandlung, einem zweiten Eingriff in
seine Stimmbänder, sowie der Behandlung einer Knocheninfektion, die dieses Mal vom
Knie bis zum Hüftgelenk reichte und wodurch lange die Gefahr einer Amputation bestand,
befindet sich Miles soweit auf dem Wege der Besserung, daß er Pläne für ein Comeback
schmiedet. Als der erst 22jährige Schlagzeuger Vincent Wilbur – ein Sohn von Miles'
Schwester Dorothy – in Chicago eine Funkband gründet, greift Miles endgültig wieder zur
Trompete. Im Studio entstehen zehn Titel, darunter auch die Titelnummer des Albums
»The Man With The Horn« und »Shout«, zu denen der Sänger und Gitarrist der Band,
Randy Hall, folgendes ausführt: »Die Musik besteht aus Vocals und Electronics, die jungen
Leuten gefallen sollen: so kommerziell, daß auch Leute, die nie zuvor etwas von Miles
gehört haben, darauf abfahren. Manche Stücke sind wie Pop . . . Aber auch ältere Fans
werden daran Gefallen finden. Die meisten Nummern sind Balladen, aber es gibt auch
Funk- und Fusionmusic, Stücke mit enormem Drive, zahlreiche Themen- und Tempiwech-
seln. Miles spielt Trompete und Elektroklavier«. Und Vincent Wilburn schraubt die
Erwartungen hoch: »Es gibt keinen Musiker, der so etwas macht. Es ist mehr als nur
anspruchsvoller Funk. Es ist einfach der neue Miles.«
Irritiert durch solche Publicity spannt Miles seine Fans mit dem Verzug seines Comebacks
erneut auf die Folter. J. E. Berendt sieht das Zaudern des Trompeters in einem begründeten
Zusammenhang mit dessen Größenphantasien: »Miles will der ›Größte‹ sein. Nicht nur,
weil er sich daran gewöhnt hat, sondern weil er dies braucht. Es ist die Triebfeder seiner
musikalischen und menschlichen Entwicklung. Miles Davis hat eine große psychische
Schwelle zu überwinden, wenn er nun wieder in die Öffentlichkeit tritt, denn niemand –
auch er selbst nicht – kann sicher sein, ob er noch ein weiteres Mal der ›Größte‹ sein
wird.«
Dementsprechend formuliert Miles noch einmal ein neues, eher risikoloses Konzept, eine
Art »Coolfunk«, das viele Stilelemente aus der Mitte der 70er Jahre rekapituliert, während
Form und sein Trompetenspiel noch weiter zurückblenden. Man könnte es als Mainstream
der 80er Jahre in seiner eigenen Tradition charakterisieren.

Im Frühjahr 1981 spielt Davis mit einem Sextett Material für drei Alben ein, von dem vier Titel auf seinem Album »The Man With The Horn« zu hören sind. Danach vollzieht sich die Rückkehr in die Szene Schlag auf Schlag. Davis stellt ein neues Working-Ensemble zusammen, das aus Bill Evans (Sopransax), Mike Stern (Gitarre), Marcus Miller (Elektrobaß), Mino Cinelu (Perkussionsinstrumente) und bedeutsamerweise Al Foster, der schon von 1972 bis 1975 bei Davis hinter dem Schlagzeug saß, besteht.

Einige Aufwärmkonzerte im Bostoner Club »Knix« genügten ihm, um sich im Juni 1981 auf dem Kool-Festival – die Nachfolgeveranstaltung von Newport – präsentieren zu können. Während für die »New York Times« das neue Davis-Ensemble »abgedroschen« und »absolut altmodisch« klingt, diagnostiziert J. E. Berendt zwar auch nur eine »Rekapitulation des Miles der 70er – aber viel besser gespielt«, doch ist seine Kritik positiv: »Er spielte wunderbare Musik und trieb seine zumeist aus jungen, noch nicht bekannten Musikern bestehende Gruppe zu einer Klimax brennender, leuchtender Schönheit. Er blies mehr und besser Trompete als in den Jahren vor seiner Zurückgezogenheit. Das alte, unverwechselbare ›Miles-Davis-Glühen‹, das 1973 oder 1974 erkaltet zu sein schien, war wieder da – triumphierend und resignierend zugleich.« Zudem schien Miles im Vergleich zu früher mehr denn je relaxed – manchmal scherzte er mit seinen Musikern oder reichte ihnen sogar Drinks.

An diesen Comeback-Auftritt schließt sich eine mehrwöchige Gastspielreise durch die USA und Japan an, die publizistisch vor allem wegen der enormen Gagen – Miles soll im Rahmen der US-Tournee 60 000 Dollar pro Auftritt kassiert haben – ausgeschlachtet wird. Die Urteile der Kritiker fallen überwiegend positiv aus. So zeigt sich auch David Wild von einem Konzert in Ann Arbor, Michigan, im kanadischen Jazz-Magazin »Coda« von der interessanten Musik der guten Band »angenehm überrascht, obgleich sie einen Vergleich mit früheren Gruppen noch nicht aushält.« Den jungen Musikern um Miles bescheinigt er fast durchgehend überdurchschnittliches Niveau: »Bill Evans beherrscht beide Hörner ausgezeichnet; sein Spiel ist sehr an Coltrane orientiert. Al Foster hat keine Anlaufzeit nötig; er ist eine Bereicherung und gelegentlich stachelt er Miles in einer Art an, wie es auch all seine illustren Vorgänger schon vermochten. Marcus Miller – ein Veteran zahlreicher Soulaufnahmen – stattet die Band mit einem soliden Rückgrat aus. In Funkstücken ließ Mike Stern seine Gitarrensaiten angemessen laut in Hendrix-Adaption schwingen, zeigte in einigen boppigen Soli aber ebenso ein Jazz-Feeling.« David Wild glaubt, daß die Band in der Lage ist, noch »mehr Substanz zu entwickeln« und »gerade weil Miles zurück ist, wird es schnell geschehen. Sein Spiel war viel ausdrucksstärker, als man erhoffen konnte. Miles vermag immer noch Momente des Außergewöhnlichen zu kreieren, wenn er die spritzige, elliptische Vortragsweise vergangener Tage aufblitzen läßt.«

Parallel zu Miles' Comeback-Tournee lief der Reklamerummel seiner Vertragsfirma »Columbia« präzise wie ein Uhrwerk ab.

Pünktlich zum Newport-Festival in New York wird das Album »The Man With The Horn«

*Miles Davis 1981,
umringt von seinem
Clan*

veröffentlicht und werbetechnisch in Verdrehung der Tatsachen als »New Direction-Music« der 80er Jahre angepriesen. J. E. Berendt schildert die ganze Szenerie folgendermaßen: »Wie üblich in solchen Fällen trieben die Haie des Publicity-Geschäftes das Miles-Davis-Comeback in gigantische Dimensionen. Ein Public-Relations-Fachmann von der Madison Avenue wies darauf hin, daß zu Miles' Comeback-Party mehr Fotografen und Journalisten gekommen seien als selbst zu Elisabeth Taylors ›Heimkehr zum Broadway‹. Diese Party war eine ausgesprochene Geschmacklosigkeit. Sie fand in einer New Yorker Disco statt – mit über die Anwesenden hinwegflackernden Stroboskoplichtern und dröhnender New-Wave-Musik. Versteht sich, daß Miles zu spät kam. Versteht sich, daß er nur solange blieb, bis die zahllosen Fotografen ihre Bildchen gemacht hatten. Versteht sich auch, daß er die Damen seines Clans so dicht um sich scharte, daß sonst niemand an ihn herankam. Andererseits präsentierte sich Miles dem staunenden Publikum in ungewöhnlichem Aufzug. Völlig weiß gekleidet, fast maskeradenhaft seinen beginnenden Haarausfall unter einer bäckerähnlichen Kappe verbergend und seine Zigarre zwischen den Lippen, zeigt Miles Spuren von Clownerie. Angesichts seiner musikalischen Retrospektive muß Miles so auf seine alten Tage auf der Hut sein, daß man ihn nicht mit einem ›respektlosen Schulterklopfen‹ in die ›Hall of Fame‹ abschiebt. Die ganzen Begleitumstände seines Comebacks lassen darauf schließen, daß Miles auch während der langen Abstinenz von der Jazzszene seine psychischen Konflikte nicht bewältigen konnte – nur deren Ausdrucksformen scheinen sich gewandelt zu haben.«

Was im Reklamerummel um das Comeback Miles Davis' 1981, des wohl spektakulärsten Ereignisses der Jazzgeschichte, unterging, war der körperlich schwer angeschlagene Zustand des Hauptakteurs. Einer amerikanischen Reporterin gab Miles für das Magazin »People« zum ersten Mal Einblick in sein psychosomatisches Befinden während der Zeit

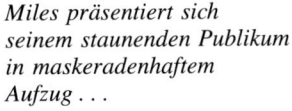
*Miles präsentiert sich
seinem staunenden Publikum
in maskeradenhaftem
Aufzug . . .*

seiner musikalischen Abstinenz: »Langeweile ist das Stichwort, so gelangweilt, daß du dir nicht vorstellen kannst, was Langeweile bedeutet. Ich ging vier Jahre nicht mehr außer Haus. Ich unternahm absolut nichts. Der Arzt gab mir Kodein und Morphium, ohne daß ich es bemerkte. Ich blies weder Trompete, noch hörte ich Musik. Ich wollte nichts hören, sehen oder riechen, nichts dergleichen.« Bei anderer Gelegenheit plauderte Miles in einem langen Exklusivinterview für »L'Uomo Vogue« darüber, daß er die Idee eines Comebacks glücklicherweise nie aufgegeben habe: »Ich wußte, wenn mir wieder zum Spielen zumute sein würde, daß ich mich aufraffen könnte.«

Als es dann soweit war, kehrte Miles nach über einem Jahr der Vorbereitung und des Übens zu einer Zeit auf die Bühne zurück, »in der ich drei Schachteln Zigaretten täglich rauchte und Kokain nahm. Ich trank so zwanzig Flaschen Bier und dazu Brandy.« Aber Miles »kämpfte um seine Krone«, wie es eine amerikanische Modezeitschrift großspurig verkündete: Er ließ sich im Rollstuhl zu den Konzerten fahren, und wenn ihm die Luft fehlte, um einen Auftritt durchzustehen, erhielt er während der Pausen künstliche Beatmungen; einmal flüchtete er in Los Angeles sogar aus dem Hospital, um nur auftreten zu können.

Miles' Comeback schien bald ein vorzeitiges Ende beschieden, als sich eine Lähmung der rechten Hand einstellte; sie rührte von einem Schlaganfall her, den der Trompeter selbst überhaupt nicht bemerkt hatte. Aber jetzt begann Miles' Flamenco-Mentalität, oder, wenn man so will, sein Boxerherz durchzubrechen, was seinen einstigen musikalischen Weggefährten Max Roach zu der Bemerkung veranlaßte: »Miles ist ein Champion, und Champions sind nicht totzukriegen.« Miles' Gesundheitszustand begann sich eigentlich erst in jener Zeit zu stabilisieren. Unter der Fürsorge seiner langjährigen Freundin und jetzigen Frau Cicely Tyson gelang es ihm, seinen Lebenswandel radikal zu verändern. Sie konnte ihn dazu überreden, einen chinesischen Akupunkteur aufzusuchen, der Miles zusätzlich

Kuren mit asiatischen Kräutern und Pilzen verordnete. Seit diesen Tagen geht er jeden Morgen schwimmen und läßt sich massieren; bei Tisch ißt er mit großem Appetit hauptsächlich Fisch oder Gemüse und trinkt nur Mineralwasser. Er versagt sich den Nikotingenuß und erträgt keinen Raucher mehr in seiner Nähe. Und das Wichtigste: Miles hat jeden Drogenkonsum eingestellt.

Als Davis im Frühjahr 1982 mit fast 56 Jahren seine Comeback-Tournee mit Konzerten in Deutschland, Holland und England unternahm, befand er sich körperlich auf dem Wege der Rekonvaleszenz.

Das im Sommer 1982 erschienene Live-Doppelalbum mit dem Titel »We Want Miles« dokumentiert eindrucksvoll die Höhepunkte von Miles' Comeback-Tournee durch die USA und Japan und offenbart, daß Davis eigentlich wieder ein Working-Sextett mit sehr viel Substanz zur Verfügung hat.

Im November des gleichen Jahres vergrößert Miles sein Ensemble um einen weiteren weißen Musiker, nämlich um den grandiosen Gitarristen John Scofield. Warum er wieder mit zwei Gitarristen arbeitet, erklärt er auf eine für ihn typische Art und Weise selbst: »Ich hatte Probleme mit Mike Stern. Ich fragte Bill Evans, welcher Gitarrist für uns in Frage kommt, und er schlug John Scofield vor – but they both play their asses off...« Diese Aussage erinnert an die alte, bekannte Geschichte aus den 50er Jahren, wie Miles »Sonny und Trane« gegeneinander ausgespielt hat. Wechselweise soll er seinen beiden Tenoristen ins Ohr geflüstert haben, wie mies er das Spiel des einen und wie phantastisch das des anderen empfindet.

Aber dieser Konkurrenz stellt sich Miles auch selbst: bei einem englischen Journalisten bekennt er, daß ihn »das Spiel mit zwei Gitarristen verändert« hat. Der Sound und die Möglichkeit, durchgehende Linien zu spielen, stimulieren ihn als Bläser, die es da viel schwerer haben, wie er weiter ausführt. Die typischen Trompetenlinien des Miles der 80er Jahre sind denn auch erkennbar am Gitarrenspiel orientiert: Sie beginnen in mittleren Lagen, schwingen sich zu einer lang ausgehaltenen hohen Note empor, um dann weidlich »imaginativ« zum Eingangsregister wieder abzufallen.

Eines schien jedenfalls klar: Miles Spiel deutete an, daß er nicht gewillt war, sich auf das Altenteil zurückzuziehen, oder etwa von seiner Popularität zu zehren und dabei musikalisch ins Mittelmaß unterzutauchen.

Auf einer erneuten Europatournee im Frühjahr 1983 war zu hören, wie das Ensemblespiel im allgemeinen und das Zusammenwirken der beiden Gitarristen im besonderen angelegt war. John Scofield erklärte den Sachverhalt so:

»Miles hat nur für den Fall, daß wir beide begleiten, die Rollen verteilt. Mir fällt dabei die Aufgabe zu, ›Single Noten‹ zu spielen, während Mike für das Akkordspiel verantwortlich ist. Ansonsten gibt es keine Festlegungen – es ist eine Art von freier Konzeption...

Ausgangspunkt ist ein Bündel von ausgearbeitetem Material, das Miles stichwortartig in den musikalischen Prozeß einbaut. Er arbeitet an einem völlig andersgearteten Konzept.

Die Konzerte sind insofern arrangiert, als wir von einer bestimmten Linie zur nächsten fortschreiten. Wir üben aber diese Linien auf sehr vielen unterschiedlichen Spielarten ein. Dabei wechseln sich Ensemble-Parts mit solchen ab, die frei improvisiert sind. Es ist, als ob wir eine Symphonie aufführen, deren ausgeschriebene Teile sehr lang, schwer zu merken sind und höchste technische Anforderungen an den Musiker stellen.«

Weiter erzählt John Scofield, daß Miles nach jedem Konzert sofort ins Hotel zurückkehrt und »wie ein Besessener an seiner musikalischen Konzeption weiterarbeitet.« Trotz aller Gerüchte um seinen Gesundheitszustand ist Miles unheimlich stark. Und wörtlich fügt er hinzu: »He is strong like a bull.«

Eine amerikanische Legende

Gleichzeitig streben Miles' vielfältige Aktivitäten – wie schon mehrmals während seiner langen Karriere – einem erneuten Höhepunkt entgegen. Er führt bis zum heutigen Tag nahezu ein »Jet-Set-Life«. Seinen 57. Geburtstag feierte er während einer weiteren Japantournee, in der einige Doppelkonzerte mit dem Gil-Evans-Orchester vorgesehen waren. Dazu gab es zwei wichtige Anlässe: Einmal wurde Miles vom japanischen »Jazzforum« zum »Musiker des Jahres« gewählt und zum zweiten belegte er mit seinem Album »We Want Miles« den ersten Rang in der Kategorie »Jazz Disc Awards« vor Gil Evans' Album »Live At The Public Theatre«.

Daneben ist Davis wieder Dauergast in den Aufnahmestudios – für viele Starfotografen stets ein willkommener Anlaß, ganze Serien von aufregenden Szenenbildern des Trompeters zu schießen. Dem Betrachter eröffnen sich dabei Schlüssellochperspektiven, die nicht nur durch die Fachpresse geistern. Miles erweckt allgemein öffentliches Interesse: In Wort und Bild ist er längst zu einem publizistischen Zugpferd vieler bekannter Kulturmagazine oder renommierter Tageszeitungen rund um die Welt geworden: die Gerüchte um Miles sind immer für eine Story gut.

Obgleich er in New York einen italienischen Schneider beschäftigt, der für ihn nach Entwürfen à la Miles Davis arbeitet, fliegt er nach Tokio oder Mailand um sich bei Issey Mijake oder »Armani« einzukleiden. Er ziert das Titelblatt eines Mailänder Modejournals und fungiert für dieses Blatt so ganz nebenbei einmal als Dressman. Bei gleicher Gelegenheit entsteht ein ungewöhnlich langes Interview, in dem Miles – auf seinen mysteriösen Charakter angesprochen – mit seinem Sternbild, dem Zwilling, kokettiert. Doch als ihn der Interviewer auf eine doppelte Persönlichkeit festnageln will, antwortet Davis: »Mich interessiert nichts anderes als Kunst und Musik. Geschwätz mag ich nicht!«

Derweil schnellt Miles wieder in den internationalen Polls nach oben. 1983 belegt er im japanischen »Swing Journal«, das den größten Markt für moderne Jazzschallplatten repräsentiert, in den Kategorien »Album of the Year« (mit »Star People«), »Musiker des

Jahres« und »Trompete« jeweils den ersten Platz. Im Poll der amerikanischen Fachzeitschrift »Down Beat« erreichte das Album »Star People« ebenfalls den ersten Platz.

Unter dem Motto »Miles Davis: A Tribute to an American Music Legend« wird Miles öffentlich von der »Black Music Association« geehrt. Die Einnahmen des folgenden Konzerts – u. a. mit vielen ehemaligen musikalischen Weggefährten – fließen dem »Miles Davis Scholarship Fund« zu, einem Projekt zur Förderung junger Talente.

Während seiner langen Wartezeiten auf den Touren rund um die Welt, will Miles in Ruhe gelassen werden. Die braucht er, um ein schon lange in ihm schlummerndes Talent entfalten zu können. Vor dem Journalisten Ralph Quinke breitet er in seiner New Yorker Hotelsuite eine Mappe seiner jüngsten Kunstwerke aus: »Skurrile Skizzen, eckige Strichmännchen, kubistische Köpfe, Körper, die in Musikinstrumente überfließen.« Weiter registriert Quinke viele erotische Zeichnungen, die Miles so kommentiert: »Weißt du, was das ist? It's a fucking woman. Ich male diese Sachen meistens im Flugzeug, da kannst du sowieso kaum was anderes tun. Ich bin sehr von Picasso beeinflußt; bald werde ich so gut sein wie er. Findest du nicht auch?«

Eine Talent offenbarende Kostprobe seiner »bildenden Künste« veröffentlichte Davis auf dem Cover zu seinem Album »Star People«. Die Musik zu dieser Produktion entstand im Winter 1982/83 und läßt viel von der »vitalen Kraft des Blues« spüren, die Miles in der ihm eigenen Art und Weise mit der Zerbrechlichkeit seiner selbsterwählten Isolation entdeckt und die vom englischen Musikmagazin »Jazz Review« treffend als »Sketches in Blues« charakterisiert wurde.

Warum sich Davis so ausdrücklich dem Blues verschrieben hat, dafür kann er kaum eine plausible Begründung abliefern; seine Erklärung mutet eher selbstbeschwörend an: »Weißt du, es sind die Schwingungen und die Zeit. Die Jahreszeit, Tag, Woche, Monat, Jahr. Das sagt dir, was du spielst. Geh nicht zurück, Miles. Geh nicht zurück zu dem Shit, den du gewohnt warst, zu spielen. Ich kann nicht . . .«

Ein wesentlicher Antrieb, sich erneut mit dem Blues auseinanderzusetzen, ging für Miles von der musikalischen Persönlichkeit seines Gitarristen John Scofield aus; neben dem lyrischen Legato-Spiel in der Jim-Hall-Tradition bringt er ein ausgeprägtes »City-Blues-Feeling« mit, das einen Journalisten der »Londoner Times« von einem »weißen Blueswunder auf der Gitarre« schwärmen ließ. Eine erste Kostprobe dieses Duos in Blues ist auf dem Album »Star People« zu finden; dem atemberaubenden Dialog der beiden gab Miles den programmatischen Titel »It Gets Better«. Daß dieser Affinität der andere, viel kritisierte Gitarrist Mike Stern zum Opfer fallen würde, war abzusehen. Miles ersetzte die Gitarre mit folgender Begründung durch ein Keyboard: »Der Synthesizer macht den Klang der Musik voller, du kannst Linien unter das Ensemblespiel legen und Akkorde dagegensetzen. Das ergibt ein spannendes Klangbild.«

Diese stilistische Veränderung kündigte sich ebenfalls auf dem Album »Star People«, insbesondere in den Titeln »Speak« und »Star On Cicely«, an. In Zusammenarbeit mit seinem Arrangeur Gil Evans betrieb Miles Davis damals eine stilistische Annäherung an den Sound von »Weather Report«. Dies war ein legitimer Vorgang, denn Miles holte sich nur zurück, was er dieser Gruppe Ende der 60er Jahre mit auf den Weg gegeben hatte. Ausgangspunkt bildeten Eigenkompositionen, die aus kurzen sechs- bis zehntaktigen Melodiefragmenten bestanden und die sich in einer Art kreisförmiger Bewegung entwikkelten, anscheinend ohne Anfang und Ende. Sie bildeten den Rahmen für Kollektivimprovisationen »in unglaublicher Intensität«, wie Ralph Quinke es würdigte: »Es hört sich an, als würde jeder in jedem Moment ein Solo spielen, und doch klingt die ganze Gruppe wie aus einem Guß, aufgekratzt und immer in Bewegung – ein dichtes, energiegeladenes Powerplay.«

Für diese Entwicklungstendenz hatte Miles Bobby Irving angeheuert, der schon bei einigen Titeln für das Album »The Man With The Horn« dabei gewesen war. Seine Rolle beschrieb Davis so: »Bobby schaut mir über die Schultern, ich zeige ihm einige Sachen, er lernt sie von mir. Er ist ein Schüler der Universität M. D., der ›Miles-Davis-University‹.«

Miles Davis mit Cicely Tyson

Miles in Berlin 1983

Dem Miles-Davis-Ensemble war auf dem Berliner Jazzfest 1983 die Rolle des Kassenmagnets zugedacht. Fast ist man geneigt zu sagen: Miles kam, sah und siegte. Wer nämlich gekommen war, um die mutmaßlichen Scherben dieses »Genies der modernen Jazzgeschichte« zu zählen oder zu beweihräuchern, der mußte sich bei den beiden Vorstellungen eines besseren belehren lassen.

Und wie erwartet brachte Miles den Blues mit nach Berlin; durch chromatische Arpeggios in der ihm eigenen Art setzte er eine neue vitale Kraft in der Bluesstruktur frei und begeisterte damit das Festival-Publikum.

Den Auftakt bildet das schnelle »Speak«; mit einer einzigen Stichnote – im »Ansatz wie ein Stier«, so ein Konzertbesucher – zentriert Miles nicht nur das musikalische Geschehen sofort auf sich, sondern es gelingt ihm, sein Ensemble im Nu zur Explosion zu bringen. Die Hauptachsen verlaufen erkennbar zwischen Davis und seinem Schlagzeuger Al Foster auf der rhythmischen und seinem Gitarristen John Scofield auf der melodischen Ebene. Mit beiden verbindet Miles eine fast traumhafte Kommunikation. Al Fosters »Dampfhammerbeat« ist nicht nur wie seit eh und je präzise, sondern jetzt federnder und dynamischer geworden: er versteht es dabei auch noch auf Miles' nuancierteste Vorstellung zu reagieren. Und Scofield schwärmt: »Meine musikalischen Vorstellungen beginnen sich, seit ich mit Miles spiele, kaum vorhersagbar zu wandeln, und wohin die Reise mit ihm geht, weiß man nie.«

Auch rein optisch stehen Davis-Foster-Scofield im Zentrum der Bühnenszenerie; sie bilden den Kern, sozusagen das innere Dreieck des Ensembles. Alles andere drumherum verblaßt zum austauschbaren Beiwerk, auch der großartige Mino Cinelu spielt wie alle anderen eine Rolle in einem kultischen Traumszenarium, in dem Miles seine künstlerische Persönlichkeit zum Ausdruck bringt: Eine sinnliche Melange von unterschiedlichen Musikercharakteren, Miles' Modeambitionen, akustischen Superlativen und Obsessionen, bunt, grotesk, monumental, pulsierend.

Die Stilelemente des Miles '83 knüpfen an Bekanntem und Erprobtem der modernen Jazzgeschichte an, die Miles selbst vierzig Jahre lang mitgestaltet hat. Aber durch die Manier, wie er sie kontrapunktisch setzt oder gegeneinander oder ineinander verschiebt, damit verleiht er ihnen eine neue Substanz und läßt deren wahren historischen Stellenwert wieder lebendig werden.

Das Herzstück des musikalischen Verlaufs bildet eine neue Thementrilogie, deren Arrangements von Miles und Gil Evans sehr ausgefuchst gestaltet wurden; sie bestehen aus Endlosmelodien, vorgegeben von der Gitarre und in Unisono ergänzt durch Flöte, Sopransaxophon oder Synthesizer. Manche Passagen klingen mitunter so kommerziell, daß ihre melodische Syntax aus einem Fernsehkrimi stammen könnte; trotzdem setzen sie ein unsichtbares Räderwerk musikalischer Magie in Gang und bilden einzelne, kompakte

Beim Jazzfest in Berlin, 1983

Soloabschnitte aneinander. Scofields furiose Gitarrenriffs oder Bill Evans' glühendes Sopranspiel werden von Miles' Signaltönen auf der Trompete kongenial segmentiert – obgleich Miles heute jene Strukturvariante aus den Endvierzigern wieder bevorzugt, in der Improvisation zugunsten von Sound und Dynamik zurückstehen.

Besonders eindringlich: »Wrinkle«, ein episch breitangelegtes Thema, getragen von einem rhythmischen Trott, der an die Silhouette einer am Horizont dahinziehenden Wüstenkarawane erinnert. Die strenge Arithmetik des Arrangements reibt sich unaufhörlich an den glühenden Kollektivimprovisationen; an den Schnittpunkten entstehen Klangmodulationen, deren dämonische Kraft die ganze Szenerie in Trance taucht: Akustisches und Optisches beginnt zu verschwimmen.

Wenn Miles für seine balladesken Bluesintermezzos in den Lichtkegel der Bühne tritt, hält das Auditorium den Atem an. Es sieht den Trompeter auf der Flucht vor den Fernsehkameras; doch das Aufsuchen von Bühnenorten, die im Halbdunklen liegen und wo ihn niemand genau beobachten kann, bewirken genau das Gegenteil: Sie steigern sein Charisma. Selbst die Koketterie mit der atemlosen Akustik der Berliner Philharmonie gelingt, die Szenerie verwandelt sich in Faszination.

Mit einem seiner denkwürdigen Verblaser beendet Miles sein vielleicht eigentliches musikalisches Comeback in Europa. Triumphal lächelnd nimmt er – die Trompete über dem Haupt schwenkend – die Ovationen des Festpublikums entgegen. Doch trotz der Vitalität dieses Auftritts, erweckt sein Abgang auch solche Assoziationen wie: Der alte Mann und sein Horn.

Miles goes to Pop? (1984)

Nach Miles' erfolgreichen Auftritten des Jahres 1983 war seine Karriere durch eine neue Hüftoperation wieder einmal jäh unterbrochen worden. Seine Rekonvaleszenz zog sich mit fast einem halben Jahr länger hin als vorgesehen.

Derweilen veranstaltete Miles Davis ein Veröffentlichungspoker um das dritte Studioalbum nach seinem Comeback, und hielt damit geschickt die Fans in Spannung. Wer lange auf »Decoy« gewartet hatte, wurde nicht enttäuscht. Die Aufmachung des Albums wurde ganz auf die Persönlichkeit Miles' zugeschnitten. Ein Brustbild – klappt man das Cover auf, ist es nahezu lebensgroß – zeigt ihn dunkel gekleidet mit breitkrempigem Hut, geheimnisumwittert und hintergründig.

Das Album weist ein musikalisches Doppelgesicht auf. Die Konzeption der B-Seite stammt von John Scofield und repräsentiert eher die Tendenz einer Verwurzelung der Musik Miles Davis' in der Tradition – die erneute Auseinandersetzung mit dem Blues im Cool-Funk-Gewand. Bei genauerem Hinhören entpuppen sich denn auch Stücke wie »What It Is« und der Blues »That's Right«, im Dreivierteltakt, als ein auf Sextett getrimmtes Bigbandarrangement (Spex). Das Gesicht der A-Seite ist dagegen von der Handschrift Robert Irvings geprägt und ist auf Miles' musikalische Zukunft ausgerichtet. Im futuristischen Rahmen von Synthesizerklängen sind Soloimprovisationen weniger auf eine modale Zerlegung der Funktionsharmonik gerichtet, als in ganz bestimmter Weise in den Kollektivsound integriert, d. h. es geschieht in der Regel nichts, was den Solisten zu weit vom Klangkörper des Ensembles abhebt. Akkordbrechungen sind auf überraschende Klangkombinationen verschiedener Instrumente angelegt, was die Musiker – verglichen mit traditioneller Improvisationsweise – noch mehr dazu animiert, einander zuzuhören.

Pünktlich mit der Veröffentlichung von »Decoy« meldete sich Miles Davis, körperlich so frisch wie schon lange nicht mehr, wieder zurück. Obgleich der Weggang von Bill Evans und Minu Cinelu eine Lücke im Miles-Davis-Sextett hinterlassen hatte – ihre Nachfolger, der Saxophonist Bob Berg und der Perkussionist Steve Thornton, konnten sie nicht schließen – war die Substanz des Davis-Ensembles davon unberührt geblieben. Während sein Video-Clip zu »Decoy« über alle Fernsehsender flimmerte, erhob sich die Fanfare seines Horns, gleich dem Phönix aus der Asche, über die europäische Festivalsaison. Er hatte sie wieder erlangt, die ganze Ausdrucksskala seines Trompetenspiels, das vierzig

Jahre Jazzgeschichte mitgestaltet hatte. So überzeugte Miles auch noch die letzten zweifelnden Kritiker, die ihm Anfang der 80er Jahre noch ein allzu »flaues Comeback« bescheinigt hatten. Ein Spiegel-Reporter war vom »kräftigen, fast athletischen Trompetenspiel« des 58jährigen, ». . . das vom Funkstil und, ganz unzeitgemäß, vom Blues getränkt ist«, verblüfft. Den Journalisten Werner Burkhardt beeindruckten die »überzeugenden selbstverständlichen Wechselbäder« und die »genaue Balance zwischen Attacke und Feeling« besonders.

Allen Puristen zum Graus schlug da die Nachricht, Miles plane ein Album nur mit Pop-Hits – Ausdruck seines erneuten Willens zur Popularität und seines kommerziellen Erfolgsstrebens – wie ein Blitz ein. Während seiner Live-Auftritte im Jahr 1984 präsentierte er seinen Fans eine Kostprobe: in Montreux improvisierte er fast eine halbe Stunde über das Medley »Something's On Your Mind« und insbesondere über die Schnulze »Time After Time« von Cindy Laupers. Getragen von Salsa-Rhythmen, dienten sie ihm als Vehikel für solistische Leckerbissen; mit traumwandlerischem Gespür für Form sowie dem »unverwechselbaren bangenden, jubilierenden Klang seiner Trompete« überwölbte er das Akkordgerüst der Trivialmelodien, als ob sie nicht vorhanden wären.

Der unbestechliche Michael Laages erlebte Miles Davis auf dem Montreux Festival 1984 auch deshalb als »Mahnmal« für jüngere Trompeter, da er, wie schon so oft, »wieder einmal manchen Epigonen weit voraus« geeilt war. Ähnliches beobachtete der Trompeter des »Art Ensemble of Chicago«, Lester Bowie, bei einem »seltsamen Konzert«, das Anfang November 1983 anläßlich der Gründung des *Miles Davis Scholarship Fund* zur Förderung junger Talente stattgefunden hatte. Neben dem aktuellen Davis-Sextett trat dort das klassische Quintett der 60er Jahre auf, in dem Miles allerdings den Part des Trompeters einem Jüngeren überließ: zu Wayne Shorter, Herbie Hancock, Ron Carter und Tony Williams gesellte sich an seiner Stelle der neue Trompeten-Star Wynton Marsalis. Bowie meinte dazu: »Miles ist wirklich clever... Als Vorgruppe eine Band, die seine Musik der 60er Jahre imitierte... Das hätte ich nicht gemacht. Wynton muß erst noch Erfahrungen sammeln, erkennen, was er eigentlich will... Doch Miles, dieser motherfucker, hat uns anderen gezeigt, wo's langgeht; er ist immer noch der Mann!«

Für die jüngeren, tonangebenden Stars, die »sich auf die Wurzeln des modernen Jazz neu beziehen«, hat Miles nur Spott übrig. Die neuen Traditionalisten sind ihm »zu steif«, sie spielen »ohne Leben«; für das Konservieren von Bop-Clichés würde er »keine fünf Cents ausgeben«, weil es ja genug Aufnahmen von »Bird« oder »Trane« gäbe.

Wynton Marsalis griff bereitwillig nach dem ihm von der Fachpresse zugedachten Part des »jugendlichen Antipoden« und konterte wie verabredet: stellvertretend für die Sichtweise seiner Musikergeneration, die Jazz als »intellectual thing« versteht, qualifiziert er Davis als »Marktprodukt« ab, als einen Musiker, der »dem Erfolg nachrennt und eigentlich nicht das spielt, was er will«. Aber in der Vereinigung des Widerspruches von künstlerischem Anspruch und Erfolg bewies Miles schon immer Gespür. Nach seinem Triumph beim Berliner Jazzfest 1983 konnte es kaum verwundern, daß sein Ensemble schon vorab als die große Attraktion der europäischen Festivalsaison 1984 gehandelt wurde; und Miles enttäuschte diese Erwartungen nicht: Vom »Palacio Municipal de las Deportes« in San Sebastian bis zum »Pori-Jazzfestival« bei Helsinki fungierte er als Publikumsmagnet, ob in der Arena von Nimes, beim »Jazz Summit« in Wiesen nahe Wien oder in Montreux, überall wurde der »schwarze Prinz« begeistert gefeiert. Der frenetische Jubel in der Freiluftbühne Bad Segebergs sowie beim »North Sea Festival« von Den Haag wird noch lange nachklingen, bleibt »im Kopf wie der Klang seines Horns«, wie das Jazz Podium trefflich anmerkte. Dankbar registrierte man, daß die vielbesungene Weisheit des Alters Miles geläutert zu haben schien. Untrügliche Zeichen waren seine Kontakte zum Publikum, er nahm Beifall freundlich mit der Trompete winkend oder gar sich verneigend entgegen, und erleichtert nahmen die Fans zur Kenntnis, daß Miles auch lachen kann.

Dazu muß man allerdings wissen, daß es kaum einen (Jazz)musiker gibt, der seine Arbeit sorgfältiger plant als Miles. Sowohl das musikalische Geschehen als auch das ganze Drumherum ist »bis ins Detail durchorganisiert, nichts wird dem Zufall überlassen«, so der Gitarrist John Scofield. Dazu gehören sicherlich auch zur Schau gestellte Spontaneität und »Menschlichkeit«. Mit seiner jahrelangen Erfahrung durchschaut der »alte Fuchs« die Bedingungen und Abläufe des Business, Miles Davis beherrscht das »All That Jazz«, ähnlich wie sein großer Antipode der Jazzgeschichte, Louis Armstrong.

Wenn sich auch Miles' musikalisches Konzept ständig im Fluß befand, war doch jede Veränderung, jeder Entwicklungsschritt sorgfältig durchdacht. Die Fähigkeiten der einzelnen Musiker wurden in langen Diskussionen minutiös analysiert und mit treffsicherem musikalischem Instinkt in den Ablauf eines Stücks integriert. Wenn Miles mit seinem Sextett vors Publikum trat, zelebrierte er seine Auftritte; die Raumaufteilung, jeder Schritt auf der Bühne entsprang einer choreographischen Logik. Selbst Miles' unpünktliche Ankünfte zu Konzerten wirkten bühnenreif, wie Werner Burkhardt es für Bad Segeberg schilderte: »Aber er kam dann doch, ließ sich im Jeep auf Schleichpfaden der Segeberger Rothäute den Berg hinunter an die Bühne fahren, das weiße Mützchen auf dem Kopf, den Spazierstock mit dem silberbeschlagenen Knauf in der Hand, ganz Diva, und Harriett, die Barfrau aus dem ›PÖ‹, meinte . . . (er wirke) wie Greta Garbo auf der Flucht.«

In den zahlreichen Pressekonferenzen, die er über sich ergehen lassen mußte, wurde aber auch wieder subtile Arroganz spürbar, wie zum Beispiel in Den Haag, wenn er solche Fragen wie »Was ist Jazz?« einfach nicht verstehen wollte und mit einem als peinlich empfundenen Schweigen quittierte. Stattdessen gab er auf einem schon vorher bereitgestellten Zeichenblock Kostproben seiner neuen Leidenschaft – dem Malen.

Als Miles sich nach dieser Konferenz anschickte, den Ort der Handlung zu verlassen, blieb ein bitterer Nachgeschmack. Wie lange er noch Musik machen würde, wollte einer wissen. Die Antwort: »Till I die!«

Wer ihn bei der spektakulären Zugabe nach dem vorangegangenen Konzert erlebt hatte, war gewillt, ihm zu glauben: mit der linken auf einen schwarzen Gehstock gestützt, um sein lädiertes Hüftgelenk zu schonen, in der Rechten das Horn, ließ er noch einmal das unverwechselbare Timbre seiner Trompete ertönen – das Finale eines »großen, mehrteiligen Bogens«, den er mit »nachtwandlerischem Gespür für Formales« über »genau anderthalb Stunden gewölbt« hatte: »Knatternde Funk-Rhythmen verdünnen sich ins Sphärische, gewinnen wieder Konsistenz durch fast archaische Blues-Phrasen, jagen in glühend-heiße Bebop-Läufe und verklingen in der Kinderlied-Schlichtheit von ›Jean-Pierre‹, einem Ohrwurm, der auch gleich mit in die Seele kriecht.« – so damals Werner Burkhardt.

Zwischen Genialität und Belanglosigkeit (1985)

Um die Jahreswende 1984/85 war Miles Davis zu einer Legende geworden, ähnlich wie vor ihm Duke Ellington und Louis Armstrong. Seine Popularität drohte allmählich alles Musikalische zu überstrahlen. Jedenfalls war der Grat zwischen Genialität und Belanglosigkeit, auf dem sich Miles schon immer gern bewegt hatte, auf dem Album »You're Under Arrest« noch um einiges schmäler geworden. J. E. Berendt hat einmal betont, daß sich Veränderungen im Jazz immer zuerst im rhythmischen Bereich abzeichnen. An anderer

Stelle bescheinigte er Miles bei dessen Comeback 1981 ein veraltetes rhythmisches Konzept, das aus den frühen 70er Jahren stammt. Allerdings war Miles schon immer ein Zauberer: jetzt, mit der vierten Studioproduktion seit seiner Wiederkehr hat er den langerwarteten Schritt vollzogen – aber auf eine Art und Weise, die einmal mehr zu den notorischen Kontroversen um die Musik Miles' führen wird; dreht es sich doch scheinbar um einen völligen Bruch mit allen traditionellen Jazzformen. Die, die besser hinhören und nicht vorschnell den kommerziellen *faux pas* eines alternden Alchimisten vermuten, werden begreifen, daß Miles wiederum auf wunderbare Weise der »Einsamkeit des Trompeters« Ausdruck verleiht, was ihm seit seinem Album »In A Silent Way« aus dem Jahre 1968 nicht mehr so brillant gelungen sein dürfte. Mitte der 60er Jahre war im Zusammenhang mit seinen Live-Auftritten oft die Rede davon, Miles habe das musikalische Element der »rasenden Trauer« entdeckt. In »You're Under Arrest« kontrastiert er seine persönliche Stilistik mit den schwarzen Populärrhythmen der 80er Jahre und findet zum Ausdruck glühender Traurigkeit. Die Frage, ob es sich dabei noch um Jazz handelt, ist allenfalls von statistischem Wert – Miles will von den *kids* gehört werden und macht einfach »contemporary music«.

Die Veröffentlichung des Albums »You're Under Arrest« im Frühjahr 1985 löste wieder einmal Spekulationen aus – »Miles goes to Pop«. Entsprechend seinem neuen Image verwandelte sich Miles Davis' introvertiertes Auftreten der vorangegangenen Jahre ins Gegenteil: auf dem »Jazz Summit« bei Wien betrat er im »Killer-Look« die Bühne und zeigte sich erstmals seit seinem Comeback 1981 ohne Kopfbedeckung, mit Lippenbärtchen, langem Nackenhaar, seine hohe Stirn präsentierend. Er schwenkte wie ein »König der Festivalgladiatoren« seine neue metallic-rote Trompete in die Menge und ließ sich schon vorab hochjubeln. In einer solchen Festivalstimmung wird fast jeder Auftritt, zumal der von Miles, zum Ereignis. Da gibt es keine Wertmaßstäbe, nur noch Sensationen an sich, was übrigens nicht nur bei Miles zu beobachten war. Ansonsten agierte er lustlos, voller Verachtung: »ich will nicht euer ›Onkel Funk‹ sein.«

Derweilen mögen Miles andere Dinge durch den Kopf gegangen sein. Einige Monate zuvor war er von der einstündigen Suite »Aura«, die der Trompeter Palle Mikkelborg für ihn geschrieben hatte, so beeindruckt, daß er sich spontan entschloß, diese in einem Kopenhagener Studio mit dem Gitarristen John McLaughlin aufzunehmen. Ein Jahr zuvor hatte es mit Miles' Vertragsfirma Columbia wegen einer Singleauskopplung von »Time After Time« Reibereien gegeben. Dazu gesellten sich jetzt noch Streitereien mit George Butler, dem Präsidenten von Columbia, über die Form der Veröffentlichung von »Aura«; es kam zum Bruch, und die schon lange zur Zweckehe verkommene Verbindung zwischen Miles und Columbia fand nach fast 30 Jahren ihr Ende. Ein anderer Mediengigant griff dankbar zu – Miles handelte mit der Warner Bros. einen millionenschweren Kontrakt aus. Seither schlummert das Werk »Aura« in Archiven von Miles' alter Vertragsfirma.

Aber wie man weiß, ist Miles für eine Überraschung immer gut. Seine Auftritte im Jahr

1984 in Montreux und insbesondere beim »North Sea Festival« in Den Haag waren wieder sensationell. Miles gehört anscheinend zu den wenigen, die sich trotz aller Unkenrufe ihren Nimbus bewahren können. Weil Miles ein Exhibitionist ist, ließ er es sich angesichts der Fernsehkameras nicht nehmen, eine Supershow abzuziehen. Als er plötzlich wieder seine metallic-rote Trompete kristallklar erklingen ließ, verwandelte sich die Szenerie auf grandiose Weise. Er wußte Kraft und Anmut zu paaren, unfehlbar in Phrasierung und Wendung, strahlend ohne falschen Glanz, lyrisch in Linienführung und Fügungen, reich an kleinen stilistischen Nuancen, aber auch mit dem zwingenden Gespür für den weiten Schwung und die dramatische Steigerung. In glühender, alles verzehrender Traurigkeit »fabulierte er die uralten Geschichten, im Geist und aus der Historie seines Horns«, in diesem »überirdischen Ton, nach dem wir alle so süchtig sind . . . Wie einer, der alle vier Takte die Rolle wechselt, wie ein Blues-Wanderer mit der Gitarre, wie ein Gospelprediger mit der Gemeinde . . . so spricht Miles mit sich selbst, und wenn er spricht, dann tut er das, was alle großen schwarzen Musiker tun, wenn es ihnen ernst ist: er predigt.« (Werner Burkhardt). Er hörte plötzlich auf, vor den Kameras zu posieren und lauschte minutenlang vor der seitlich plazierten Lautsprecherbox seinem eigenen Spiel. Schade, dachte man, schade, Miles, daß du eine Kanaille bist. Und zur Aufmunterung seiner jungen Mitspieler blies er abwechselnd jedem einzelnen – fast in Hautkontakt – mal liebevoll, mal herausfordernd-brüskierend ein Ständchen, als wolle er der »Monochromie der Elektronik, die jeden individuellen Sound wegmanipuliert«, den Kampf ansagen, ihr einfach Humanität einhauchen, zugleich stellte Miles so zu jedem seiner jugendlichen Musiker eine Beziehung her. In einer variantenreichen Wiederbelebung seines neuen Konzepts »You're Under Arrest«, einem Zaubertrank aus Pop und Jazz, spiegelten die Zauberlehrlinge den großen Hexenmeister. Damit puzzelte Miles sein Ensemble zu einem zweieinhalbstündigen »Bitches Brew« von »Blood, Sweat and Fantasy«.

Um ihrem zehnjährigem Jubiläum einen würdigen Anstrich zu verleihen, hatten sich die Veranstalter des »North Sea Festivals« noch etwas ganze Spezielles ausgedacht: »The Bird«. Es handelte sich um eine Auszeichnung für denjenigen, der die Jazzszene in den letzten Jahren besonders im Sinne Charlie »Bird« Parkers beeinflußt hatte. Die Entscheidung fiel auf Miles, der, im Hagel der Blitzlichter, mit seiner Trophäe in der Hand einen eher einsamen und weltverlorenen Eindruck machte. Miles verschwand lautlos, mit einer horrenden Gage im Reisegepäck.

Trendsetter oder Glasperlenspieler?

Als Miles Davis im Herbst des gleichen Jahres auf Europatournee ging, fehlten zwei seiner Besten. Darryl »The Munch« Jones war zu Sting abgewandert, und John Scofield ging wieder seine eigenen Wege; den Verlust dieser beiden hochkarätigen Musiker schien Miles auch persönlich nur schwer verwinden zu können. Beim Berliner Jazzfest 1985 lieferte Miles selbst ein so überzeugendes Sologlanzstück ab, daß die musikalische Krise seines Ensembles kaum ins Gewicht fiel. Einzig Marilyn Mazur, die Miles als zweite Perkussionistin in die Band geholt hatte, nachdem er sie bei den Aufnahmen zu »Aura« im Kopenhagener Studio kennengelernt hatte, sorgte für Farbe. Daß dagegen hinter Robert Irving ein zweiter Keyboarder Platz genommen hatte, fiel kaum jemandem auf.

1986, im Jahr seines 60. Geburtstags wurde die musikalische Krise offensichtlich. Während ihm zahlreiche Fachblätter in der ganzen Welt Sonderausgaben oder zumindest Leitartikel widmeten, um dadurch seine Bedeutung für die Musikszene nachhaltig zu unterstreichen, geriet er mit seiner Gruppe mit Bob Berg (Saxophone), Steve Thornton (Perkussion), Vincent Wilburn (Schlagzeug), in die Stagnation. Als die »Alten« im Ensemble konnten sie der Musik keinerlei neuen Impuls mehr geben. Das riesengroße Loch, das John Scofield und Darryl Jones in Miles' Musik hinterlassen hatten, war kaum wieder schnell zu schließen. An der Baßgitarre versuchten sich zuerst Angus Thomas und Felton Crews. Das Problem des Gitarristen sollte sich als noch viel gravierender erweisen. Nacheinander kamen sie, der Rückkehrer Mike Stern, dann der Yellow Jacket Gitarrist Robin Ford, und schließlich Garth Webber, kaum mehr über die Rolle von Lückenbüßern hinaus. Technisch erwiesen sie sich zwar alle als Perfektionisten, doch sie verstanden es nicht, eine Passion, eine echte Beziehung zu Miles' musikalischer Vorstellung zu entwickeln. Das Scheitern Mike Sterns kommentierte Miles selbst so: »Er ist ein guter Musiker, der schnell kapiert, aber, weißt du, diese Leute werden immer so schnell nervös und wollen ihre Technik auf dem Instrument demonstrieren. Technik muß man vergessen können. Deshalb war es nicht länger möglich, Mike Stern in der Band zu haben. Er kam immer wieder mit den selben Sachen an . . . Mike spielte ganze Töne, die er über längere Strecken ausklingen ließ. Sie paßten aber nicht zu dem, was die Band spielte. Ich sagte dann: ›Mike, hörst du nicht zu?‹«

Gleichzeitig ging Miles im Studio ganz andere, neue Wege. Als Marcus Miller von dem Kontrakt zwischen Miles und Warner Bros hörte, unterbreitete er dem Hausproduzenten Tommy LiPuma die Idee, einige Kompositionen für Miles zu schreiben. Den Trompetenklang seines ehemaligen Leaders im Kopf – vier Jahre zuvor hatte er während der Zugehörigkeit zum Miles-Davis-Ensemble viel Gelegenheit gehabt, ihn hautnah zu erleben und ihn zu studieren – machte sich Marcus Miller daran, diesen Klang in eine digitale Klangwelt umzusetzen. In den acht relativ kurzen Titeln des Albums »Tutu« verwendete Miller unter Zuhilfenahme des Playbackverfahrens eine Reihe von perfekt programmierten Synthesizern und kreierte so einen orchestralen Sound, zu dem er nur mehr eine Handvoll Musiker benötigte. Mit einem reichhaltigen Sampler-Synthi-Sound und *street-beats* von Reggae bis Gogo verstand es Miller, den Widerspruch von »cool« und »hot« auf die Spitze zu treiben. Miles war davon so angetan, daß er vor allem in den Miller-Kompositionen »Portia«, »Tomaas«, »Full Nelson« und »Don't Lose Your Mind« viele der herrlich-

spektakulären Trompetenbögen im Harmon-Mute-Sound schlägt, die erneut sein introvertiertes Moment betonen.

Natürlich wurde nach dem Erscheinen von »Tutu« im Herbst 1986 wieder heiß diskutiert: War Miles wieder einmal Trendsetter oder nur ein Glasperlenspieler? Viele Kritiker behaupteten, es handle sich bei »Tutu« nicht um ein Miles- sondern um ein Marcus-Miller-Album. Ähnliche Ansichten waren schon vor vierzig Jahren zu hören gewesen, beim Erscheinen von »The Birth Of The Cool«. Heute würde niemand mehr behaupten, daß es sich bei diesem Album um ein Album der Arrangeure Gil Evans oder Gerry Mulligan handelt. Beide Alben, »Birth Of The Cool« und auch »Tutu« repräsentieren in hervorragender Weise Miles' Klangwelt.

Siesta: Sketches of Synthesizer (1987)

Ein Jahr später, 1987, weitete das neue Erfolgsgespann Miles Davis / Marcus Miller ihr Konzept noch aus: Gil Evans hatte einmal in den 50er Jahren Miles' Trompetenklang als eine weiße Wolke charakterisiert. Evans' Genialität war damals auch die perfekte Umsetzung von Miles' Sound in eine orchestrale Instrumentierung zu verdanken gewesen. Im Soundtrack zu dem Film »Siesta« wurde nun etwas offensichtlich, was sich schon auf dem Album »Tutu« angedeutet hatte, vor allen Dingen in dem Titel »Portia«: auch diese Musik ist vom Geist Gil Evans' geprägt. Marcus Miller verkörpert seit neuestem für Miles Davis so etwas wie einen Gil Evans der 80er Jahre; wie so oft in seiner langen Karriere schlüpfte Miles wieder einmal in die Rolle des künstlerischen Ziehvaters, nachdem er das Multitalent des jungen Bassisten erkannt hatte. So wirkt der orchestrale Sound von »Siesta« noch verblüffender als der von »Tutu«. Mit Sensibilität und Einfühlungsvermögen trifft Miller haargenau Miles' Vorliebe für bestimmte Skalen aus dem Flamencobereich und versteht es, der scheinbar kalten, sterilen Welt des digitalen Klangs eine menschliche Seele einzuhauchen. Mit seinem unorthodoxen Spiel auf verschiedenen Klarinetten verleiht Miller dem Soundtrack einen geradezu impressionistischen Reiz. Besonders gelungen sind die Skizzen zu »Lost In Madrid«, Stimmungsbilder in fünf Variationen, die sich durch einen perfekten Wechsel zwischen Melancholie und nervöser Spannung auszeichnen. Miles bläst so wunderschön, mit offenem Horn, ganz ohne Vibrato, Erinnerungen an seinen ersten Soundtrack »Fahrstuhl zum Schafott« werden wach, den er Ende der 50er Jahre eingespielt hat. Fast könnte man meinen: Wenn es die digitale Klangwelt noch nicht gegeben hätte, man hätte sie für Miles erfinden müssen.

Seit Miles mit Warner Bros. abgeschlossen hat, entwickelt er verstärkt Sensibilität für das aktuelle Musikgeschehen, für neue Strömungen und Entwicklungen, eine Fähigkeit, die ihn stets davor bewahrt hat, in eine stilistische Klamottenkiste gesteckt zu werden. Wie er damit umgeht, das schilderte er einmal einem »Keyboard«-Reporter so: »Die Entwicklung geschieht schrittweise. Ebenso wie die Klänge, die du im Radio hörst – Werbungen und solche Sachen – wenn du ein denkender Musiker bist, dann bist du hellhörig für die ganze Umwelt. Wie zum Beispiel für Autos – da sich das Metall und das Plastik verändert hat, klingen Unfälle heute ganz anders als früher. Meine Musik ist so vom alltäglichen Sound beeinflußt!«

Zur Verwirklichung eines alltäglichen Sounds, der die Welt der 80er Jahre widerspiegelt, scheint der Synthesizer das geeignete Instrument zu sein; das hat Miles erkannt. Was er allerdings dabei an der gängigen Software zu bemängeln hat, darüber gab er in einem »Downbeat«-Interview Auskunft: »Hey, sprechen wir von einem Nachteil, hör mal zu: der Synthiesound für Trompete ist ein weißer Trompetensound: nicht meiner, nicht Louis' oder Dizzys' Sound – ein weißer Sound. Das ist es! Und die einzige Möglichkeit, wie es genutzt werden kann, ist mit meiner Trompete darüber zu spielen: man muß diese beiden Sounds verbinden. Noch besser wäre es, wenn man die Auswahl zwischen einem weißen und einem schwarzen Sound haben würde!« Miles läßt gerade an diesem Problem für sich arbeiten, in Kürze soll er sein »Perkiphon« bekommen, eine Trompete, die nach Vorlage der heutigen Midi-Technik von J. L. Cooper gebaut wird.

Bis es soweit ist, muß sich Miles auf der Bühne weiterhin mit einem Keyboard behelfen. Kaum hat man hier das Gefühl, daß sein Spiel auf den Tasten »weiß« klingen könnte. Wie Adam Holzman betont, ist »Miles an den Keyboards, die Fortsetzung seines Trompetenstils mit anderen Mitteln«.

Das »böse Genie« des Jazz

»Das einzige, was mein Ego benötigt,
ist'ne gute Rhythmsektion.«

Sein absoluter Wille zum Erfolg hatte Miles Davis Mitte der 50er Jahre zwangsläufig mit dem ersten Mediengiganten des amerikanischen Kontinents, »Columbia«, zusammengeführt. Von diesem Zeitpunkt an wurde die Vermarktung des neuen »Jazzgiganten« von den Promotionsleuten des Office bestimmt. Anknüpfend an Miles' rätselhafter Persönlichkeit wurde der Mythos von der Einsamkeit und der Weltverlorenheit des »schwarzen Champions mit der Trompete« geschaffen. Der potentielle Käufer und Fan nimmt die Schallplattenhüllen wahr und spürt die Musik, deren Stimmung oft von Schwarz-Weiß-Kontrasten bestimmt ist: Miles in sich versponnen vor einer weißen Wand sitzend und daneben der

schwarze Knabe mit einer Trompete, der aus dem Dunkeln kommt – Porträts oder Abbildungen der ganzen Person stets auf dunklem Hintergrund mit Trompete, Zigarre oder auch Sonnenbrille, wie ein Stilleben, das Image der Introvertiertheit vermittelnd; sowie Fotos »von dem nach vorne gebeugten Trompeter, der in den Boden hineinzublasen scheint, oft nur noch als Silhouette, wie ein Qualitätsstempel« erkennbar.

Miles, der damals gerade seine Heroinsucht überwunden hatte, drückte solchen optischen Empfindungen sein unnachahmliches musikalisches Zeichen auf, das unter dem Eindruck des drohenden Atomtodes der späten 50er Jahre auch auf modischen Widerhall stieß.

»Um denen zu widersprechen, die von begrenzter Technik reden«, wird Anfang der 60er Jahre seine »Musik härter, schneller und expressiver« (Heidkamp). Dem Bild des introvertierten, scheuen Trompeters wird ein kontrastierendes hinzugefügt: das des erfolgreichen und selbstbewußten Künstlers schwarzer Hautfarbe. »Er wird aggressiv und stolz«, sagt Heidkamp, »sozusagen ein Muhammed Ali des Jazz, ein Neger, der sich so verhält, als lebte er 15 Jahre später als Black Panther. Und er schafft es, daß sein Ton so klingt: stolz und aggressiv. Daß er dabei nie strahlend, optimistisch oder zumindest fröhlich klingt, gehört zum Bewußtsein seiner Ausnahmestellung.«

Titelstories im »Time Magazine« und lange Interviews im »Playboy« sind Indikatoren dafür, daß Miles bei steigender musikalischer Qualität auf einer kaum für möglich gehaltenen Erfolgswelle schwimmt. Oft hat man seine Popularität mit der seines »größten Antipoden, mit Louis Armstrong« verglichen, mit dem er das »unbedingte Streben zum Erfolg« teilt (Berendt). Aber anders als »Satchmo« spielt er nicht die Rolle des Onkel Tom, der naiv mit einer freundlichen Fassade und Clownerien seine miese Situation zu überspielen sucht, sondern er wählt den Weg der aggressiven Abgrenzung, der Konfrontation – stets exzentrisch auf die Lage seiner schwarzen Brüder aufmerksam machend. Wie bei keinem schwarzen Künstler zuvor, macht alles, was Davis betrifft, Schlagzeilen in der Öffentlichkeit. Man berichtet über seine schnittigen Ferraris, vom unerlaubten Besitz von Waffen und Kokain. Journalisten registrieren: »Miles macht Mode«, er kleidet sich »ironisierend«, indem er die Mode übertreibt, gepflegt bis zum Geht-Nicht-Mehr. Was Miles trägt, tragen morgen die Hip-Typen (Berendt), was ihm den Titel des »bestangezogenen Mannes« durch die Zeitschrift »Esquire« einbringt. Obwohl schwarze Frauen – vor allen Dingen seine zweite und seine dritte Ehefrau – eine Vorrangstellung einnehmen, wird häufig seine »aufreibende Leidenschaft für das schöne (weiße) Geschlecht« in den Klatschspalten abgehandelt.

Schlagzeilen macht auch seine phantastische Passion für das Boxen – oftmals bestätigen ihm Experten, daß er wegen seines enormen Talents auch in diesem Metier zu einem Champion geworden wäre. Es gibt wohl kein gängigeres Klischee als das von dem Schwarzen, der als erfolgreicher Musiker oder Sportler das Getto überwindet.

Anfang der 70er Jahre ist Miles' Trompetenspiel so aggressiv und spannungsgeladen, daß sein boxerisches Naturtalent unmittelbar spürbar wird. Immer öfter verwechselt er die

*Die beiden erfolgreichsten
Trompeter des Jazz:
Louis Armstrong
und Miles Davis, 1958*

schwarzen Gettos mit dem Boxring und prügelt sich mit (weißen) Polizisten. Aber Miles fightet auch für seine schwarzen Landsleute. »Er hilft den Schwarzen, unterstützt, spendet, fördert, aber auch aus der Position heraus, bei der der karitative Gestus des Einzelnen und die ausweglose Lage der Mehrheit so zusammengehören, daß einem die Gönnerrolle verleidet sein müßte.« Trotzdem kämpft Miles auf allen Ebenen für »Black is beautiful«: er erwähnt in Interviews irgendwelche schwarzen Künstler, deren Auflageziffern anschließend sprunghaft ansteigen. Getragen von seiner Popularität beginnt Miles seiner Vertragsfirma vorzuschreiben, in welcher Coverausstattung sie seine Schallplatten unter die Leute zu bringen hat. Columbia läßt ihm freie Hand, wie keinem anderen schwarzen Musiker ihrer Firmengeschichte, denn der Kult um Miles, sein Bild in der Öffentlichkeit – Zustimmung und Ablehnung – haben sich mittlerweile so verselbständigt, eine derartige Eigendynamik entwickelt, daß es keiner speziellen Werbestrategie mehr bedarf. Miles wirbt für sich selbst. »Die meisten Musiker, die zu CBS kommen, bleiben ungefähr acht

Auch als Boxer auf
Imagepflege bedacht:
Miles Davis
auf einem PR-Foto

Jahre, dann ist der Reiz weg, entweder von ihrer oder von unserer Seite. Aber das läuft nicht bei Miles, weil seine Musik immer voraus ist und jeder hinterherläuft«, so Miles' Producer bei CBS, Teo Macero.

In der ersten Hälfte der 60er Jahre bildet er seine zweite Frau Francis Taylor auf drei verschiedenen Alben ab und eine spätere Produktion läßt er mit einer besonders attraktiven Schwarzen verzieren. »Ich habe Cicely (Tyson) auf das Cover von ›Sorcerer‹ gebracht. Es ist mir wichtig, schwarzen Frauen zu helfen. Als ich nämlich süchtig war, kostete mich das ein paar Hunderter jeden Tag, so daß ich das Geld von Huren genommen habe. Als ich sauber war, akzeptierte ich die Polls im Playboy nicht mehr, weil sie keine Schwarzen in ihrem Magazin haben. So begann ich sie auf meine Plattencover zu setzen, so gingen sie rund um die Welt«.

Ab 1967 beauftragt Miles Freunde und Musiker mit surrealen Fotocollagen und Zeichnungen, die seine Doppelalben schmücken sollten, »die kaum etwas Selbstkritisches besitzen.

77

Eher vermitteln sie das Gefühl, (Miles) könne es sich jetzt leisten, einen Graphiker zu bestellen, der ihn liebevoll und schmeichelnd karikiert«, so Heidkamp.

Der Erfolg der Musik hatte sie zusammengeschweißt, und weil die Columbia Miles ein luxuriöses Leben garantierte, arrangierte er sich mit seinem Vertragspartner, obwohl ihm etwa der (schwarze) Motown-Konzern schon eine halbe Million Dollar pro Jahr geboten hatte. Aber immer wieder attackiert Miles seine Verträge als »White Man's Stuff« – ein Ausdruck, den Charles Mingus geprägt hat: Zeug des weißen Mannes bzw. Verträge als Unterdrückungsmechanismen. »Weißt du, sie haben für das neue Album schon 300 000 Vorbestellungen. CBS schenkte mir einen großen Yamaha zu meinem Geburtstag. Ich habe mir einen nagelneuen Ferrari gekauft, einen gelben . . .«, so schilderte Miles die Vorzüge seiner Vertragsfirma. Aber auf die Frage, ob er mit Columbia zufrieden sei, antwortete er: »Ach du liebe Zeit, zufrieden, mit denen? Ganz im Gegenteil, die tun doch kein Stück für dich, wenn du nicht gerade ein Weißer oder Jude bist. Außer vielleicht, wenn man gerade eine neue Platte bei ihnen herausbringt. Sie versuchen es doch nicht mal, meine Platten unter die Schwarzen zu bringen. Dauernd erzählen sie mir, daß sie mich einem neuen Publikum vorstellen wollen, aber das Publikum ist immer weiß. Ich denke, sie sind die mieseste Plattenfirma der Welt, aber auch die größte!« – »Warum die mieseste?« – »Sie tun nichts für Neger – nichts!«

Aber die angesprochene Eigendynamik von Miles Davis' Bild in der Öffentlichkeit droht ihm selbst immer öfter zu entgleiten, zumal er bei seinen schwarzen Landsleuten kaum den gewünschten Erfolg erzielt. Sie schätzen an Miles zwar seine Emanzipationsbestrebungen, aber bei der schwarzen Mittelklasse ist er keinesfalls beliebt: er gilt als »enfant terrible«, weil er ihre Anpassungsideologie in Frage stellt. So charakterisiert ihn die amerikanische Wochenzeitschrift für Farbige »Ebony« als das »böse Genie des Jazz«.

Miles sitzt zwischen allen Stühlen; sein zunehmender Egozentrismus muß als aussichtsloser Versuch gewertet werden, diesen dynamischen Prozeß in den Griff zu bekommen. Aber je mehr sich Miles auf sein gespaltenes Selbst zurückzieht, um seinen Nimbus zu wahren, d. h. je mehr er eine aggressive Abgrenzung gegen alles, was weiß ist, betreibt, desto konsequenter muß er einen Teil seiner eigenen Persönlichkeit – den des schwarzen Bourgeois – verleugnen.

Ein sicheres Anzeichen dafür sind Miles' permanente psychische Probleme – sein Selbsthaß, der sich vor allem auf zwei Ebenen fatal auswirkt: einmal in seinem labilen Gesundheitszustand, und zum anderen in seinem unübersehbaren Hang zur Selbstzerstörung. So berichtet der Bassist Paul Chambers davon, daß ihn Miles immer geweckt habe, wenn er wegen seiner ständigen Kniebeschwerden nicht einschlafen konnte: »Ich mußte dann bis zum Morgengrauen mit Miles diskutieren.« Seine Krankheitsgeschichte ist lang und dramatisch. Schon vor seinem sechsjährigen Verschwinden aus der Szene zwingen ihn verschiedene Operationen, seine musikalische Karriere für viele Monate zu unterbrechen.

Auch Miles' Vorliebe für schnelle Autos, die er reihenweise zu Schrott fährt, oder etwa der mysteriöse Unfall aus dem Jahre 1970 mit der Selbstschußverletzung ins Bein sowie sein gelegentlicher Amoklauf gegen (weiße) »Gesetzeshüter« sind ein sicheres Indiz dafür, daß Miles seine psychischen Spannungen nicht immer produktiv verarbeiten kann. Und wieder einmal verbalisiert er seinen Widerspruch in faszinierender Einfachheit, wie sie auch seinen musikalischen Improvisationen charakteristisch ist: »Wenn ich wüßte, wie ich meinen Ferrari in Ordnung bringen könnte, würde ich auf einer Insel leben. Da ich's nicht weiß, müßte ich wegen der Reparaturen immer wieder zurückkommmem.«

Miles' schwarze und weiße Kollegen

»Weiße verstehen nichts von schwarzer Musik, und ich erwarte es auch gar nicht von ihnen«, tönt Miles, wann immer es ein Journalist hören will. Dann erhebt sich aber die Frage: Warum hat er immer wieder weiße Musiker bei sich beschäftigt? Bei seiner Europatournee 1982 stellte er sich gleich mit drei weißen Musikern vor, die genau die Hälfte seiner Gruppe ausmachten. Bald darauf erweiterte der weiße Gitarrist John Scofield die Davis-Gruppe zum Septett. Die Liste der weißen Musiker, zu denen Miles im Laufe seiner langen Karriere eine kreative Affinität entwickelt hat, ist tatsächlich lang; die wichtigste und zentrale Figur in Miles' künstlerischer Entwicklung nimmt wohl der Arrangeur und Orchesterleiter Gil Evans ein.

Der Saxophonist Teo Macero, ein Italo-Amerikaner, der einen großen Anteil an Miles' erfolgreichen Studioaufnahmen als Produzent hat, berichtet über die Höhen und Tiefen in seiner Beziehung zu Miles: »Es gab Zeiten, da hat er nicht mit mir gesprochen und ich nicht mit ihm, aber es bedeutet nicht, daß wir uns nicht gemocht hätten. Er hat oft gesagt: ›Dies ist eine lange Ehe. Was würde ich ohne dich machen?‹ Aber eine Ehe kann jederzeit auseinandergehen. Es ist eine großartige Beziehung, und ich hoffe, daß sie ewig andauern wird, aber nichts dauert ewig; jetzt, da ich als freier Produzent arbeite, produziere ich immer noch für Miles. Wir sind ein Herz und eine Seele.« Während der Aufnahmen zu »Bitches Brew« intrigierte Miles heftig gegen Teo Macero und bedrängte die CBS-Leute, ihn zu feuern; und als Davis in die Regie kam, fuhr ihn Teo an: »Pack gefälligst deine verdammte Trompete und mach, daß du raus kommst.« Wütend machte sich Miles mit seiner Trompete auf den Weg, aber er ging nicht nach Hause, sondern kam durch die Hintertür ins Studio zurück. Teo stellte sich wortlos neben ihn und blieb bei ihm, bis das ganze Album eingespielt war. Das Bild, das auf der Innenseite des Albums »Bitches Brew« zu sehen ist, wurde bei dieser Gelegenheit geschossen.

Und dann die Kette der Instrumentalisten, die Miles bei sich beschäftigt hat – sie gehören zur Crème de la Crème der weißen Jazzmusiker: Lee Konitz, Gerry Mulligan, Stan Getz, Zoot Sims, Michel Legrand, Victor Feldman, Chick Corea, David Holland, Joe Zawinul, John McLaughlin, Airto Moreira, Steve Grossman, David Liebman und last not least der Pianist Bill Evans. Obwohl Miles später bekennt, daß er »eine Menge von Bill gelernt« habe, berichtet der Schlagzeuger Jimmy Cobb, welch ambivalentes Verhältnis Miles zu dem blassen, akademisch wirkenden Pianisten an den Tag legte: »Bill war damals der einzige weiße Musiker in der Gruppe, und Miles machte sich einen, wenngleich niemals böse gemeinten Spaß daraus, Bill zu foppen. So passierte es oft bei Diskussionen, daß Miles zu Bill sagte: ›Bleib cool Mann. Wir wollen keine weißen Meinungen hören!‹ Bill war natürlich jedesmal schockiert.«

Aber nicht selten vertrat Davis selbst weiße Meinungen, in denen sich auch seine Haltung als schwarzer Bourgeois spiegelt, wie etwa über den Blues, der als Rückgrat der Jazzent-

Mit dem Produzenten
Teo Macero

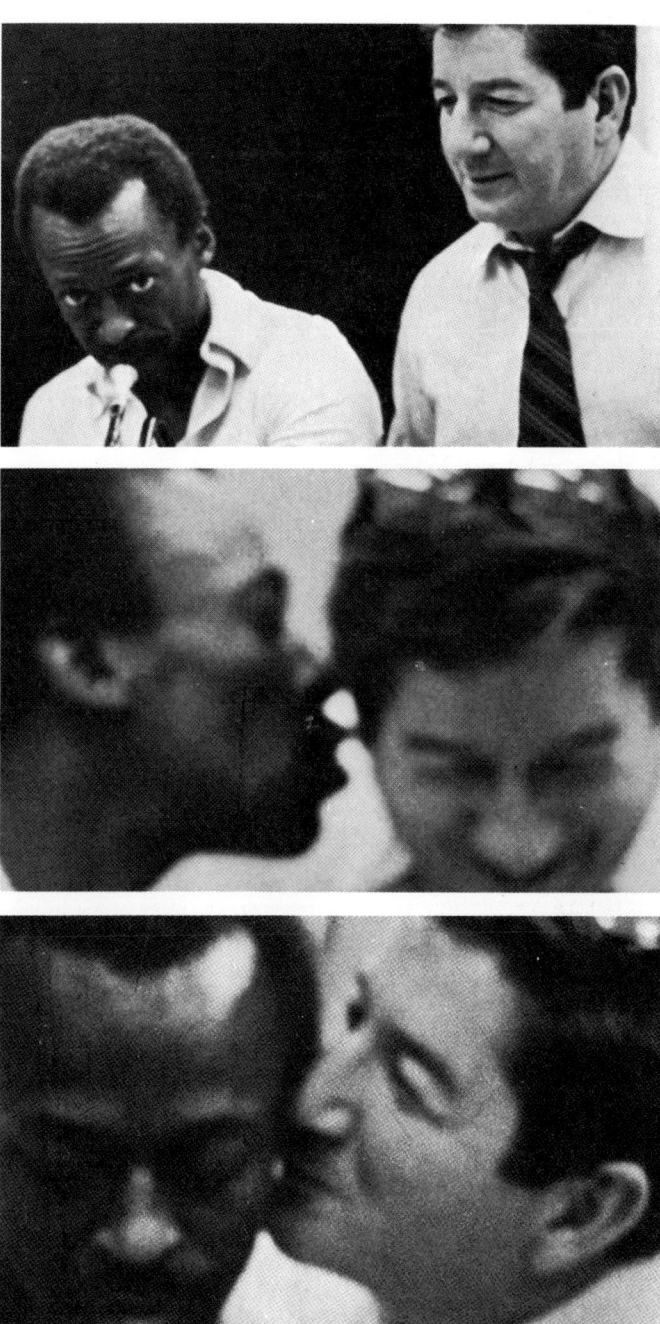

wicklung angesehen werden muß. Wie schon erwähnt, mißt Miles in einem Interview des »Melody Maker« dem Blues nicht den Stellenwert »einer spezifischen Ausdrucksform der afro-amerikanischen Kultur« bei, sondern für ihn ist der Blues »ein Harmonieschema wie jedes andere auch«.

Aber Miles' schwarze Musikerkollegen innerhalb und außerhalb seines Ensembles werden keineswegs von seinen aggressiven Attitüden verschont. Den von ihm sehr geschätzten und bewunderten John Coltrane (Miles: »Once I had five tenorplayers in one«) schlägt er auf der Bühne ins Gesicht. Grund genug für »Trane«, seine zärtliche Komposition »Miles' Mood« – in »Mars« umzubenennen.

Einmal erzählt Miles einem Kritiker: »Es war hoffnungslos. Ich habe versucht den beiden schwarzen Kerlen beizubringen, was Swing ist. Aber sie haben es nicht ansatzweise begriffen.« Einer von ihnen ist der Tenorist Hank Mobley, der eine Nachbeat-Phrasierung bevorzugt, wie sie Miles nicht gerade liebt. Um Hank anzuspornen, flüstert Miles ihm während seiner Soli immer wieder ins Ohr: »I wish I would have Sonny Rollins back«, was aber gerade das Gegenteil bewirkt: völlig entnervt phrasiert Mobley nur noch gehemmter.

Miles liebt es, Musiker gegeneinander auszuspielen. So verpflichtet er zur »Kind Of Blue«-Session kurzerhand Bill Evans, der seiner Gruppe schon nicht mehr angehört, und stellt seinem Pianisten Wynton Kelly buchstäblich den Klavierstuhl vor die Studiotür.

Anfang der 70er Jahre äußert sich Miles abfällig über all die »Newport-Nigger«, die sich im Festivalbetrieb des weißen Mannes prostituieren, was ihn aber selbst nicht daran hindert, 1981 sein strahlendes Comeback ausgerechnet auf dem so gegeißelten Jazzfestival von Newport zu feiern.

Aber auch an seinen schwarzen Trompeterkollegen läßt er kein gutes Haar. »Ich kenne wirklich keinen, der etwas Vernünftiges macht. Freddie Hubbard hat keine Ideen und kein Talent. Dizzy Gillespie hat immer noch seine Begabung, aber er macht zu wenig daraus. Er sollte Sachen spielen, die er mag, nicht das Zeug, von dem er glaubt, daß das Publikum es hören will.«

Nicht minder respektlos verfährt er 1964 in einem Blindfold-Test mit der Musik seines alten Freundes Clark Terry, seinem Idol Duke Ellington und einer Handvoll Avantgardisten. Doch bleiben die wirklichen Motive seiner Kritik meistens undurchsichtig. Im gleichen Test äußert sich Miles abfällig über die tiefschwarze und kantige Phrasierung des Altisten Eric Dolphy: »Das wird Eric sein – niemand könnte sonst so schlecht klingen! Man muß überlegen, wenn man spielt; man muß sich gegenseitig helfen – man kann nicht bloß für sich drauf los spielen.« Von besonderer Tragik ist, daß diese Äußerung Miles' 16 Tage vor dem Tod Dolphys veröffentlicht wurde, denn es waren keine musikalischen Gründe, die Miles zu einer solchen extremen Äußerung veranlaßten, sondern der eigentliche Hintergrund war nichts anderes als sein verletzter Stolz. Es ist nämlich bekannt, daß er drei Jahre zuvor erfolglos versucht hatte, den überragenden Altisten in seinem Quintett zu verpflichten.

Es ist sicherlich von Interesse, daß Miles in zwei Blindfold-Tests 1964 und 1968 nur zweimal eine positive Beurteilung abgibt, die nicht zufällig einen augenfälligen Schwarz-Weiß-Kontrast in seinem musikalischen Geschmack vermitteln: den coolen Bossa-Titel »Desafinado«, gespielt von Stan Getz und Joao Gilberto, versieht Miles 1964 mit fünf Sternen – eine Spielart, die geradezu eine Domäne weißer Jazzmusiker ist –, und 1968 findet er nur Gefallen am tiefschwarzen Motown-Sound der Gruppe »Fifth Dimension«.

Miles' musikalische Söhne

Die klingende Werkstatt »Miles Davis« war schon immer eine Kaderschmiede der schwarzen Musik. Wer mit Miles spielt oder gespielt hat, besitzt so etwas wie einen Adelsbrief und braucht sich über Mangel an Arbeit fortan nicht mehr zu beklagen. Das galt für die Musiker der Miles-Davis-Gruppen der 50er und 60er Jahre, und es gilt noch genau so für die Generation danach, für die »Söhne«, mit denen er sich in den 80er Jahren umgibt.

Als um die Jahreswende 1982/1983 John Scofield zu Miles stieß, stellte sich gleich noch ein

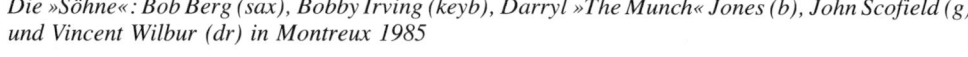

Die »Söhne«: Bob Berg (sax), Bobby Irving (keyb), Darryl »The Munch« Jones (b), John Scofield (g) und Vincent Wilbur (dr) in Montreux 1985

Neuer vor. Marcus Miller, der sich ganz seinen Talenten als Studiomusiker, Komponist und Produzent widmen wollte, überließ die Position des Bassisten dem 22jährigen Darryl Jones, den sie den Beinamen »The Munch« gaben. Als Miles beim Berliner Jazzfest '83 mit ihm auftauchte, hagelte es aus fast allen Richtungen herbe Kritik. Dagegen pries Davis in aller Öffentlichkeit die Fähigkeiten des Youngsters und verglich seine Talente, mit denen des legendären Bassisten Jimmy Blanton aus dem Duke Ellington Orchester der vierziger Jahre. Obwohl er damit viel Hohn und Spott erntete, strafte die Entwicklung seines Schützlings alle Kritiker Lügen. Seine explosionsartige Entfaltung in Technik, Rhythmik und Sound befreite den E-Baß endlich aus der Knechtschaft, nur das Funkelement verkörpern zu müssen. Darryl hat für die Emanzipation des E-Basses das getan, was Charlie Mingus in den fünfziger Jahren für den akustischen Baß tat. Wie einst Mingus bringt er schon allein optisch sein Instrument von der Back- in die Frontlinie.
Die Vermischung von Begleit- und Solofunktion demonstriert Darryl besonders eindrucksvoll in dem Medley »The Senate – Me And You« oder im grandiosen »Portia«, in dem er spektakulär im Slap den Sound der Kastagnetten nachempfindet.
Nach längerer Suche hat Miles anscheinend endlich sein Gitarristenproblem lösen können. Auf Empfehlung von Marcus Miller stieß Joe Fowley McCreary zum Davis-Ensemble.

Mit Darryl »The Munch« Jones

Was Miles an ihm so liebt wurde sofort deutlich: Fowley verkörpert so etwas wie eine Mischung aus Prince und »Cameo«-Style . . . Seine Gitarrenlinien sind von einem ähnlichen Kaliber, sie kommen von einem mit vier Gitarrensaiten bespannten Piccolobaß, was ihnen eine Extravaganz verleiht – modal und ungestüm, wie einst Jimi Hendrix.

Warum Miles seinen Neffen Vincent Wilburn jun. das Schlagzeug vor die Türe stellte, darüber gibt eine Bemerkung Aufschluß, die Miles in einem Interview gegenüber Karl Lippegaus machte: »Ich sag' zu meinem Neffen, ich sag: Vincent, wenn du irgendwas nicht spielen kannst, dann geh' nach Hause und üb'. Wenn du darauf soviel Zeit verwenden würdest, wie du dir nimmst, um mit all' diesen Frauen rumzubumsen, dann wärst du ein Wahnsinnsdrummer. . . Ich sag' dir, ich wär gestorben, wenn Bird mir gesagt hätte: Du hast es vermasselt! Weißt du, wenn du so etwas von einem Musiker aus der Rhythmusgruppe bekommst, wenn du auf einmal diesen »Nicht-beat« kriegst, wo auf einmal überhaupt nichts passiert, kein beat, nichts, zwischen allen passiert auf einmal überhaupt nichts, dann ist das so ziemlich das schlimmste Gefühl der Welt.«

Miles fährt fort und demonstriert gleichzeitig, wie er in der Regel mit modernster Technik umgeht: »und, tja, und deswegen haben wir eines Tages die Maschinen reingebracht. Ich hab' dem Drummer gesagt, er soll mal damit spielen. Und wenn man sie nicht mehr braucht, kann man die Maschine ja wieder rausnehmen.« Von seinen Schlagzeugern erwartet Miles nur, daß sie die Basics beherrschen, aber die müssen so sicher kommen, wie das Amen in der Kirche; das ist ihm um so wichtiger, als er nun schon seit über dreißig Jahren im Blickkontakt zum Schlagzeuger die Einsätze und rhythmischen Wechselbäder seiner Musik steuert, deshalb kommt ihnen eine zentrale Funktion zu.

Den Part des rhythmischen Filigran, überläßt er am liebsten Mino Cinelu; der ist kein bloßer Percussionist, sondern ein Percussion spielender Musiker, sein Ohr für melodische Transfers und sein Gespür für die richtige Klangfarbe verraten einen ganzen musikalischen Kosmos. Der aus Martinique stammende Musiker versteht es, Rhythmisches in Melodisches zu verwandeln. Sein Kolorit verleiht der Musik Miles' etwas Unberechenbares. Ganz zu schweigen von den solistischen Interludes, mit denen er nicht nur das Publikum fasziniert, sondern auch Miles in seinen Bann schlägt, so sehr, daß sich die percussive Aufarbeitung von »Tutu« live von Mal zu Mal länger gestaltet.

Warum Davis solange an dem Saxophonisten Bob Berg festhielt, hat kaum jemand begriffen; er stand meist uninteressiert und kaugummikauend in der Manier der aktuellen New Yorker Scene-People herum und blieb, wenn es darauf ankam, meist in den Startlöchern hängen. Sein Nachfolger Kenny Garrett ist da aus anderem Holz geschnitten, ein fertiger Musiker, der sich die ganze Ausdrucksskala der Jazztradition angeeignet hat. Seine Altsaxophonschreie erinnern manchmal an den verstorbenen und von Miles immer noch hochverehrten Julian »Cannonball« Adderley. Ob er allerdings, wie auch der neue Drummer Ricky Welman über die Rolle des Wasserträgers hinauswachsen kann, wird sich erst noch erweisen müssen. Über die Rolle der Wasserträger sind die beiden Keyboarder

Robert Irving III. und Adam Holzman schon lange hinausgewachsen. Obwohl bei Miles zum Ärger aller alten Miles-Fans – die Synthesizer immer präsent sind, setzt er sie kaum als Soloinstrument ein: einzig in den Titeln »Splatch« und »Portia« tritt Adam Holzman mit seinem Keyboard-Controler ins Rampenlicht und improvisiert im tiefen Squatch-Sound mit wunderbar eingelagerten Ostinati; wenn dann der andere, Bobby Irving, beim Schlußakt »Portia« als letzter die Bühne verläßt, hat das mehr als symbolischen Charakter.

Miles und die Journalisten

Immer häufiger verwickelt sich Miles in unauflösbare Widersprüche. »Jetzt umschwirren ihn viele Reporter, interviewen ihn und machen es sich zur Pflicht, all seine ordinären Ausdrücke, mit denen er jeden seiner Sätze auszuschmücken beliebt, und seine harten Urteilssprüche über diesen oder jenen Musiker wiederzugeben« (A. Polillo). Bei diesen Gelegenheiten entwickelt Miles ein besonders konfliktbeladenes Verhältnis zu seinen meist weißen Kritikern, die er als Teil des von ihm ambivalent erlebten Showbusiness begreift. Die Geschichte seiner Aversion gegen Reporter, die wie Kletten an ihm hängen, ist lang. Sie beginnt wohl schon anläßlich seiner allerersten Platteneinspielung als Sideman bei Charlie Parker, zu der ein Rezensent bemerkt: »Wer ist dieser Trompeter? Er spielt schrecklich.« Obwohl Miles im gleichen Jahr zum Newcomer des Jahres 1946 gewählt wird!
Während er zu einigen wenigen Journalisten – wie z. B. zu Nat Hentoff (»An Afternoon With Miles Davis«) oder zu Ralph Gleason (Miles: »Der versteht mich«), die sich frei in seiner Umgebung bewegen können und eine freundschaftliche Beziehung zu ihm entwik- keln – sich redselig und zuvorkommend verhält, zieht er bei der Mehrheit »seine Zynikerschau ab« (Mike Zwerin). Vor allem reizen ihn immer wieder lästige Standardfra- gen dazu, Pseudointerviews zu inszenieren. Die Palette reicht dabei bis zu einem bösartigen und beleidigenden Gehabe. »Kritiker«, so einmal Miles verachtend, »tun alle einen Scheißdreck! Sie machen mich einfach krank mit dem Geschreibe.« Und immer wieder richtet er an sie die lapidare Aufforderung: »Don't write about the music, I say why should you, it speaks for itself!« So wie er überhaupt das Wort »Jazz« für eine Kategorie des weißen Mannes hält.
Aus diesen Gründen führt er einen ständigen Kleinkrieg gegen Kritiker und macht sich einen Spaß daraus, sie an der Nase herumzuführen. So hält er im Sommer 1970 wochenlang die Musikpresse damit in Atem, daß er das Gerücht, er würde auf dem Randall's Island Festival in New York mit den Rockstars Eric Clapton und Jack Bruce zusammenspielen, ganz einfach nicht dementiert. Als es soweit ist, sagt er »nein«, er werde überhaupt nicht spielen, es sei denn mit seiner eigenen Gruppe: »Ich will kein weißer Mann sein. Rock ist ein Wort des weißen Mannes.«

Ein anderes Mal untersagt er Columbia ausdrücklich, eine Besetzungsangabe auf dem Album »On The Corner« abzudrucken, um den Rezensenten ein Schnippchen zu schlagen: »Meine Geheimnisse erzähle ich niemandem. Keiner weiß – nicht einmal Teo weiß es ganz genau –, welche Instrumente überhaupt verwendet wurden. Sie kennen die Musiker, und dann sagen sie gleich, der spielt halt so und so. Diesmal wissen sie nicht, wer in der Band war, und so müssen sie zur Abwechslung mal nachdenken.«

Andererseits benutzt Miles Journalisten immer wieder dazu, sein dünnwandiges Selbstbewußtsein aufzumöbeln. Mit vielen Künstlern und Stars des Showbusiness teilt er die Vorliebe zum Luxus, doch stellt er diesen – in sicherem Gefühl, daß die Geschichten darüber in der Presse lanciert werden – in fast kindlich-naiver Manier zur Schau. »Den ›Melody Maker‹-Reporter, Michael Watts, fragte Miles, wie lange er gewartet habe, bevor er sich entschlossen habe, seine Türklingel zu drücken. Und dann legte Miles spürbar Wert darauf, daß Watts sich sein ›Rokoko-Haus‹ ansehe, von oben bis unten, und genoß es, daß der Engländer verblüfft und beeindruckt war von all dem Luxus, mit dem sich Miles umgibt«, so berichtet J. E. Berendt.

Auch seinen schwarzen Musikerkollegen muß er immer wieder demonstrieren, daß er ein schwarzer Bourgeois ist. So lockt Miles den Tenorsaxophonisten Gene Ammons, mit dem er Mitte der 40er Jahre in der Billy-Eckstine-Bigband gespielt hatte, während eines Sets von der Clubbühne, nur um vor seinem alten Kumpel mit einem Straßenkreuzer zu prahlen, den er direkt vor dem Eingang geparkt hat und dem just in diesem Moment eine weiße Frau entsteigt.

Um seinen Nimbus zu wahren, bringt Miles immer wieder Geschichten in Umlauf, die, wenn sie erst einmal unter die Journalisten geraten, verblüffendste Formen annehmen. J. E. Berendt berichtet darüber: »Einmal schossen zwei Gangster auf ihn, als er mit einem Mädchen in seinem Wagen in Brooklyn parkte. Miles hat eine Belohnung von 10 000 Dollar auf die Ergreifung der Gangster ausgesetzt. Niemand hat die Belohnung kassiert, aber ein paar Wochen später wurden die beiden erschossen. Einige Jahre vorher hatte ein weißer Polizist, als Davis vor dem ›Birdland‹ am Broadway wartete, ihm mit einem Schlagstock über den Kopf geschlagen. Miles: ›Der Polizist ist auch getötet worden. In der U-Bahn.‹«

Listig läßt es Miles jeweils im Dunkeln, wo die Linie zwischen Dichtung und Wahrheit verläuft, mit dem sicheren Gespür dafür, daß dies mittelbar seine Erfolgskurve belebt. gegen Kritiker oft vor einem realen Hintergrund abspielt. So wird immer wieder behauptet, Miles nehme es mit seinen vertraglichen Konzertverpflichtungen nicht so genau. Als Beweis muß immer wieder eine Geschichte herhalten, die fast von allen Jazzpublizisten in stereotyper Weise kritiklos übernommen wird. »Vor einem Konzert in Barcelona ließ sich Miles Davis mit dem Argument, er habe nach dem Konzert keine Zeit, die volle Gage auszahlen. Das Konzert fand nie statt. Miles saß, als sein Auftritt beginnen sollte, bereits im Flugzeug, der spanische Veranstalter – ein rührender, dem Jazz dienender Mann – war ruiniert«, so berichtet es J. E. Berendt in seinem Buch »Ein Fenster aus Jazz«. Von dieser Geschichte gibt es allerdings auch eine andere Version, derzufolge diese Panne nicht Miles' Schuld war, sondern auf organisatorische Schlamperei zurückzuführen war.

Entgegen aller Vertragsbruchgerüchte weiß der Trompeter Ian Carr davon zu berichten, daß Miles seine Konzertverpflichtungen – selbst im bedenklichsten körperlichen Zustand – besonders ernst nimmt. Mit seinem Verhalten gegenüber seinem (weißen) Publikum und Äußerungen wie »wenn ich zu spielen aufhöre, habe ich keine Ahnung, ob die Leute mich mochten oder nicht, und es interessiert mich auch nicht. Ich habe ihnen etwas gegeben, das sie vorher nie gehört haben und nie wieder hören werden . . . Ich weiß nicht mal, ob sie applaudieren oder buhen«, nährt Miles andererseits den Verdacht, daß er nur wegen der enormen Gagen auftritt; zumal er sein Publikum manchmal so zu hassen scheint, »wie man überhaupt nur jemanden hassen kann«. Alles deutet darauf hin: wenn er zum Beispiel während seines Spiels dem Auditorium den Rücken zuwendet oder wenn er während der Soli seiner Mitspieler einfach von der Bühne abgeht. Miles verteidigt sich: »Was soll ich sonst tun? Etwa lächeln!« Auch diese Aussage ist – mißt man sie an seiner Musik – im doppelten Sinn demaskierend, denn »die Wärme, die Liebe und die Poesie, die Kritiker immer wieder in der Davis-Musik bewundern, bilden ein seltsam komplexes Geflecht mit dem Haß und der Verachtung, die Davis seinen weißen Hörern so oft in peinigender Weise demonstriert« (Berendt). Aber da schwingt nicht nur aggressive Ablehnung mit. Die Kehrseite der Medaille ist: Miles ist ein scheuer Mensch. Dafür spricht auch, daß er frenetische Ovationen des Publikums einfach mit seinem Trompetenglanz überstrahlt. Weil er ihn nicht erträgt, spielt er einfach in den Applaus hinein. In den 50er Jahren bekennt Nat Hentoff, daß ihm nur ein Jazzmusiker bekannt sei, der noch scheuer als Miles sei: der Trompeter Henry »Red« Allen. Die Art wie Miles damit umgeht, ist das Zurschaustellen von »Wildheit«, ganz einfach eine Flucht nach vorne. Diese Beurteilung findet eine Bestätigung in Aussagen von Musikern, die mit Miles gespielt haben und die es eigenlich am besten wissen müßten. Herbie Hancock: »Miles ist scheu und freundlich – es ist ein Unglück, daß die Leute nicht begreifen, welch liebenswerter Mensch Miles wirklich ist. Wie sehr er um sein Publikum besorgt ist und auch um seine Freunde. Er würde dir sein letztes Hemd schenken.« Und auch Gil Evans fordert den Trompeter Ian Carr, als dieser eine kritische Studie zu Miles' Leben verfaßt, auf: »Glaube nicht alle Dinge, die über Miles geschrieben werden; er ist einer der nettesten, feinfühligsten Männer, die ich kenne.« Und selbst braucht Miles »die Art Liebe und Zärtlichkeit, die ein Baby braucht«, gesteht eine cngc Freundin Miles', »deshalb hat er immer die Fassade nötig«.

Angesprochen auf diese Widersprüche wiederholt Miles kategorisch immer wieder den Satz, »ich tu, was mir Spaß macht«, wie eine Gebetsmühle. Wer so etwas allzu oft wiederholt, von dem muß angenommen werden, daß er ganz im Gegenteil unter einem inneren Zwang leidet. Oder immer sagt Miles seinen Kritikern: »Du denkst wie ein Weißer.« Aber wie schwarz ist Miles Davis wirklich?

Auch hier liegt wieder der Verdacht nahe, daß er anscheinend durch Verunglimpfung oder Verteufelung von allem, was ihm »weiß« dünkt, sich ständig beweisen muß, ein lupenreiner Schwarzer zu sein. Doch die pure Negation weißer Mittelstandsideale kann nicht mit deren Bewältigung gleichgesetzt werden.

Miles bildet sich auch immer wieder ein, seinem persönlichen Dilemma entrinnen zu können, wenn er es fertig bringt, daß seine schwarzen Landsleute sich seine Musik anhören – und es ist sein sehnlichster Wunsch, daß seine Platten unter den Schwarzen verkauft werden, »damit sie sich an mich erinnern, wenn ich sterbe. Ich spiele nicht für Weiße, Mensch. Ich will einen Schwarzen sagen hören: »Ja, ich stehe auf Miles Davis!« Doch trotz Miles' Hinwendung zu Funkrhythmen in den 70er Jahren, die er auf Platten mit bunten Covern im Comics-Stil (»On The Corner«), gezielt auf den Markt der Schwarzen bringen läßt, wird er von ihnen nicht gehört. Selbst diese Musik ist noch zu intellektuell, weil sie eben von einem »schwarzen Bourgeois« stammt; sie spüren es, er ist keiner der Ihren. Die Spuren seiner Sozialisation haben ihn stärker geprägt als sein ethnischer Ursprung. Obwohl Miles die Weißen verflucht, sind nur sie es, die ihn »spiegeln«, wie J. E. Berendt richtig bemerkt. »Und er braucht diesen Spiegel«; es ist eine Art von Haß-Liebe zu denen, deren Beifall er sich sicher sein kann – hier schließt sich der Kreis: denn sein Verhältnis zum weißen Publikum spiegelt nur auf umgekehrte Weise Miles' ureigensten schwarz-weißen Rollenkonflikt wider.

J. E. Berendt bringt die Widersprüche Miles Davis' noch einmal auf den Nenner: »Wer soviel Komplexe hat, so in sich gespalten ist, muß Charisma besitzen, um erfolgreich sein zu können.« Dieser Zusammenhang läßt sich aber auch genau umgekehrt formulieren: Gerade seine Widersprüche und Komplexe sind es, die Miles' künstlerische Produktivität immer von neuem entzünden, die immer wieder nach einer neuen, kreativen Synthese verlangen – die schließlich die psychische und künstlerische Essenz, eben das »Charisma« Miles Davis' bedeuten.

'Round about Miles

Großmaulig und selbstbewußt wie eh und je, läutete der »Superman der Blackmusic« auf dem Utopia-Festival in Innsbruck im Jahre 1987 seine Sommertournee durch die europäische Festivalsaison ein: »If people like my music, it's cool, if they don't like it, it's cool too!« Miles war wieder der Renner, die Sensation. Im Rummel um seine Person, verblaßte alles andere, obwohl sich das Festivalprogramm wie eine Starparade ausmachte, jeder sprach von ihm – drei Tage lang. John McLaughlin verglich seine Aura auf einer Pressekonferenz mit der Picassos, Joe Zawinul hob ihn in seiner Bedeutung auf eine Stufe mit »sich selbst« und sogar die Avantgardesängerin Linda Sharrock – musikalisch auf einer ganz anderen Linie – wollte, wenn überhaupt, nur für Miles Eintritt bezahlen.

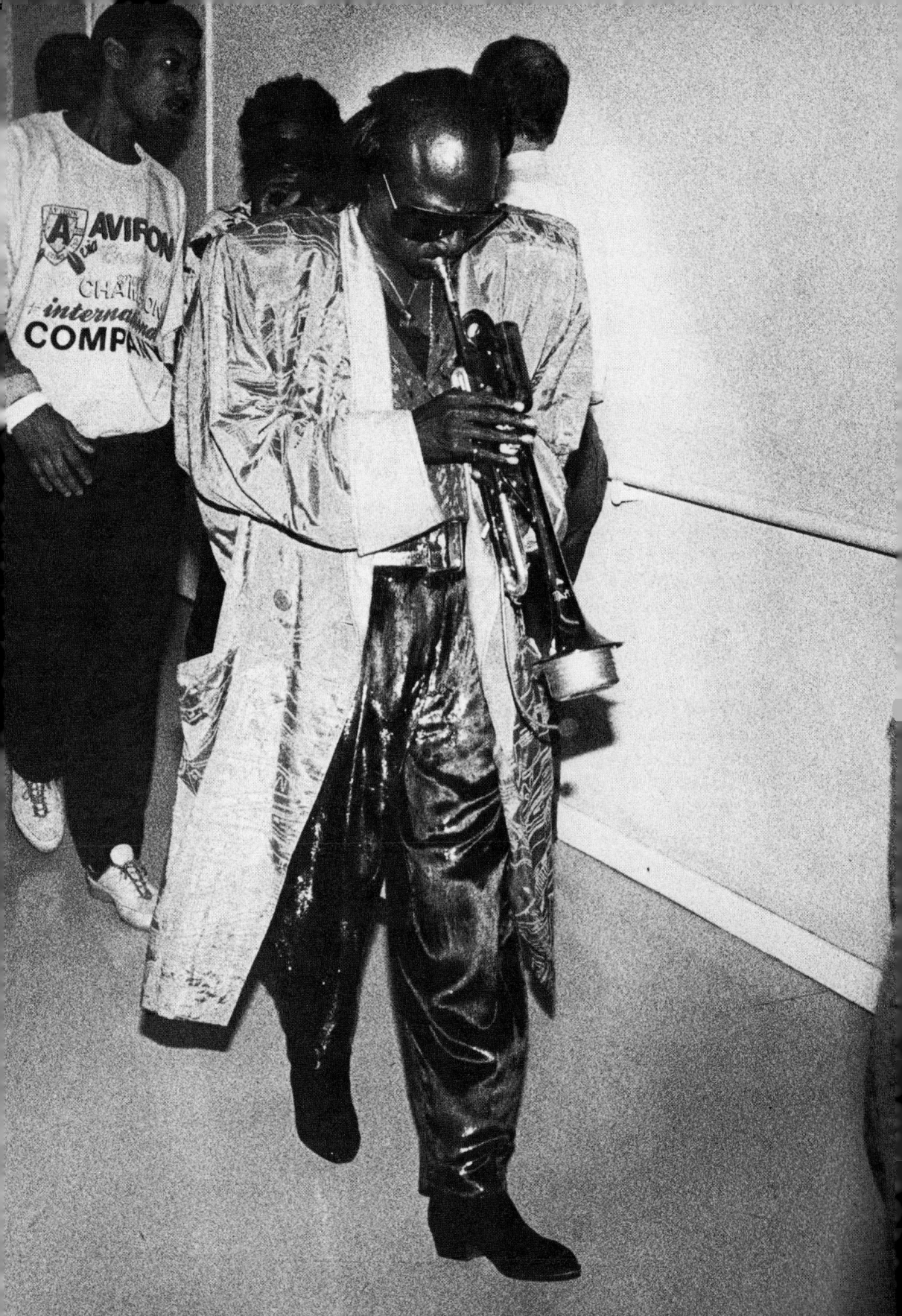

Was sich bei Miles eher selten ereignet: die Szenerie am Berg Isel war ganz nach seinem Geschmack. Der »Unnahbare« war bei seiner Abreise so hochgestimmt, daß er seinen barschen Habitus vergaß und seine charmanteste Seite herauskehrte. Dem Festival-Chauffeur, der ihn tagelang herumkutschiert hatte, schenkte er gar ein handsigniertes »Tutu«-Album nebst drei selbstgezeichneten Handkizzen.

Szenenwechsel: Ort der Handlung ist die Dachterrasse des Hotels Beach Regency in Nizza. Inmitten einer Traube erlesener Journalisten, Miles mit dem Bildhauer Max Cartier an einem Tischchen sitzend: die Fernsehkameras sind auf ihn gerichtet. Ich bin Zeuge einer fast peinlichen Szenerie mit quasi intimem Charakter, der Verleihung einer Skulptur unter dem Motto »Un trône pour Miles«. Ein geschmackloses Machwerk, zusammengefummelt aus verschiedenen Blechinstrumenten und einem Cymbal, das wohl eine Sitzfläche andeuten soll.

Meine Güte... wie Miles so dasitzt und sich langweilt, seine Augen hinter einer Sonnenbrille versteckend, arrogant und schön, kann man sich seiner Ausstrahlung kaum entziehen. Wegen der wiedererstandenen Lockenpracht – wer weiß woher – erweckt sein Aussehen in mir Erinnerungen an die Bildserie aus dem Album »Live-Evil« aus dem Jahre 1971. Augenfällig war es wieder einmal: Seit den 40er Jahren scheint Miles' Kreativität auf der Suche nach immer neuen Varianten von Ich-Maskierungen für seine schwarz-weiß gespaltene Persönlichkeit keine Grenzen gesetzt: Miles '87 in lasziver Gestik verbreitet etwas androgynes, das nicht nur dem aktuellen Modetrend entspricht, sondern auch seinem Zwang zur Selbstinszenierung folgt, mit all den daraus resultierenden, bizarren Widersprüchen, aus denen er kaum einen Hehl macht; spannungsgeladen verbreitet er so eine Aura des Mystischen.

Miles nimmt allerdings jede Gelegenheit wahr, um aufzufallen. So scheut er sich nicht, die Rolle eines Bordellbesitzers in der Serie »Miami Vice« zu spielen und vertauscht damit so ganz nebenbei Realität und Fiktion: Sein schon jahrzehntelang andauernder Kleinkrieg gegen »weiße Gesetze« ist mittlerweile zur Legende geworden. Jedem Journalisten tischt er die gleiche Story auf: »In Malibu fuhr ich mit meinem weißen Ferrari offen die Park-Avenue hinunter, als mich plötzlich zwei Bullen anhielten. Sie wollten mir einreden, ich hätte den Wagen meinem Herrn entwendet, oder in New York geklaut!« Was er davon hält, hat Miles im »Killerinstinkt« mit viel musikalischer Aggressivität auf seinem Album »You're Under-Arrest« zum Ausdruck gebracht.

Obgleich er sich ständig auf einem Kreuzzug für seine schwarzen Landsleute befindet, liebt er es nicht, darauf angesprochen zu werden: Als ihn ein Journalist des Fachblatts »Stereoplay« in einem ausführlichen Interview nach seiner politischen Einstellung abzuklopfen versuchte, brach er die Prozedur umgehend ab. Miles redet nicht, er handelt: so beteiligt er sich zum Beispiel mit anderen Stars aus der US-Musikszene am Benefiz-Projekt »Sun City« gegen die Apartheid-Politik in Südafrika. Oder er betitelt sein Studioalbum aus dem Jahr 1986 mit »Tutu«, dem Namen des legendären schwarzen Bischofs, der auf seine

Weise Widerstand leistet. Miles einziger Kommentar dazu: »All that shit makes me so sick, man!«.

Miles macht nicht nur erfolgreich Musik, er bewegt sich mit traumwandlerischer Sicherheit auf vielen Bühnen gleichzeitig. Die Balanceakte oder Spagate, die er dabei vollführt erscheinen oft halsbrecherisch. Sein Gespür für Stil, mit dem er alles abrollen läßt, bewahrt ihn meist vorm Abgleiten ins Banale. So flimmert er nicht nur bei »Miami Vice« über den Bildschirm, sondern man kann dort auch sein Pferd »Kind of Blue« auf New Yorker Rennplätzen siegen sehen. Im japanischen Fernsehen preist er mit seiner Trompete ein einheimisches Whiskeyprodukt an: der Antialkoholiker Miles soll dafür eine sechsstellige Dollarsumme kassieren. Seine stilbildenden Videoclips »Jean Pierre«, »Decoy« und »Tutu« sind weltweite TV-Renner. In »Tutu« machte er ein breites Publikum mit seiner neuen Leidenschaft, der Malerei bekannt. Was bisher nur seine Plattencover zierte, dafür interessieren sich plötzlich auch Kunsthändler. Reporter des Spiegel und sogar von Newsweek gaben sich kürzlich bei seiner New Yorker Vernissage ein Stelldichein.

Während seiner langen Wartezeiten auf den Touren rund um die Welt, will Miles noch immer in Ruhe gelassen werden. Trotz seiner wiedergewonnenen Popularität liebt er es nach wie vor nicht, in der Öffentlichkeit angesprochen zu werden. Einem Ahnungslosen erwiderte er auf die Frage »Bist du Miles Davis?«: »Nein, ich bin der Parkwächter!«

Das Schallplattenwerk von Miles Davis

Anmerkungen zum Werkverzeichnis

Miles Davis nimmt im Jazz eine Sonderstellung ein. Bis heute versteht es der Trompeter immer wieder, seine jeweiligen Gruppen und sich selbst in einer perfekten Verbindung von mitreißender Musik und den neuesten Moden und Trends zu präsentieren, wobei er diese oft mehr mitprägt als nachvollzieht.

Das (fast) lückenlose Werkverzeichnis beginnt mit den Cool-Jazz-Einspielungen Ausgang der 40er Jahre. Dann folgen die Prestige-Aufnahmen und schließlich seine Einspielungen bei der Firma CBS, der er nun seit ca. 30 Jahren die Treue hält.

Bewußt ausgeklammert wurden die Aufnahmen im Kreise der Bebop-Heroen, insbesondere seine Kooperation mit Charlie Parker. Diese Zeit wird in dem Buch, das sich ausschließlich mit »Bird« beschäftigt, noch einmal gesondert beleuchtet.

Bei Miles hat es der Musikfreund relativ leicht, an seine Platten zu kommen. Fast alle Prestige-Aufnahmen sind bei dem Schallplatten-Import Mikulski unter der Bezeichnung »Original Jazz Classics« (OJC) mit Originalcover erhältlich. Was bei der deutschen CBS nicht im Programm aufgeführt ist, kann zum größten Teil derzeit über Intercord beschafft werden.

Wie bei allen Bänden der Reihe »Collection Jazz« sind die Schallplatten mit ihren Originalhüllen abgebildet. In chronologischer Reihenfolge werden dann die Aufnahmedaten angegeben, der Titel der Platte, die einzelnen Stücke und die Besetzung. Nach den guten Erfahrungen, die bisher mit der Angabe der Originalbestellnummern gemacht wurden, ist dieses System beibehalten worden. Darüber hinaus wurden die deutschen Bestellnummern angegeben und bei Compact-Discs (CD) zusätzlich der Hinweis auf US- oder Japan-Produktionen. In letzter Zeit kann man erfreulicherweise die Tendenz beobachten, daß viele schon lange nicht mehr erhältliche Platten mit ihren Originalhüllen und Bestellnummern wieder auf dem Markt erscheinen.

Kein anderer Jazzmusiker hat so viele musikalische Anstöße gegeben wie Miles Davis. Mit seinen Schallplatten läßt sich dieser Weg nachvollziehen. Das nachfolgende Werkverzeichnis will hierbei die Entwicklungen aufzeigen und zur Beschäftigung mit dem musikalischen Schaffen Miles Davis' anregen.

Cicala
Jazz Live BLJ 8003

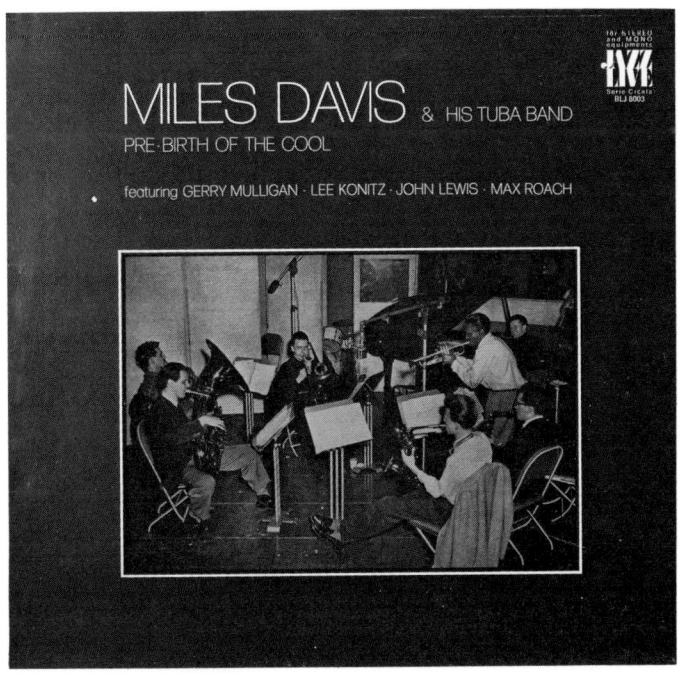

4. und 18. September 1948

Miles Davis & His Tuba Band
Pre-Birth Of The Cool

(A) Why Do I Love You / Godchild / S'il vous
plaît / Moon Dreams 1 / Hallucination (Budo) 1
(B) Darn That Dream / Move / Moon Dreams 2 /
Hallucination (Budo) 2

*Miles Davis (tp), Mike Zwerin (tb), John Barber
(tuba), Junior Collins (fr-horn), Lee Konitz
(as), Gerry Mulligan (bs), John Lewis (p), Al
McKibbon (b), Max Roach (dr), Kenneth Hagood (voc)*

Cicala Jazz Live BLJ 8003

Miles Davis' erstes eigenes Ensemble entstand
als gemeinsames Unternehmen einiger junger,
experimentierfreudiger Musiker unter dem
maßgeblichen Einfluß des Arrangeurs der Clau-
de-Thornhill-Bigband, Gil Evans. Die Idee,
den Waldhorn-Tuba-Sound der Thornhill-Big-
band auf eine Jazzformation mittlerer Größe zu
übertragen, wurde im Teamwork erarbeitet,
wobei die jeweilige Komposition und die technischen Feinheiten des Arrangements auch auf
einzelne Musiker zurückgehen. Als Ergebnis
entstand die hier vorliegende Minimalbeset-
zung. Die Besonderheit des Arrangements von
Instrumenten gleicher Tonregister liegt in ihrer
unterschiedlichen Zusammensetzung und Intensität, »wodurch sich beim ersten Hörein-
druck eine im Grundcharakter stets gleiche, bei
näherem Hinhören aber dennoch starke Subtilität und eine reiche Klangskala ergibt. Durch den
weichen Blechklang werden die für diese Zeit
ungewohnten Dissonanzen als konsonanter
empfunden« (Kerschbaumer).
Für ein zweiwöchiges Engagement im New
Yorker »Royal Roost« stellte Miles Davis ein
Nonett zusammen, dessen Plakatierung er mit
einem Zusatz versehen ließ, der einen Wende-
punkt darstellte: »Arrangements von Gil Evans,

95

Gerry Mulligan, John Lewis«. Niemals vorher
hatte es das im Jazz gegeben. Miles war – im
Gegensatz zu den meisten seiner schwarzen
Kollegen – bereit, lediglich als soundbildendes
Orchestermitglied aufzutreten, und wies den
Arrangeuren eine Schlüsselrolle zu. Das Verhältnis zwischen Arrangement und Improvisation dieser »Tuba-Band« zeigt eine hier erstmals auftretende formale Vielseitigkeit, die
durch häufige Wechsel noch verstärkt wird.
Eine weitere grundlegende Strukturänderung
wurde mit der Durchbrechung der streng perio-
dischen Viertaktgliederung geschaffen, die
durch eine unregelmäßig lange Teilphrasierung
und einen Wechsel des Metrums innerhalb der
Phrasen ersetzt wurde.
In der Gil-Evans-Komposition »Moon Dreams«
ist die dissonante Übertragung des Thornhill-
Sounds auf dieses Jazz-Nonett am besten gelungen: »Eine Schwelgerei in Farben, rhythmisch
gestrafft und glänzend gesetzt« (W. Hein). Gegen Ende – vor allem im zweiten Take – wird
der Titel zu einer kollektiv improvisierten Coda
erweitert, wobei thematische Motive spora-
disch wie Treibsand auftauchen.
Gerry Mulligan versteht es, durch ein raffiniertes Arrangement die eigentliche Themamelodie
von »Godchild« geschickt zu verlängern. Der
sich wellenartig ausbreitende Orchestersound
lebt vom Kontrast der strahlenden Leadtrompe-
te Miles Davis' zu dem vollen, tiefen Tubaklang
John Barbers.
Die Arrangementbeiträge von John Lewis zu
»Move«, »S'il vous plaît« und »Hallucina-
tions« – hinter letzterem verbirgt sich die Ge-
meinschaftskomposition von Miles Davis und
Bud Powell mit dem Titel »Budo« – haben
ausgesprochenen Bop-Charakter; der typische
Thornhill-Sound ist hier nur andeutungsweise
und aufgelockert vorhanden. Im schnellen
»Move« gibt es relativ lange Soloimprovisationen in der Folge Konitz-Miles-Lewis zu hören.
Ausgezeichnet gerät auch der zweite Take des
wild arrangierten »Budo« mit einem bopigen
Solo von Miles Davis und einer schönen Chase
von Konitz und Mulligan, die in eine kontra-
punktische Kollektivimprovisation der beiden
mündet.
Die Arrangements der beiden Gesangsnum-
mern »Why Do I Love You« und »Darn That

Dream« mit dem Sänger Kenneth Hagood be-
sorgte wahrscheinlich Gerry Mulligan. Im erst-
genannten, einer aalglatten Swingschnulze, ist
Davis mit einem guten Solo vertreten, während
bei letzterem der Gesang im Broadway-Stil eher
eine Frage des Geschmacks ist. Übrigens wurde
von diesem Titel auch auf der letzten »The Birth
Of The Cool«-Session ein Take eingespielt, der
nie veröffentlicht wurde.
Diese Rundfunkmitschnitte müssen als die eigentliche Geburt des Cooljazz – »The Pre-Birth
Of The Cool« – angesehen werden. Die Spiel-
praxis der Rhythmusgruppe ist noch deutlich
am polyrhythmischen Bebop-Stil orientiert, so
daß sich aus dem größeren Kontrast zu den
Bläserarrangements eine zusätzliche Spannung
ergibt.

21. Januar 1949, 22. April 1949, 9. März 1950

Birth Of The Cool
Miles Davis

(A) Move / Jeru / Moon Dreams / Venus de Milo /
Budo / Deception
(B) Darn That Dream / Godchild / Boplicity /
Rocker / Israel / Rouge

*A, B: Miles Davis (tp), John Barber (tuba), Lee
Konitz (as), Gerry Mulligan (bs)*
*A 1, 2, 5, B 2: Kai Winding (tb), Junior Collins
(tuba), Al Haig (p), Joe Schulman (b), Max
Roach (dr)*
*A 4, B 3, 5, 6: Jay Jay Johnson (tb), Sandy
Spielstein (fr-horn), John Lewis (p), Nelson
Boyd (b), Kenny Clarke (dr)*
*A 3, 6, B 1, 4: Jay Jay Johnson (tb), Gunther
Schuller (fr-horn), John Lewis (p), Al McKib-
bon (b), Max Roach (dr), Kenneth Hagood (voc)*

Capitol ECJ-70056 (Japan)
CD: CP 32-5181 (Japan)

Es war der Arrangeur Pete Rugulo, der bei
»Capitol« dafür sorgte, daß Miles Davis die
Gelegenheit bekam, das Repertoire seiner »Tuba-Band« im Studio einzuspielen; er organisier-
te auch die drei Aufnahmesitzungen, die sich

Capitol ECJ-70056
(Japan)

CD: CP 32-5181 (Japan)

vom Januar über April 1949 bis in das Frühjahr 1950 erstreckten. Weil diese Band nach ihrem »Royal Roost«-Gastspiel nur noch im Studio existierte, ist die Besetzung in jeder Session eine andere. Die zeitliche Beschränkung der 78er Schellackplatte ließ die Soloimprovisationen – verglichen mit »Pre-Birth« – kürzer geraten; daraus ergab sich eine effektivere Formgestaltung, in der die Konturen der neuen Arrangiertechnik deutlicher hervortreten. Nicht zuletzt durch die bessere Aufnahmequalität ist in dem gemischten Satzspiel der »voluminöse Klang über einen weiten, gleichmäßig ausgefüllten Tonumfang« besser zu hören.

Miles coole Spielweise wechselt geschickt lange melodische Linien mit herrlich plazierten Pausen, gebrochenen Rhythmen und langen Noten, deren nur noch angedeutetes Vibrato ihren Swing und ihre lyrische Emotionalität steigert. Bei etwa der Hälfte der Capitolaufnahmen verwendet Miles einen »Cupe-Mute-Dämpfer«, der diesem coolen Ton ideal entgegenkommt.

In Miles' Komposition »Boplicity« fällt die relaxte Art und Weise auf, mit der das ganze Ensemble die flüssig aufgebauten Themavariationen vorträgt. Aus ihnen entwickeln Gerry Mulligan auf dem Bariton und Miles auf der Trompete wegweisende Cool-Improvisationen, die geschickt in den Ensemblesound eingewebt sind.

»Deception« lebt von feinster tristano'scher Kontrapunktik, in der ein dissonantes Motiv zu einem »eigenwillig fragenden Ausdruckselement« verarbeitet wird. »Es erhält dadurch einen Verfremdungscharakter, wie wir ihn aus vielen modernen Konzertkompositionen kennen« (G. W. Elmenhorst).

Das fließend-swingende »Jeru« (Gerrys Spitzname bei Davis) weist eine Asymmetrie in Takt und Beat – eine effektvolle Überlagerung von 3/4- und 2/4-Takten – auf, die diesem kleinen Kunstwerk paradoxerweise eine lineare Durchsichtigkeit verleiht. Hier sind Davis' außergewöhnliche musikalischen Fähigkeiten besonders gut zu verfolgen. Seine Trompete nimmt in

Columbia JC 34804

CD: CBS 32 DP-722
(Japan)

der Expressivität des subtilen und komplexen Ensemblesounds eine exponierte Stellung ein, wodurch alles Gerede über Miles' mangelndes trompeterisches Können zur damaligen Zeit widerlegt wird.

»Jeru« und »Rocker«, dessen Spannung im Wechsel von düsterer zu leuchtender Tonbildung liegt, sowie das kollektivsoundgewichtige »Venus de Milo«, in dem Miles seine beginnende instrumentale Reife andeutet, sind typische Mulligan-Arrangements, deren hohe Kunst des Weglassens den Westcoast-Stil so nachhaltig beeinflußt hat. Ihre leicht federnde, swingende Qualität, die niemals aufdringlich, aber immer gegenwärtig ist, überträgt der Baritonist auf unnachahmliche Weise auf sein sperriges Instrument.

»Rouge«, komponiert und arrangiert von John Lewis, und das herrliche Opus Johnny Carisis' »Israel« lassen eine interessante Mischung aus tristanoesker Linienführung und Evans'schem Gruppensound hören. »Israel« beinhaltet einige erstaunliche Kontrapunkte und polyphonische Passagen mit dramatischen Wiederholungen, die von den tieferen Instrumenten ausgehen und von den höheren übernommen und zu Ende geführt werden. Einen weiteren Kontrast bilden Lee Konitz' jagende Sololäufe auf dem Alt zu Miles' linearer Trompetenphrasierung. Aus dem kompakten Bläsersound in »Rouge« lösen sich Soloimprovisationen von John Lewis, Lee Konitz und Miles, deren Phrasierungen typisch boppige Intervallsprünge aufweisen. Am Ende sind in das Arrangement schöne »Chases« in wechselnder Instrumentierung eingelassen.

Wenn auch die Beiträge der anderen Musiker und der Arrangeure in dieser Session nicht zu unterschätzen sind, ist »Birth Of The Cool« doch die Platte, mit der Miles Davis seinen legendären Ruf begründete.

9., 11., 14. und 15. Mai 1949

The Miles Davis/Tadd Dameron Quintet In Paris
Festival International de Jazz May 1949

(A) Rifftide / Good Bait / Don't Blame Me / Lady Bird
(B) Wah Hoo / Allen's Alley / Embraceable You / Ornithology / All The Things You Are

Miles Davis (tp), James Moody (ts), Tadd Dameron (p), Barney Spieler (b), Kenny Clarke (dr)

Columbia JC 34804
CD: CBS 32 DP-722 (Japan)

Es ist schwer vorstellbar, daß in dem von Tadd Dameron vorzüglich arrangierten Bop-Rahmen des Internationalen Jazzfestivals in Paris 1949, und sicherlich auch stimuliert von der Live-Atmosphäre in der »Salle Pleyel«, der gleiche Musiker Trompete bläst, der ein paar Wochen vorher »Boplicity« mit dem »Capitol-Nonett« eingespielt hat. Miles Davis bevorzugte, entgegen allen damaligen Gerüchten, die ihm immer wieder gravierende technische Mängel nachsagten, einen kraftvollen, breit-tonierten Stil, dessen feurige Attacken hohe Register erreichten, die dem legendären Fats Navarro zu aller Ehre gereicht hätten. Miles bläst hier noch nicht mit eigener Stimme, läßt aber, wie etwa in der Ballade »Embraceable You«, schon seine lyrische Begabung erkennen: In Charlie Parkers »Ornithology« oder in Tadd Damerons »Lady Bird« agiert er so frisch und ungestüm, daß sich einige kleine Fehler einschleichen. Auf hohem musikalischen Niveau bewegen sich auch die übrigen Musiker. Tenorsaxophonist James Moody phrasiert auf seinem Instrument für damalige Verhältnisse erstaunlich modern. Tadd Damerons ungewöhnlicher Pianostil ist genauso gut repräsentiert wie Kenny Clarkes Organisation der rhythmischen Grundlage (er ist so etwas wie der Vater des Bebop-Schlagzeuges und später der Pariser Bop-Szene überhaupt geworden).

Dieses Festival hatte nicht zuletzt wegen des Miles-Davis-Auftritts eine ungewöhnliche Nachwirkung auf die gesamte französische Jazz-Szene: »Damals kam der Bebop nach Paris, um lange, sehr lange dort zu bleiben« (Jazz-Podium).

8. März 1951

Ezz-Thetic
Lee Konitz & Miles Davis
Teddy Charles & Jimmy Raney

(A) Odjenar / Hi Beck / Yesterdays / Ezz-Thetic (+ Lee Konitz Quintett)

Lee Konitz (as), Miles Davis (tp), Billy Bauer (g), Sal Mosca (p), Arnold Fishkin (b), Max Roach (dr)

Prestige NJ 8295

Miles Davis hatte schon immer eine Schwäche für Non-Konformisten. Der einfallsreiche und versierte Altsaxophonist Lee Konitz ist einer von denen, die Davis seit den »Birth Of Cool«-Tagen besonders wegen seinem Hang zu ungewöhnlichen harmonischen Abläufen schätzte. Warum aber auf dem Cover des vorliegenden Albums der Name »Miles Davis« in ebenso großen Lettern wie der von Lee Konitz erscheint, bleibt ein Prestige-Geheimnis. Der Beitrag von Miles Davis gerät sowohl quantitativ als auch qualitativ eher dürftig, denn Miles ist überhaupt nur in vier Titeln als Sideman zu hören. Lediglich in Konitz' »Hi Beck«, akkordmäßig aus »Pennies From Heaven« abgeleitet, ist der Trompeter mit einem ausgewogenen Solo vertreten. In den übrigen Titeln »Yesterdays« und den beiden besonders kühnen Arrangements George Russells, »Ezz-Thetic« und »Odjenar«, ist Davis bis auf wenige Takte nur im Satzspiel zu hören. In dem experimentellen Klima Konitz'scher Prägung mit seinen eigenartigen, dissonanten Kontrapunkten, die zu endlosem melodischen Improvisieren einladen, wirkt Davis manchmal fast unbeholfen. Nach einer Information von Lee Konitz ist der Grund

Prestige NJ 8295

darin zu sehen, daß diese Aufnahmen ursprünglich ohne Trompete geplant waren. Erst als Miles zufällig das Studio betreten hatte, entschloß sich der Leader, ihn mit einzubeziehen. Davis soll dann mit einer geliehenen Trompete und ohne jegliche Proben mitgespielt haben.

17. Januar 1951, 19. Februar 1953

Miles Davis And Horns

(A) Morpheus / Down / Blue Room / Whispering
(B) Tasty Pudding / Willi The Wailer / Floppy / For Adults Only

A: Miles Davis (tp), Sonny Rollins (ts), Benny Green (tb), John Lewis (p), Percy Heath (b), Roy Haynes (dr)
B: Miles Davis (tp), Al Cohn, Zoot Sims (ts), Sonny Truitt (tb), John Lewis (p), Leonard Garkin (b), Kenny Clarke (dr)

Prestige PRLP 7025
OJC 053

Das Album »Miles Davis And Horns« leitet eine Serie von sechs Veröffentlichungen aus den Jahren 1951 bis 1953 ein, die Zeugnis über eine persönliche und musikalische Krise geben, die Miles in dieser Zeit durchgemacht hat, und die sich durch personelle Instabilität seiner Gruppen und in einer schwankenden Qualität seiner Musik niederschlägt.

Die A-Seite bringt die ersten Aufnahmen einer Combo unter der Leitung Miles Davis'. Für diesen Zweck hatte er im Januar 1951 eine Reihe von erstklassigen Musikern engagiert. Auffällig an dieser Besetzung ist einmal der sich noch oft wiederholende Versuch, eine Posaunenstimme in sein Konzept mit einzubeziehen, und zum andern der erste Studiotreff mit dem damals 20jährigen Sonny Rollins. Die musikalische Ausbeute ist – trotz günstiger Voraussetzungen – mittelmäßig. Obwohl die klingenden Namen Percy Heath und Roy Haynes rhyth-

Prestige PRLP 7025
OJC 053

misch halten, was sie versprechen, leiden die Aufnahmen insgesamt unter einer stilistischen Uneinheitlichkeit. So wird zum Beispiel der eher cool angelegten Komposition »Morpheus« von John Lewis im Verlauf einfach ein Bop-Feeling aufgestülpt; während umgekehrt der Blues »Down«, den Miles selbst beigesteuert hat, darunter leidet, wenig Feuer zu haben. Bei den beiden Standardtiteln »Whispering« und »Blue Room« wird noch offensichtlicher, wie sehr sowohl Miles als auch Sonny Rollins mit technischen Handicaps das Ergebnis dieser Aufnahmen beeinträchtigen.

Die Al-Cohn-Arrangements der B-Seite sind über zwei Jahre später entstanden und wälzen sich mit einer gewissen Schwerfälligkeit dahin, die vor allem vom Bassisten Leonard Gaskin ausgeht. Der Gleichklang des Tenortandems Cohn/Sims – in auffällig erfolgheischender »Stan-Getz-Manier« – läßt alsbald Langeweile aufkommen. Allein Miles' leichtfüßige, originell verspielten Soli bringen Farbe in diese sonst wenig aufregende Musik.

5. Oktober 1951

Diggin'
With The Miles Davis Sextet

(A) Dig / It's Only A Paper Moon / Denial
(B) Bluing / Out Of The Blue

Miles Davis (tp), Sonny Rollins (ts), Jackie McLean (as), Walter Bishop (p), Tommy Potter (b), Art Blakey (dr)

Prestige PRLP 7012 / OJC-005
CD: OJC · CD-005-2

Die Aufnahmen zu »Diggin'« hinterlassen einen zwiespältigen Eindruck. Miles Davis vollzog damals eine stilistische Kehrtwendung und leitete seine sehr persönlich gefärbte Bebop-Renaissance ein. Deshalb beherrscht auch Art Blakey in gewohnter Explosivität die Szene.

Davis brachte vier neue Eigenkompositionen – »Dig«, »Denial«, »Bluing« und »Out Of The Blue« – ins Studio mit, um erstmals die technischen Möglichkeiten der Langspielplatte zu nutzen. Dementsprechend sind alle Bläser mit für damalige Verhältnisse ungewöhnlich langen Soli zu hören; Miles improvisierte jeweils gleich zweimal, ohne sonderlich zu überzeugen. Man vermißt eine logische Raumaufteilung und den Atem für den konsequenten Aufbau lang ausgehaltener Spannungsbögen. Sonny Rollins macht wie immer zuerst mit faszinierendem Ton auf sich aufmerksam, geht aber seine Improvisationen zu vorsichtig und suchend an. Nur in »Dig« oder in »Denial« deutet Miles schon seine Begabung zu längeren kreativen Ausflügen an; doch seine Ansatzprobleme lassen immer wieder die Improvisationen ins Stocken geraten.

Durchwegs überzeugend ist allein die neue Altstimme des erst 19jährigen Jackie McLean, die damals schon soviel Talent verriet, daß man darauf hoffen durfte, diesem Altsaxophonisten würde es gelingen, einmal aus dem übermächtigen Schatten »Birds'« herauszutreten.

Den Sammler interessiert vielleicht noch, daß zwei weitere Stücke dieser Aufnahmesitzung, »Conception« und die Ballade »My Old Flame«, auf diversen Samplern (z. B. auf Collector's Items, Prestige 240 022) zu erwerben sind.

Frühling 1952

Jimmy Forrest/Miles Davis Live At The Barrel Vol. 1/2

(A) Ray's Idea / A Night In Tunisia
(B) Wee Dot / What's New
(C) Perdido / All The Things You Are / Our Delight
(D) Lady Bird / Oh Lady Be Good

Jimmy Forrest (ts), Miles Davis (tp), Charles Fox (p), Johnny Mixon (b), Oscar Oldham (dr), unknown conga player

Prestige P-7858/P-7860

Als sich Miles Davis im Frühjahr zur Rekonvaleszenz in seiner Heimatstadt St. Louis aufhielt, ergab sich für den gesundheitlich angeschlagenen Trompeter die Gelegenheit, in das Ensemble von Jimmy Forrest einzusteigen. Der Tenorist, der sich in den 40er Jahren einen Namen in den Orchestern von Jay McShann, Andy Kirk und Duke Ellington gemacht hatte, trat zu dieser Zeit mit einer lokalen Rhythmusgruppe im »Club Barrelhouse« auf.

Außer »What's New« besteht das Material des Albums aus schnellen Bebop-Klassikern, in denen Miles – technisch hervorragend eingestellt – vor allem in »Ray's Idea« sein ganzes »Charlie-Parker-Erbe« einbringt.

Der Höhepunkt des Albums ist die Ballade »What's New«, in der die unterschiedlichen Auffassungen von Forrest und Davis zu einer gewissen Affinität gelangen. Miles bläst nicht nur ein konzentriertes Solo, sondern er steuert auch sehr einfühlsame paramotivische Trompetenlinien zum Tenorspiel des Leaders bei.

9. Mai 1952, 20. April 1953, 6. März 1954

Miles Davis, Vol. 1/2

(A) Tempus Fugit / Kelo / Enigma / Ray's Idea / How Deep Is The Ocean / C.T.A. 2
(B) Dear Old Stockholm / Chance It / Yesterdays / Donna 2 / C.T.A. / Woody'n You
(C) Take-Off / Weirdo / Woody'n You / I Waited For You / Ray's Idea 2 / Donna
(D) Well You Needn't / The Leap / Lazy Susan / Tempus Fugit 2 / It Never Entered My Mind

A 1, 2, 3, 4, 6, B 5, C 4, 5, D 4: Miles Davis (tp), J. J. Johnson (tb), Jimmy Heath (ts), Gil Coggins (p), Percy Heath (b), Art Blakey (dr)
A 5, B 1, 2, 3, 4, 6, C 3, 6: Miles Davis (tp), J. J. Johnson (tb), Jackie McLean (as), Gil Coggins (p), Oscar Pettiford (b), Kenny Clarke (dr)
C 1, 2, D 1, 2, 3, 5: Miles Davis (tp), Horace Silver (p), Percy Heath (b), Art Blakey (dr)

Blue Note BLP-1501
Blue Note BLP-1502

Prestige PRLP 7012
OJC-005

CD: OJC · CD-005-2

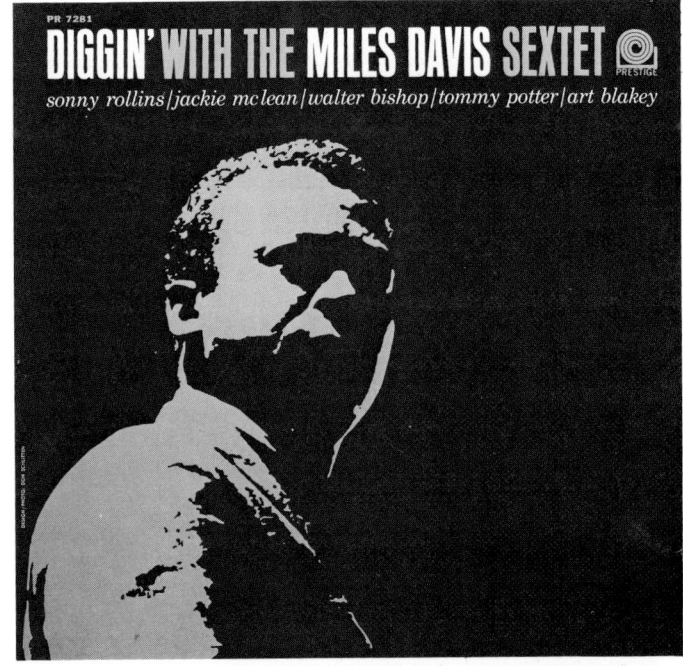

Prestige P-7858 (Vol. 1)
Prestige P-7860 (Vol. 2)

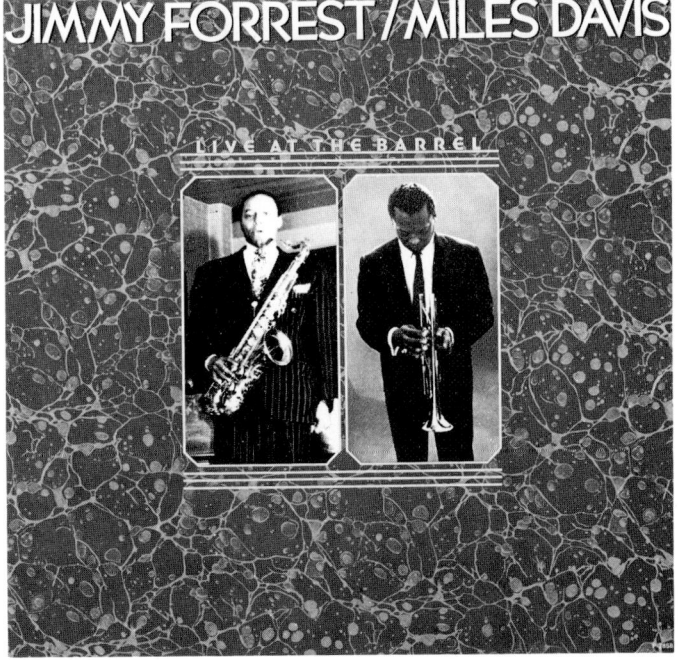

Blue Note BLP-1501
Blue Note BLP-1502

Die beiden Blue-Note-Veröffentlichungen »Miles Davis Vol. 1, Vol. 2« dokumentieren die Suche Miles Davis' nach einem eigenständigen musikalischen Profil zu Anfang der 50er Jahre.

Die Sextettaufnahmen von 1952 zeichnen sich durch eine völlig risikolose Konzeption aus. Mit kurzen Solochorussen aller Beteiligten und den flachen Melodikgerüsten 32taktiger Songformen (»How Deep Is The Ocean«, »Yesterdays« etc.) vermittelt Miles Davis im Mainstream-Gefilde den Eindruck, als ob es ihm nur darum gegangen wäre, musikalisch wieder Boden unter den Füßen zu bekommen. Auch ursprüngliche Bop-Themen wie »Donna« oder »Chance It« kommen wegen der geglätteten Arrangements den flüssigen Posaunenlinien Jay Jay Johnsons und natürlich Miles' eigener retardierter Technik besonders entgegen. Allein in »Dear Old Stockholm« bezieht Miles ein neues Stilelement ein, indem er zum ersten Mal variierte und motivisch bearbeitete Themenrudimente einfließen läßt.

Bei den Sextett-Aufnahmen vom April 1953 ist vom gefälligen Mainstream nichts mehr zu spüren. Es wird Bebop im aufgeklärten Bewußtsein »cooler Formgestaltung« vorgetragen.

In Bud Powells »Tempus« und Ray Browns »Ray's Idea« wird deutlich, wie sehr eine gute Kommunikation mit einem dynamisch vorwärts treibenden Schlagzeuger (hier Art Blakey) Miles Davis zu rasenden Trompetenläufen inspiriert. Das originelle »C.T.A.« aus der Feder des Tenorsaxophonisten Jimmy Heath, dessen instrumentales Können leider stets unterbewertet wurde, und Jay Jay Johnsons raffiniertes »Kelo« stehen dem in nichts nach. Alle Titel zeichnen sich durch hochkarätige Solistik, gestützt auf die kompakte Rhythmusgruppe Percy Heath/Art Blakey, aus. Auch das verhaltene »Enigma«, Jay Jay Johnsons Balladenbeitrag, gefällt durch den stimmungsvollen Vortrag.

Mit der wohl aufregendsten Rhythmusgruppe der damaligen Szene, Art Blakey und Percy Heath, und dem neuen Pianokometen Horace Silver wagte Miles Davis – auf einen weiteren

Prestige PRLP 7054

Bläser verzichtend – den Sprung in eine Quartettbesetzung und spielte die letzten sechs Aufnahmen für »Blue Note« Anfang 1954 ein. Diese markierten zugleich den Schlußpunkt einer musikalischen Entwicklung, an der Miles Davis – der Bop-Tradition entwachsen und befreit von allen »Cool-Manierismen« – als eigenständiger, sparsam intonierender Stilist und eindrucksvoller Improvisator mit organischem Notenaufbau aufwartet. Das wird besonders bei den Kompositionen »Weirdo«, »Take Off« und »The Leap« deutlich. Traumhaft sicher klappt die Verständigung zwischen Miles und Horace Silver. Dessen starke linkshändige Bluesharmonik und fast eckig sparsame Ornamentik ergänzen sich auf kommunikative Weise mit dem Davis-Sound. Man spürt, daß Horace Silver an der Entwicklung des neuen Konzepts unmittelbar beteiligt gewesen sein muß. Solistisch tritt Silver in stark monkischer Ausprägung besonders in »Well You Needn't« hervor, begleitet von den unvergleichlichen »rollbreaks« Art Blakeys im »Latin Touch«.

»Lazy Susan«, nach Harmonien von Tadd Damerons »Lady Bird« gestaltet, und die klar strukturierten Variationen über »It Never Entered My Mind« im abgerundeten, glühenden Cupe-Mute-Sound Miles' leiten den Solopart von Jackie McLean, dem wohl talentiertesten, aber auch umstrittensten Schüler von Charlie »Bird« Parker, ein.

19. Mai 1953, 15. März 1954, 3. April 1954

Miles Davis – Blue Haze

(A) I'll Remember April / Four / That Old Devil Moon / Smooch
(B) Blue Haze / When Lights Are Low / Tune Up / Miles Ahead

A 1: Miles Davis (tp), Davey Schildkraut (as), Horace Silver (p), Percy Heath (b), Kenny Clarke (dr)

105

A 2, 3, B 1: Miles Davis (tp), Horace Silver (p), Percy Heath (b), Art Blakey (dr)
A 4: Miles Davis (tp), Charles Mingus (p), Percy Heath (b), Max Roach (dr)
B 2, 3, 4: Miles Davis (tp), John Lewis (p), Percy Heath (b), Max Roach (dr)

Prestige PRLP 7054

»Blue Haze« dokumentiert noch einmal den stilistischen Umbruch Miles Davis' in den Jahren 1953 bis 1954; so fällt das musikalische Niveau dieses Albums unterschiedlich aus.
Vier Titel stammen aus einer Mainstream-Session – weder Fisch noch Fleisch – vom Mai 1953, auf denen Davis, immer noch mit deutlichen Intonationsproblemen, mit der unauffälligen Begleitgruppe John Lewis/Percy Heath/Max Roach zu hören ist. Den nachhaltigsten Eindruck hinterläßt noch Benny Carters hübsche Ballade »When Lights Are Low«, die der Leader in samtweichem Ton vorträgt. Immerhin wurden bei diesem Studiotreff zum ersten Mal zwei neue Davis-Kompositionen eingespielt: das schnelle »Tune Up« und das auf Parkers »Milestone«-Harmonie basierende »Miles Ahead«, die später zu seinem Standardrepertoire zählen sollten.
Bei gleicher Gelegenheit entstand »Smooch«, eine Gemeinschaftsproduktion von Miles Davis und Charlie Mingus, in der der große Bassist mit gekonnter Klavierbegleitung aufwartet.
Drei weitere Aufnahmen zu diesem Album, die beiden Davis-Titel »Four« und »Blue Haze« sowie der Standard »That Old Devil Moon«, sind neun Tage nach der letzten Blue-Note-Session in identischer Besetzung entstanden und weisen schon unverkennbar die markanten und erfrischenden Hardbop-Züge auf. In »Old Devil Moon« wird eine expressive Spannung mit ständig wiederkehrenden Variationen einer Ostinatofigur erzeugt, während eine solche bei »Four« schon thematisch durch die Anwendung einer ausgeprägten Bluesharmonik angelegt ist.
Am besten gelungen ist das ebenfalls »tiefschwarze« »Blue Haze«, das ohne Thematik auskommt, und dessen Spannungsreiz sich aus dem Gegensatz drängender Baßlinien und den sparsamen und hängenden Phrasierungen des Trompeters ergibt. Das Album enthält noch

eine federnde Version von »I'll Remember April«, die drei Wochen später mit dem talentierten Altsaxophonisten Davey Schildkraut zusätzlich eingespielt wurde.

13. September 1953

At Last!
Miles Davis And The
Lighthouse All Stars

(a) Infinity Promenade / 'Round Midnight
(B) Night in Tunisia / Drum Conversation / At Last

Miles Davis, Rolf Ericson, Chet Baker (tp), Bud Shank (as), Bob Cooper (ts), Lorraine Geller (p), Howard Rumsey (b), Max Roach (dr)

Contemporary / Boplicity COP 001

Das Album »At Last« aus dem Jahre 1953, entstanden während eines Gastspiels des Trompeters an der Westküste, trägt kaum dessen Handschrift. Das »Lighthouse« am Hermosa Beach galt in jenen Tagen als musikalisches Zentrum, in dem sich die Stars der Westcoast-Szene, neben ihrer Tätigkeit in den verschiedenen Bigbands von Stan Kenton, Shorty Rogers oder Maynard Ferguson, abends zur Jam Session trafen. So vermittelt das Album – übrigens in guter Aufnahmequalität – eine relaxte Clubatmosphäre, in der das musikalische Geschehen gelegentlich, trotz ansprechender Soli etwa der Saxophonisten Bob Cooper und Bud Shank, beträchtlich ins Plätschern gerät.
Die Aufnahme sollte wohl ein Gipfeltreffen der Trompeter Chet Baker und Miles Davis mit dem aus Schweden stammenden Rolf Ericson dokumentieren, doch das Ergebnis erfüllt diesen hohen Anspruch nicht. Obgleich die sparsamen Akkorde des Shorty-Rogers-Titels »Infinity Promenade« den damaligen stilistischen Neigungen Miles Davis' durchaus entgegen kommen und »Night In Tunisia« geradezu ein Miles-Standard war, gefällt das Trompetenspiel Rolf Ericsons hier am besten. Miles' Spiel ist geprägt von seiner Unkonzentriertheit in jener

Contemporary
Boplicity COP 001

Zeit, die wohl auf seine Drogenprobleme zurückzuführen war. Selbst in seiner Lieblingsballade »'Round Midnight«, sonst Miles' mitternächtliche Sternstunde, bleibt er ohne Glanz. Auch wenn er als einziger Bläser spielt, ist von seinen typischen Qualitäten, seinem Sound und der Fähigkeit zur linearen Improvisation, kaum etwas spürbar. Auch scheint er mit dem Ansatz Schwierigkeiten zu haben, und die Rhythmusgruppe holpert so gut es geht mit. Was für den Fan bleibt, ist ein interessantes Coverfoto aus dem Familienalbum des Jazz: umgeben von Bleichgesichtern hält der tiefschwarze, geschniegelte Miles selbstbewußt sein Horn der Kamera entgegen; zu seiner Linken Rolf Ericson und rechts Chet Baker, der den schwarzen Trompetenprinzen fast ehrfürchtig anhimmelt. Vielleicht zeigt dieses Foto, wie sehr Miles damals auch unter Kollegen respektiert wurde, galt er doch Anfang der 50er Jahre im Alter von 27 Jahren schon als Begründer einer neuen Trompetenschule, der der coolen Intonationsweise, zu der sich vor allem viele weiße Trom-

peter hingezogen fühlten. Dennoch führt der Adept Chet Baker in »At Last«, dem letzten Stück des Albums, das vor, was man vom Meister Miles Davis hier erwartet hätte: lyrische Phrasierung *par excellence*. Daß Miles bei Erscheinen des Albums nach über 30 Jahren bestritt, an jenem Clubabend mitgewirkt zu haben, läßt sich da allzugut verstehen.

3. und 29. April 1954

Miles Davis All Stars
Walkin'

(A) Walkin' / Blue'n Boogie
(B) Solar / You Don't Know What Love Is / Love Me Or Leave Me

A: Miles Davis (tp), J. J. Johnson (tb), Lucky Thompson (ts), Horace Silver (p), Percy Heath (b), Kenny Clarke (dr)

107

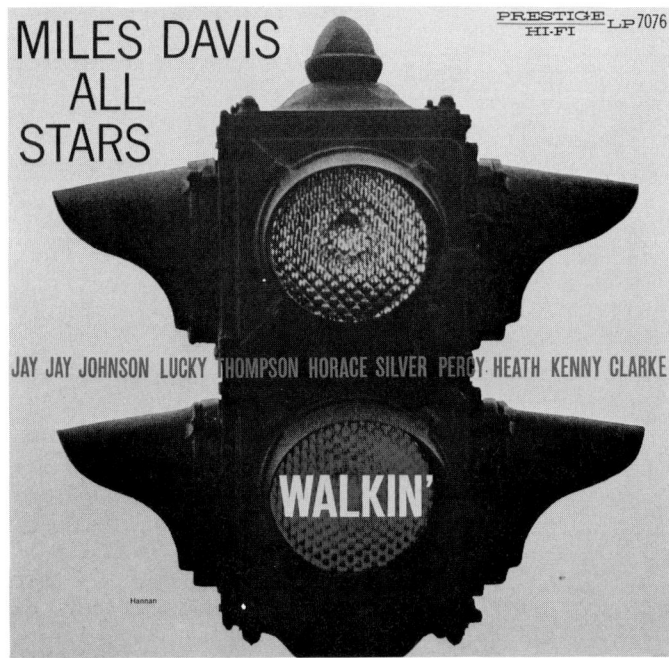

Prestige PRLP 7076
OJC-213

CD: OJC · CD 213-02

B: Miles Davis (tp), Davey Schildkraut (as), Horace Silver (p), Percy Heath (b), Kenny Clarke (dr)

Prestige PRLP 7076 / OJC-213
CD: OJC · CD 213-02

Die B-Seite dieses Albums enthält drei weitere Mitschnitte jener bei der vorausgegangenen Platte zuletzt erwähnten Studio-Session, zu der Miles Davis den verblüffend an Charlie Parker erinnernden Altsaxophonisten Davey Schildkraut engagiert hatte. In der Davis'schen Eigenkomposition »Solar«, deren Harmonik von »How High The Moon« stammt, kommt der Cupe-Mute-Sound des Trompeters, den er übrigens die ganze Session hindurch anwendet, am besten zur Geltung. Weniger geeignet scheint dagegen dieser Dämpfer für die Art der Balladengestaltung zu sein, wie Miles sie bevorzugt. »You Don't Know What Love Is«, ein Relikt aus Miles' Tagen im Billy-Eckstine-Orchester, leidet an einer schwerfälligen Phrasierung, was die melodische Linienführung oft ins Stocken geraten läßt. Beim schnellen »Love Me Or Leave Me« fällt die flüssige und trockene Strukturierung auf, die vor allem von Kenny Clarkes begeisternder Besenarbeit ausgeht; alle Solisten werden dadurch zu guten Improvisationen angeregt.

Obwohl sich die Rhythmusgruppe Percy Heath/ Kenny Clarke in exzellenter Verfassung präsentiert und sich sowohl Horace Silver als auch Miles streckenweise in solistische Glanzlichter hineinspielen, wirkt dieses Quintett nicht so ausgewogen wie dessen Quartettvorläufer. Einschränkend muß auch angemerkt werden, daß sich Horace Silver nicht so gut wie gewohnt in das Konzept einfügt und Miles' Cupe-Mute-Sound – obwohl er seine Ausdrucksskalen damit zusätzlich bereichert – über weitere Passagen zu eindimensional wirkt, auch stören die Parker-Manierismen in Schildkrauts Altsaxophonspiel.

Die A-Seite wird mit dem von Davis komponierten, 12taktigen Blues »Walkin'« eröffnet, der allgemein von der Jazzkritik als einer der größten Höhepunkte seiner künstlerischen Entwicklung und als Meilenstein des Jazz im Übergang vom Mainstream der frühen 50er Jahre zum Hardbop angesehen wird. Man spürt aus »Walkin'« förmlich den ganzen Geist der Jazzgeschichte, als ein von der Lyrik Miles' geprägtes Epos. »Walkin'« wird im »erzählenden« Medium-Tempo vorgetragen, wobei die Rhythmusgruppe ein verblüffend geschlossenes Timing zugrunde legt. Die Balance zwischen Elastizität und Trägheit bewegt sich stets auf des Messers Schneide. Nach einer 8taktigen Einführung über eine Offbeat durch die Bläsersektion wird das »Walkin'«-Thema zweimal vorgestellt; dabei ist es gleichermaßen vom traditionellen wie auch vom »Post-Bop-Blues« geprägt und atmosphärisch von der differenzierten Fülle der drei Bläser in Unisono bestimmt. Die Dramaturgie wird vom subtilen Gebrauch der Hi-Hat-Cymbals Kenny Clarkes angeführt, deren Öffnung und Schließung das Thema rhythmisch verfugen. Der Einstieg Miles' und seine Anfangschorusse beweisen, wie Genialität sich durch schlichten organischen Aufbau manifestieren kann. Die Ausstrahlung des Trompeters auf die folgenden Solisten ist überwältigend: wie von einem mystischen Sog geleitet baut Jay Jay Johnson seine Improvisation auf, die so klingt, als hätte Miles seine Trompete nur mit einer Posaune vertauscht. Danach bläst Lucky Thompson kraftvoll einem dramatischen Höhepunkt entgegen. Nach Horace Silvers kurzer Pianoeinlage, die alle Blueswurzeln lebendig werden läßt, spielt Miles ein zweites, noch brillanteres Solo. Er verschmilzt scheinbar mühelos den unüberwindlichen Kontrast von Lyrik und Swing und improvisiert in einem erregenden Riff des gesamten Bläsersatzes. Die Spannung wird dadurch noch einmal beträchtlich gesteigert, bevor das Ensemblespiel wieder ins Thema eintaucht.

Der Titel »Blue'n Boogie« – ein im Up-Tempo vorgetragener Blues von Dizzie Gillespie – ist in Arrangement und Soloaufbau ähnlich konzipiert wie »Walkin'« und steht diesem, insbesondere wegen der hervorragenden Soli von Davis und Silver, eigentlich in nichts nach, wenn ihm auch der Hauch des Außergewöhnlichen fehlt.

29. Juni 1954, 24. Dezember 1954

Bag's Groove
Miles Davis

(A) Bag's Groove 1 / Bag's Groove 2
(B) Airegin / Oleo / But Not For Me 2 / Doxy / But Not For Me 1

A: Miles Davis (tp), Milt Jackson (vib), Thelonious Monk (p), Percy Heath (b), Kenny Clarke (dr)
B: Miles Davis (tp), Sonny Rollins (ts), Horace Silver (p), Percy Heath (b), Kenny Clarke (dr)

Prestige PRLP 7109 / OJC 245
CD: OJC · CD 245-02

Die zweite Seite des Albums enthält das gesamte Tonmaterial, das während des vierten Studiotreffens Davis' mit Sonny Rollins entstanden ist. »Airegin«, »Oleo« und »Doxy« zeigen Rollins' große Begabung als Komponist, sein Talent, die Totalität einer musikalischen Struktur voll zu erfassen. Sie beinhaltet nicht nur wechselnde Akkordfolgen, sondern Rollins komprimiert die Stilmittel, sich ändernde Rhythmen, Tonhöhe und Klangfarbe sowie Melodik gleichwertig zu einem intelligenten Konzept – und zu einem idealen Vehikel für thematische Improvisationen, wie Miles sie liebt. Am deutlichsten spürbar wird dies beim alles überragenden »Oleo«. Dieses Stück lebt nicht nur aus Akkordwechseln, sondern Rollins schafft hier einen strukturellen Rahmen, der einer phantasievollen Ausgestaltung freien Lauf läßt. Für Davis schien dies gleich ein Anlaß zum Experimentieren: die Verstärkung des metallisch klingenden Harmon-Mute-Dämpfers, den er förmlich ins Mikrophon eintauchte. Das Resultat – ein Sound von atemloser Fülle in den Tiefen und florettscharfe Eindringlichkeit in den hohen Registern – scheint als Ausdrucksform Miles auf den Leib geschrieben zu sein. Er erreicht damit eine expressive Breite von verträumter Melancholie bis zu hektischer und manischer Ängstlichkeit.

Thematisch ist »Oleo« relativ komplex aufgebaut; die ersten 16 und die letzten acht Takte werden von Trompete und Tenorsax unisono vorgetragen, nur vom Baß begleitet, während bei den mittleren acht Takten die gesamte Rhythmusgruppe zu hören ist. Die sich anschließenden Soli folgen ähnlichen Mustern; jedes Horn wird nur von Schlagzeug und Baß begleitet, während das Klavier einzig in der mittleren Passage zu Wort kommt. Diese sich wiederholenden »Stop-Chorusse« im Up-Tempo verleihen dem Stück eine von Dramatik geprägte Geschlossenheit.

Der schnelle Titel »Airegin«, der Rollins' Liebe zu Nigeria ausdrücken soll, und das gediegene »Doxy«, dessen 16taktige Melodik mit einem betonten Two-Beat-Feeling ausgestattet ist, sowie zwei Takes von Gershwins »But Not For Me« bilden den Rahmen für ebenso eindrucksvolle Chorusse, die, gestützt auf die bewährte Rhythmusformation Silver/Heath/Clarke, das Interesse aller Solisten an neuen Improvisationsformen dokumentieren. Rollins zeichnet sich durch einen lockeren, unorthodoxen Umgang mit der Harmonik aus, der sich hier mit weit auseinander gedehnten »Staccato-Tönen« manifestiert. Die trockene, rauhe Tonbildung – als ironisierende Komponente – wirkt dabei sehr authentisch. Rollins erzielt mit diesen Aufnahmen zweifellos seinen künstlerischen Durchbruch.

Die A-Seite dieses Albums besteht aus zwei Takes des Titels »Bag's Groove«, zugleich der Premiere eines Blues von Milt Jackson, der heute in jedem Jazzrepertoire zu finden ist. Wenn auch Davis den hier mitwirkenden Pianisten Thelonious Monk als »Non-musician« bezeichnet haben soll, entstand aus dieser Zusammenarbeit doch eine der denkwürdigsten Aufnahmesitzungen der 50er Jahre. Wie so oft machte Miles aus der Not eine Tugend. Was er bei Monk als »falsche Akkorde« empfand, war in Wirklichkeit nur moderner und abstrakter Umgang mit dem Tonmaterial. Die Konsequenz: Monk durfte ihn während seiner eigenen Solo-Chorusse einfach nicht begleiten; die Befreiung von jeglicher Piano-Akkordik verhalf Davis zu einer neuen räumlichen Dimension. Wieder bläst Miles zwei Soli – ein langes am Anfang und ein kürzeres am Ende –, die den Kult des reinen Sounds, die bloße tonale Schönheit, zum absoluten Höhepunkt treiben und alle

seine vorherigen Aufnahmen (auch das phänomenale »Walkin'«) übertreffen. Miles' zweite Soloimprovisation ist noch atemberaubender. Mit traumwandlerischem Gespür für melodische Formgestaltung kehrt er weit ausschweifend ins Zentrum der Thematik zurück. Zum strahlenden Sound gesellt sich noch verstärkt eine gewisse, dem Blues charakteristische, expressive Vokalmodulation, die Chico Hamilton einmal schwärmen ließ: »Miles klingt, als ob die ganze Erde singt.«

In Thelonious Monks Solo ist deutlich die Herausforderung spürbar, denn er bemüht sich sozusagen um einen Kontrast: mit besonders eindrucksvollen Dissonanzen und noch längeren Pausen als gewöhnlich hämmert er auf dem Klavier sein Alternativprogramm zu Miles mit eher impressionistisch gefärbten Beiträgen und gibt dem musikalischen Geschehen damit die Spannung des extremen Gegensatzes. Zwischen Miles' erstem und Monks Solo sind die improvisatorischen Einlassungen Milt Jacksons auf dem Vibraphon zu hören, die den anderen in nichts nachstehen. Sein Spiel reflektiert auf andere Weise die Spannung von Miles und Monk; der Aufbau seines technisch vollendeten Solos ist symmetrischer und weniger abstrakt. Take 1 von »Bag's Groove« erscheint, verglichen mit dem zweiten, ausgewogener und abgerundeter. In Take 2 sind Miles' Improvisationen noch inspirierter, doch mit einigen Unsicherheiten in der Intonation behaftet; zudem ist Monks Begleitung im Vibraphonsolo unausgewogen, und sein eigenes Solo ist dichter angelegt.

24. Dezember 1954, 26. Oktober 1956

Miles Davis
And The Modern Jazz Giants

(A) The Man I Love 2 / Swing Spring
(B) 'Round About Midnight / Bemsha Swing / The Man I Love 1

A, B: Miles Davis (tp), Milt Jackson (vib), Thelonious Monk (p), Percy Heath (b), Kenny Clarke (dr)
B 1: Miles Davis (tp), John Coltrane (ts), Red

Prestige PRLP 7109
OJC 245

CD: OJC · CD245-02

Prestige PRLP 7150
Neu P 7650

Garland (p), Paul Chambers (b), Philly Joe Jones (dr)

Prestige PRLP 7150 / Neu P 7650

Einen Tag vor Weihnachten 1954 traf sich das Triumvirat Miles Davis, Thelonious Monk und Milt Jackson, um der Jazzwelt eine Lektion in der Kunst des Improvisierens zu erteilen, die als Meilenstein in die Geschichte des Jazz eingehen sollte. Das meist erwähnte Stück dieser Session, »Bag's Groove«, ist in dem gleichnamigen Album (s. S. 100) veröffentlicht worden. Um es aber gleich vorwegzunehmen: die restlichen fünf Aufnahmen bewegen sich auf einem annähernd gleich hohen künstlerischen Niveau, sieht man einmal davon ab, daß die Formgestaltung in Monks doppelbödigem Thema »Bemsha Swing« nicht ganz so zwingend gelang.

Das atmosphärisch ähnlich wie »Bag's Groove« angelegte, aber etwas schneller vorgetragene »Swing Spring« ist beinahe noch eindrucksvoller; thematisch besteht es aus einer schlichten Tonfolge in Bop-Tradition, zu der Miles die Harmonien von »I Got Rhythm« ausgeliehen hat, die ihm viele melodische Variationsmöglichkeiten offenlassen. Die melodischen Phrasen entwickeln sich außergewöhnlich spontan, wobei das lyrische Moment der Interpretation noch eindringlicher von Miles' Charisma durchdrungen wird. Das folgende Vibraphonsolo – glasklar und in technischer Brillanz vorgetragen – verzahnt sich besonders gut mit Monks Klavierspiel zu einer vielschichtig melodischen Dichte. Anschließend ist noch einmal Miles zu hören: mit einem außerordentlichen Gespür für Rhythmik treibt er seine Phrasierung durch alle melodischen Klippen und Verengungen. In der ihm eigenen Verschrobenheit setzt Monk den solistischen Schluß. Getragen von genialer Naivität hämmert er auf seinem Klavier Dissonanzen, die wie Sterne aufblinken und die eine Spannung aus paranoischer Ängstlichkeit und aggressivem Sarkasmus hervorzurufen vermögen.

Nicht minder spektakulär fallen die zwei Takes des Gershwin-Opus »The Man I Love« aus, deren Stimmung an die berühmte Version des Benny-Goodman-Quartetts aus dem Jahr 1938 erinnert. In einer balladenartigen Einleitung auf

dem Vibraphon wird unter Verwendung schwebender Cluster eine musikalische Szene entfaltet, in die Miles phantasievolle Themavariationen hineinwebt. Es entsteht so etwas wie eine imaginäre choreographische Durchsichtigkeit, die aus dem punktuellen Zusammenklang von Vibraphon und Trompete erwächst. Die Soli von Jackson und Monk sind vom plötzlichen Wechsel in ein Up-Tempo bestimmt. Wie in einer solchen Aura selbst solistische Fehlleistungen eine außergewöhnliche künstlerische Verarbeitung erfahren können, dafür liefern Monk und Miles ein eindrucksvolles Beispiel: Zuerst zerlegt Monk in unnachahmlicher Manier die harmonischen Strukturen der Melodie in thematische Rudimente, um sie dann unter variabler Pausengestaltung wieder zu paramelodischen Phrasen zusammenzusetzen. Während die Rhythmusgruppe den Beat hält, verliert Monk plötzlich den Faden und hört auf zu spielen; nach ein paar Takten animiert Miles mit einigen Trompetenphrasen Monk zum Weiterspielen. Diese ganze dramatische Entwicklung findet in Miles' folgendem Solo mit einem völligen Bruch der Atmosphäre eine Art Rückkopplung. Miles beginnt zuerst auf offenem Horn, unterbricht plötzlich seine Improvisationslinie, um dann im Harmon-Mute-Sound weiter zu improvisieren. Den Glanzpunkt setzt Davis gegen Ende mit einem atemberaubenden Break.

7. Juni 1955

The Musings Of Miles

(A) Will You Still Be Mine / I See Your Face Before Me / I Didn't
(B) A Gal In Calico / A Night In Tunisia / Green Haze

Miles Davis (tp), Red Garland (p), Oscar Pettiford (b), Philly Joe Jones (dr)

Prestige PRLP 7007 / OJC 004

Obgleich die personelle Besetzung in dem Album »The Musings Of Miles« mit Ausnahme des legendären Bassisten Oscar Pettiford einmal

Prestige PRLP 7007
OJC 004

den Kern des berühmten Davis-Quintetts der 50er Jahre bilden sollte, liegt die musikalische Ausbeute dieser Session unter dem sonstigen Niveau von Miles Davis.

Die Aufnahmequalität und der Gruppensound lassen zu wünschen übrig. So ist z. B. das Baßspiel derart undynamisch und holprig, daß die Story vom alkoholisierten Zustand Oscar Pettifords bei dieser Session leicht glaubhaft wird. Red Garlands Piano klingt ähnlich flach und blechern. Miles' Trompetenstil scheint unüberhörbar wieder von alten Ansatzproblemen befallen und von Selbstzweifeln geplagt; dabei reißt er ohne Glanz und Überzeugungskraft ein Repertoire herunter, dessen Auswahl unter solchen Bedingungen kaum inspirierend zu wirken vermag.

Drei Standards, »Will You Still Be Mine«, »I See Your Face Before Me« und »A Gal In Calico«, hat Miles aus dem Programm des von ihm sehr geschätzten Pianisten Ahmad Jamal übernommen. Mit Dizzy's »A Night In Tunisia«, den zwei Eigentiteln »Green Haze«, ei-

nem achttaktigen geradlinigen Blues, und »I Didn't«, einer Variation über Monks »Well You Needn't« ist hier kaum eine stilistische Übereinstimmung zu erkennen.

Das Beeindruckendste an der Platte ist das Coverfoto der Originalausgabe.

9. Juli 1955

Miles Davis – Blue Moods

(A) Nature Boy / Alone Together
(B) There's No You / Easy Living

Miles Davis (tp), Britt Woodman (tb), Teddy Charles (vib), Charles Mingus (b), Elvin Jones (dr)

Debut DEB 120 / OJC 043

Wer sich vom einzigen Studiotreffen der beiden anerkanntermaßen größten »enfants terribles«

113

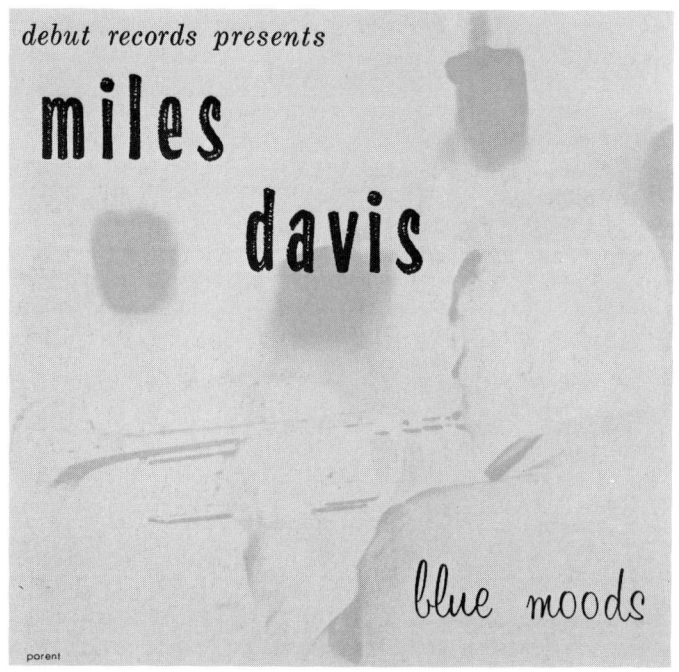

Debut DEB 120
OJC 043

der Jazzszene, Miles und Mingus, etwas Außergewöhnliches erwartet, wird enttäuscht sein. Das vorliegende Album »Blue Moods« ist für das Mingus-Label »Debut« eingespielt worden, und Mingus selbst hat auch die Arrangements beigesteuert. Trotz idealer Voraussetzungen gelang es dieser Formation nicht, die hier schon erkennbar eigenwillige Ausdruckswelt von Charlie Mingus musikalisch umzusetzen. Vor allem Elvin Jones' hängend-schleppende Rhythmik und Britt Woodmans schwerfällige Soloposaune mindern den musikalischen Gesamteindruck erheblich.

Lediglich Miles zeigt in »Easy Living«, und speziell im reizvollen »Nature Boy«, im Harmon-Mute-Sound schon seine voll entwickelten Qualitäten als Balladen-Improvisator. Im gleichen Stück tritt Mingus mit expressivem Volumen und artistischer »Gitarrentechnik« solistisch in den Vordergrund und deutet die emanzipativen Bestrebungen seines Baßspiels als Melodiestimme an. Zu überzeugen vermag hauptsächlich Teddy Charles, der es versteht,

die Tradition Monks in glasklarer, perkussiver Intonation auf das Vibraphon zu übertragen. Am gelungensten klingt »Alone Together«, das thematisch und improvisatorisch auf solche Begleitstrukturen angelegt ist.

5. August 1955

Miles Davis And Milt Jackson Quintet / Sextet

(A) Dr. Jekyll / Bitty Ditty
(B) Minor March / Blues Changes

Miles Davis (tp), Jackie McLean (as), Milt Jackson (vib), Ray Bryant (p), Percy Heath (b), Art Taylor (dr)

Prestige PRLP 7034 / OJC 012

114

Prestige PRLP 7034
OJC 012

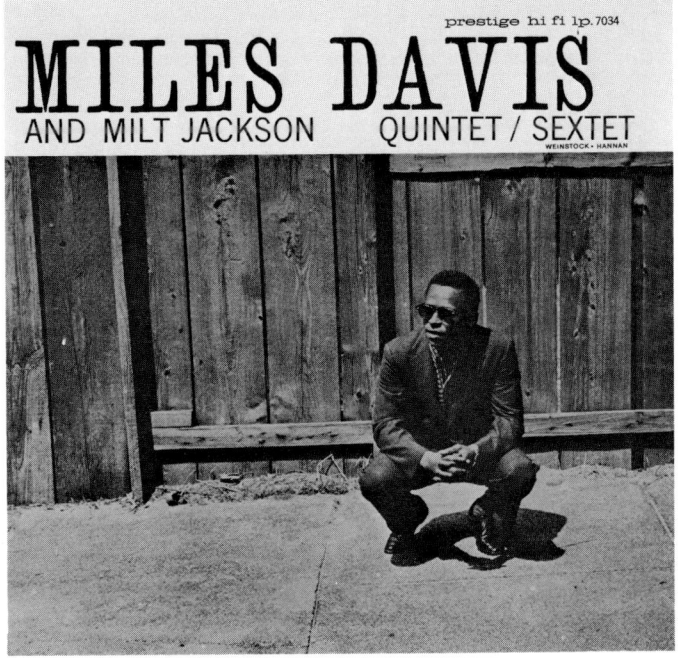

Die Musik dieses Albums ist weitaus geradliniger und intensiver als die in dem vier Wochen zuvor produzierten Album »Blue Moods«. Das Pendel in Miles' stilistischer Entwicklung schlägt hier wieder in die Richtung der experimentellen Aufarbeitung des Bebop zu einem geschlossenen Hardbopkonzept aus, wobei konservative wie auch progressive Elemente vereinigt werden.

Bei diesen Aufnahmen sind die subtilen, vielschichtigen Arrangements von »Blue Moods« einer gewissen expressiven Härte gewichen. Diese negroide Akzentuierung überläßt Miles eigentlich seinen Sidemen Milt Jackson und Jackie McLean, was aber nicht bedeutet, daß Davis sich diesem Einfluß entzogen hätte. Im Gegenteil: in den beiden typischen Bop-Themen »Dr. Jekyll« und »Minor March«, die der junge, hochtalentierte McLean beigetragen hat, wird Miles zu ausgesprochen langen, phantasievollen Sololäufen animiert. Man spürt förmlich, wie sich Davis, ausgehend von seinen ureigensten harmonischen Intonationen mittleren Bereichs langsam frei spielt, um sich vorsichtig an die Hotintonationen seiner Mitspieler heranzutasten.

Das ausgezeichnete Vibraphonspiel von Milt Jackson und Jackie McLeans extrovertierte Altphrasierungen, die diesmal, mehr als bei ihm gewohnt, das Erbe »Birds'« herausstellen, beleben die musikalische Szene außerordentlich. Hinzu kommt ein sich in glänzender Spiellaune befindliches Rhythmusgespann. Übrigens ist es die letzte Kooperation zwischen Miles und seinem langjährigen Studiobassisten Percy Heath, der in gewohnter Souveränität das rhythmische Fundament legt, und in dessen Sog auch Art Taylors Schlagzeugspiel an Farbe gewinnt.

Das verhaltene, im Sessioncharakter aufgezogene Thad-Jones-Thema »Bitty Ditty« sowie »Blues Changes« aus der Feder des hier unauffällig agierenden Pianisten Ray Bryant komplettieren ein alles in allem sehr schönes Album.

115

Fresh Sounds Records
FSR-302

Prestige PRLP 7014
OJC 006

Sommer 1955

Miles Davis
With The Hi-Hat All Stars
Recorded Live At The »Hi-Hat« Boston

(A) Dig / Darn That Dream / Jumping With
Symphony Sid / Ray's Idea / Nice Work If You
Can Get It / Wee Dot
(b) Tune Up / Alone Together / Well You
Needn't / Jumping With Symphony Sid / Night
In Tunisia

*Miles Davis (tp), Jay Migliori (ts), Al Walcott
(p), Jimmy Woode (b), Jimmy Zitano (dr)*

Fresh Sound Records, FSR-302

Der Hi-Hat-Club, ein Restaurant in Boston,
heuerte in den 50er Jahrern des öfteren für eine
Woche einen Star aus New York an, der dann
mit lokalen Jazzmusikern für eine Umsatzsteige-
rung sorgen sollte. Das vorliegende Live-
album muß in den Wochen nach Miles' sensa-
tionellem Live-Comeback während des ersten
Newport-Festivals entstanden sein – die Aufnahmen geben zu einer ähnlichen Euphorie Anlaß: Miles viel mit offenem Horn, Bebop im
Drei-Oktaven-Rahmen und Balladenkünste
vom Feinsten. Ein weiteres Indiz für diesen
Aufnahmezeitraum dürfte die Tatsache sein,
daß Miles mit dem Titel »Alone Together« zu
hören ist, den er gerade mit Charles Mingus
Anfang August eingespielt hatte.
Davis präsentierte sein damaliges Standardpro-
gramm mit Titeln wie »Wee Dot«; »Night In
Tunisia« oder »Ray's Idea«, das er in jenen
Jahren besonders zu lieben schien. Ein Höhepunkt ist das neun Minuten lange »Well You
Needn't«. Der Trompeter liefert in zwei längeren Soli, in denen er Monks eigenwillige und
schwierige Harmonik zerlegt, ein Lehrstück jener Spielweise, mit der er Ende der 50er Jahre
neben Charles Mingus und Ornette Coleman zu
den Hauptinnovatoren des Jazz gehören sollte.
Im Sog Miles' steigern sich seine Begleiter,
allen voran der Saxophonist Jay Migliori, zu
beachtlichem Spielwitz, auch wenn die Gruppe
als Ganzes manchmal etwas ungestüm und hek-

tisch agiert. Einzig der Schlagzeuger Jimmy
Zitano scheint überfordert, was allerdings durch
den Bassisten Jimmy Woode kompensiert
wird.
Besonders herausragend sind der im Medium-
tempo vorgetragene Gershwin-Standard »Nice
Work If You Can Get It« und die wunderbare
Ballade aus Miles' Birth-of-the-Cool-Tagen
»Darn That Dream«.

16. November 1955

Miles

(A) Just Squeeze Me / No Greater Love / How
Am I To Know
(B) S'posin / Miles' Theme / Stable Mates

*Miles Davis (tp), John Coltrane (ts), Red Gar-
land (p), Paul Chambers (b), Philly Joe Jones
(dr)*

Prestige PRLP 7014 / OJC 006

Die ersten Aufnahmen seines neuen Quintetts
stellen für Miles Davis den endgültigen Durchbruch zum Hardbop-Stil dar. Eine besondere
Stimulanz geht dabei vom führenden Baß-
Schlagzeug-Gespann der 50er Jahre, Paul
Chambers und Philly Joe Jones, aus, das hier
bei seinem Studiodebut schon eine Kostprobe
seines Zusammenspiels abliefert. Vor allem
Philly Joe Jones entfaltet schon sein ganzes
Repertoire technischer Versiertheit, die in idealer Weise Art Blakeys gewaltige Donnerrhyth-
men mit der Leichtigkeit Kenny Clarkes verbindet und dabei stets spannungsreich am Walking-
baß-Spiel des jungen Senkrechtstarters Paul
Chambers orientiert ist, der in unnachahmlicher
Weise Tempi schneller erscheinen läßt, als sie
tatsächlich sind. Red Garland erweist sich als
stilistisches Chamäleon, der mit geschickten
»fill-outs« zeigt, daß ihm die ganze Tradition
des Jazzpianos in einer ihm eigenen Frische und
hervorragendem metrischem Gespür zur Verfügung steht.
Die neue Tenorstimme John Coltranes ist noch
nicht voll in dieses Ensemble integriert. Miles
arbeitet hier noch in der Quartettkonzeption mit

zusätzlichen Tenorsoli. Nur in Benny Golsons »Stable Mates« wird das Thema von beiden Bläsern vorgestellt, während es in »Miles' Theme« einen lockeren Kanon zu hören gibt. Insgesamt wirkt John Coltrane manchmal noch ziemlich unsicher; seine avantgardistischen Ansätze verlieren sich oft gegen Taktende in einer verschwommenen Phrasierung.

Miles hingegen befindet sich in prächtiger Spiellaune und präsentiert seinen gedämpften Sound in bis dahin nicht gekannter Breite. Er benutzt die Harmon-Mute nicht nur wie gewohnt in den Balladen, sondern auch in der fast hastig vorgetragenen Parker-Komposition »How Am I To Know« und in dem ähnlich aufgebauten »S'posin«, wodurch eine Atmosphäre ängstlicher Aggressivität vermittelt wird.

In »Stable Mates« tritt ein besonders starker Kontrast bei den Hornsoli auf zwischen Miles' federleichtem Höhenflug und Tranes erdiger, leidenschaftlicher Erwiderung.

30. Januar 1953, 16. März 1956

Miles Davis – Collectors' Items

(A) The Serpent's Tooth 1 / The Serpent's Tooth 2 / 'Round About Midnight / Compulsion
(B) No Line / Vierd Blues / In Your Own Sweet Way

A: Miles Davis (tp), Sonny Rollins, Charlie »Chan« Parker (ts), Walter Bishop (p), Percy Heath (b), Philly Joe Jones (dr)
B: Miles Davis (tp), Sonny Rollins (ts), Tommy Flanagan (p), Paul Chambers (b), Art Taylor (dr)

Prestige PRLP 7044 / OJC-071
CD: OJC · CD 071-02

Der A-Seite von »Collector's Items«, die die letzten Aufnahmen von Miles mit Charlie Parker aus dem Jahre 1953 beinhaltet, und der 1956 entstandenen B-Seite ist gemeinsam, daß an beiden Sessions Sonny Rollins beteiligt war. Schon die beiden kompositorischen Beiträge des Leaders verbinden geschickt eine coole

Formgestaltung mit der improvisatorischen Leidenschaft des Bebop.

Das hektische »Compulsion«, dessen Solostrukturen von einem ständig wiederkehrenden Head-Arrangement durchdrungen sind, und in der experimentell angelegten Nummer »The Serpent's Tooth«, die den Zusammenklang zweier Tenorsaxophone in Unisono reizvoll ausnutzt, präsentieren sich sowohl Miles als auch Rollins mit vitaler Ausstrahlung technisch wesentlich verbessert. Aufregend die gekonnten »Chases« zwischen Miles' Trompete und dem hier zum ersten Mal in eine Davis-Combo verpflichteten Schlagzeuger Philly Joe Jones. Zusammen mit Percy Heath und dem glänzend aufgelegten Pianisten Walter Bishop bildet er den großen Rückhalt.

Charlie Parkers Beiträge wirken auf dem für ihn ungewohnten Tenor äußerst unglücklich. Bird soll bei diesen Aufnahmen schon in einem von Drogen ziemlich zerrütteten Zustand gewesen sein.

In »No Line«, einem Blues von Davis, der, wie der Titel schon verrät, kein Thema aufweist, bläst der Trompeter den Harmon-Mute-Dämpfer im Up-Tempo so konzentriert wie selten; leuchtend und tänzerisch mit viel Substanz. Dave Brubecks »In Your Own Sweet Way« ist behaglich in zwei stimmungsvolle Improvisationen verpackt und scheint viel gelungener, als die Wochen später entstandene Workin-Quintett-Aufnahme.

Vor allem im längsten Stück, in Miles' »Vierd Blues«, zeigt Sonny Rollins im Medium-Tempo mit sehr viel Wärme sein voll entwickeltes Talent zur melodischen Gestaltung. In ähnlicher Absicht wie Miles baut er paraphrasische Läufe auf rhythmischen Variationen auf, in denen die Pausenverschiebung ein zentrales Stilelement darstellt.

11. Mai 1956, 26. Oktober 1956

Relaxin'
With The Miles Davis Quintet

(A) If I Were A Bell / You Are My Everything / I Could Write A Book

118

Prestige PRLP 7044
OJC-071

CD: OJC · CD 071-02

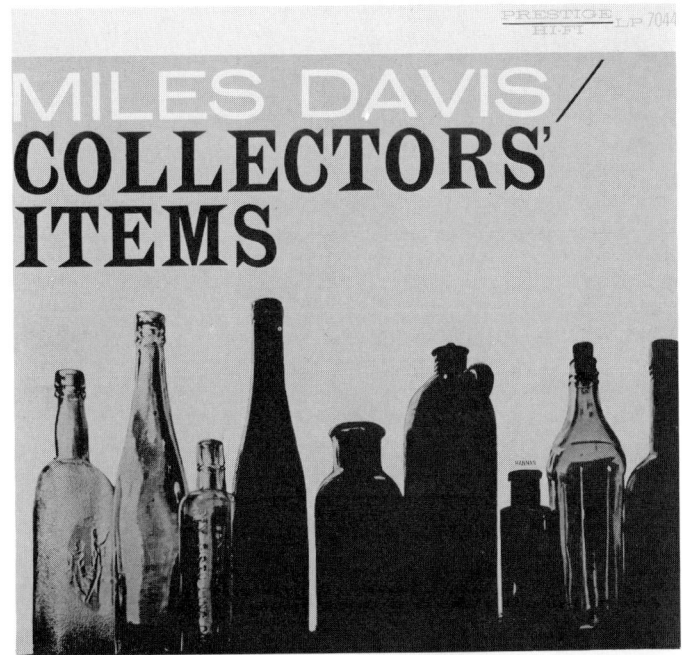

Prestige PRLP 7129
OJC-190

CD: OJC · CD 190-02

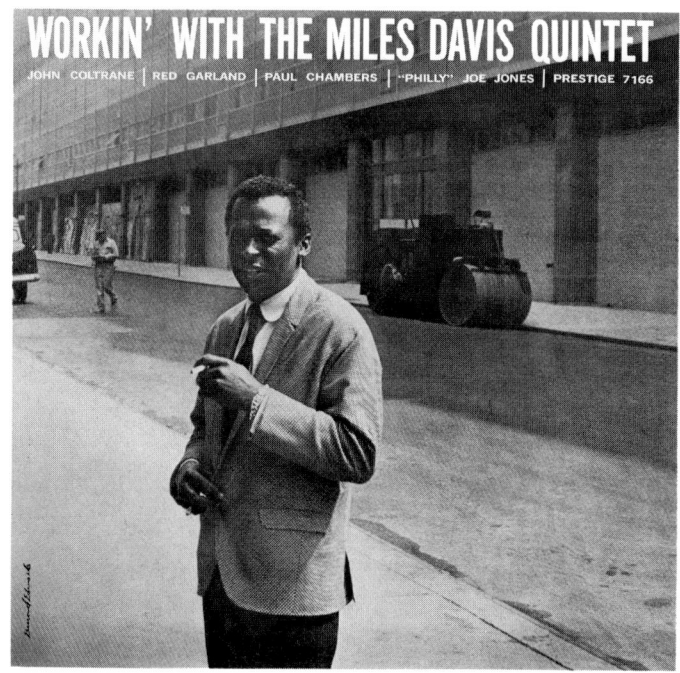

Prestige PRLP 7166
OJC 296

CD: OJC · CD 296-02

(B) Oleo / It Could Happen To You / Woody'n You

Prestige PRLP 7129 / OJC-190
CD: OJC · CD 190-02

Workin'
With The Miles Davis Quintet

(A) It Never Entered My Mind / Four / In Your Own Sweet Way / The Theme 1
(B) Trane's Blues / Ahmad's Blues / Half Nelson / The Theme 2

Prestige PRLP 7166 / OJC-296
CD: OJC · CD 296-02

Steamin'
With The Miles Davis Quintet

(A) Surrey With The Fringe On Top / Salt Peanuts / Something I Dreamed Last Night
(B) Diane / Well You Needn't / When I Fall In Love

Prestige PRLP 7200 / P 7580

Cookin'
With The Miles Davis Quintet

(A) My Funny Valentine / Blues By Five
(B) Airegin / Medley: Tune Up – When Lights Are Low

Prestige PRLP 7094 / OJC-128
CD: OJC · CD 128-02

Prestige PRLP 7200
P 7580

Miles Davis (tp), John Coltrane (ts), Red Garland (p), Paul Chambers (b), Philly Joe Jones (dr)

Um vorzeitig aus dem Vertrag bei Prestige herauszukommen, lieferte der karrierebewußte Miles Davis bei zwei Studiomarathons im Mai und Oktober 1956 insgesamt 24 Aufnahmen ab. Wie bei einem Clubauftritt ließ das legendäre »Workin-Quintett« sein ganzes Repertoire Revue passieren. Sämtliche Titel wurden ohne Wiederholung heruntergespielt.

Die musikalische Neuauflage dieser Davis-Formation erscheint seit den ersten Aufnahmen perfektioniert, und einzelne stilistische Elemente gewinnen an schärferen Konturen. Obgleich beide Sessions sich durch ein hohes musikalischen Niveau auszeichnen, ist doch bei einigen Titeln, wie etwa »Blues By Five«, »Half Nelson« etc. die Eile der Produktion deutlich hörbar; außerdem läßt sich auch über alle vier Alben hinweg eine gewisse strukturelle Ähnlichkeit nicht verleugnen. Das Repertoire erstreckt sich von bekannten Bebop-Rennern wie »Salt Peanuts«, »Woody'n You«, »Well You Needn't« oder Miles' »Four« bis hin zu so ausgeleierten Broadway-Schnulzen wie »You Are My Everything«, »I Could Write A Book« oder der Roger-Hart-Klamotte »It Never Entered My Mind«, die Miles in so unnachahmlicher Art »sophisticated« veredelt. Besonders beispielhaft gelungen sind die Aufnahmen von »If I Were A Bell« und »My Funny Valentine«.

In »If I Were A Bell« bläst Miles im Mediumtempo die Themalinie, der sich eine kraftvolle Improvisation anschließt. Mit Coltranes Solo wird das gesamte musikalische Stimmungsbild auf den Kopf gestellt; getrieben vom fließenden Walking-Baß steigert sich der Beat unablässig. Über die rhythmisch frei akzentuierenden, schwebenden Cymbals sprudelt »Trane« seine Noten aus dem Tenor, als sollte er innerhalb nur eines Chorusses seine gesamte musikalische Ausdrucksskala zu Gehör bringen. Ein abrupter Stop leitet ein relaxtes Klaviersolo ein, in dem Garland zuerst leichte und einfallsreiche Single-

121

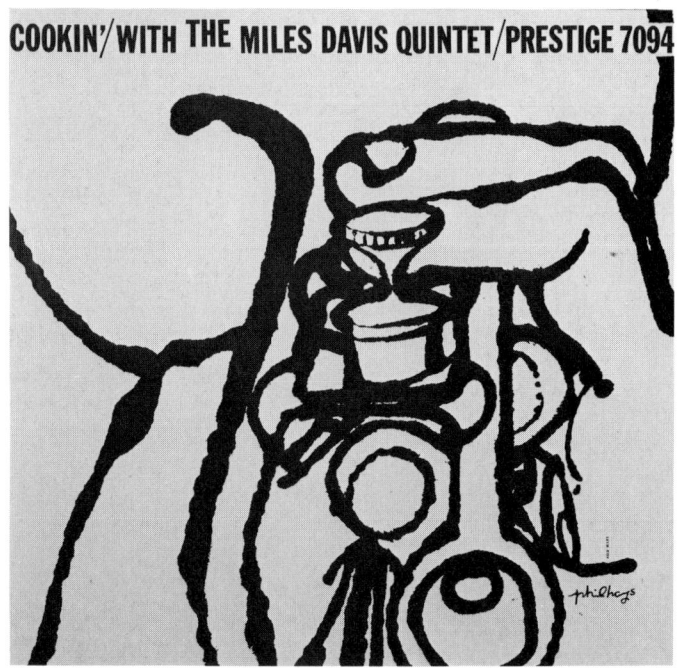

Prestige PRLP 7094
OJC 128

CD: OJC · CD 128-02

Noten spielt, die dann in vitale Blockakkorde auslaufen. Hier lebt die Spannkraft vor allem aus dem wie aus einem Guß wirkenden Spiel einer der aufregendsten Rhythmusgruppen, die der Jazz je hervorgebracht hat.

Während die im Medium- bis Up-Tempo vorgetragenen Stücke vom Wechsel genialer Improvisationen und kollektiver Magie beseelt sind, werden die Balladen stärker von der Persönlichkeit Miles' geprägt. Das hier erstmals tief empfundene »My Funny Valentine«, mit dem Chet Baker im Gerry-Mulligan-Quartett schon 1952 Aufsehen erregt hatte, ist typisch für Miles' eindrucksvolle motivische Reihenentwicklung. Die tonalen Modulationen und die Raumausschöpfung, die Pausen, die er plaziert, die Art, wie er die Länge seiner Phrasen variiert, sowie die Anwendung längerer Noten und der Wechsel von hohen und tiefen Registern beweisen Miles' außerordentliches Gespür für Dramatik.

Von ähnlicher Qualität wie »My Funny Valentine« sind die Balladen »When I Fall In Love«, »Something I Dreamed Last Night« und das die Grenze zum Kitsch tangierende »It Never Entered My Mind«.

Zwei schnelle Themen von Sonny Rollins verdienen besondere Beachtung: das kurze und kompakte »Airegin«, in dem die Gruppe souverän ihren ganzen improvisatorischen Reichtum entfaltet, und ein umwerfend lebendiges »Oleo« mit einer noch erstaunlicheren Reihung ständiger »Stops and Goes« aller Beteiligten als in der Originalversion.

Im funky vorgetragenen »Trane's Blues« sind die herrlich tönenden Cymbals Philly Joe Jones' zu genießen, und im Widerspruch zu Garlands Blockakkordik deutet Coltrane an, daß etwas Neues in der Luft liegt; seine multiakkordischen Bewegungen erwecken den Eindruck, als wolle er das alte, funktionsharmonische Gerüst förmlich wegblasen. Das fast surrealistisch anmutende »Diane« steht dem kaum nach. »Salt Peanuts« ist zwar in melodisch-rhythmischer Hinsicht reizvoll abgewandelt, doch die Soli erscheinen unausgewogen. Davis bläst hier,

Columbia PC 8649

CD: CBS CD 62 232

wie auch in »Well You Needn't« einen Cupe-Mute-Dämpfer. Ganz hervorragend ist auch das lange Medley »Tune Up« und »When Lights Are Low«; im halsbrecherischen Tempo sind hier wahre solistische Sturmläufe zu bewundern, bevor Miles in grazilen Leichtigkeit »die Lichter dämpft«. Das Thema strahlt, umwittert von geheimnisvoller Wehmut, einen lieblichen Impressionismus aus.

Die Prestige-Aufnahmetätigkeit von Miles Davis wird auf dem Sampler »Chronicle 1951–1956« dokumentiert. PCD-012-2 (US-Import)

27. Oktober 1955, 5. Juli 1956, 10. September 1956

'Round About Midnight
Miles Davis

(A) 'Round Midnight / Ah-Leu-Cha / All Of You
(B) Bye Bye Blackbird / Tadd's Delight / Dear Old Stockholm

Miles Davis (tp), John Coltrane (ts), Red Garland (p), Paul Chambers (b), Philly Joe Jones (dr)

Columbia PC 8649
CD: CBS CD 62 232

Konzeptionell bietet die erste Columbia-Veröffentlichung von Miles Davis, »'Round About Midnight«, verglichen mit den Prestigeaufnahmen (»Cookin'« etc.) eigentlich nichts Neues.

123

Wie alle Davis-Aufnahmen aus dieser Zeit zeichnet sich auch diese durch die hohe Kunst der Integration widersprüchlicher Bop- und Coolelemente, unter Betonung des afro-amerikanischen Erbes, aus.

Die schnellen Stücke »Ah-Leu-Cha« und »Tadd's Delight« sind bei Miles' Traditionsbewußtsein als Reminiszenzen an seine Bebop-Vergangenheit zu verstehen. Besonders eindrucksvoll ist bei »Ah-Leu-Cha« das in bester Cool-Tradition vorgetragene zweistimmige Satzspiel mit der typisch kontrapunktuellen, thematischen Linienführung. Dieser Mitschnitt stammt im Gegensatz zum übrigen Material aus Miles' erster Columbia-Session vom Oktober 1955.

Der Aufbau der Balladen, wie »'Round About Midnight« und die schon zum Medium-Tempo neigenden Kompositionen »All Of You« und »Dear Old Stockholm«, hat sich insofern verändert, daß die Themen jetzt zweistimmig vorgetragen werden und jeweils im Mittelteil ein aufregendes Solo des Tenorsaxophonisten John Coltrane plaziert ist.

Beim spielerisch verträumten »Dear Old Stockholm«, einer schwedischen Volksweise, deren Urheberschaft fälschlicherweise immer Stan Getz untergeschoben wird, fällt vor allem eine starke akkordische Akzentuierung durch Red Garlands Klavierspiel auf, und dem aufmerksamen Zuhörer wird die schmiegsame, vielschichtige Rhythmik, die auch das Baßsolo Paul Chambers' ausstrahlt, nicht entgehen. Zusammen mit dem erstmals hier vorgestellten »All Of You«, dessen melodischer Raum hier noch nicht ausgeschöpft wird, rundet sich das musikalische Bild ab.

Von den sechs erschienen LP's dieses klassischen Davis-Quintetts, die zu Recht des öfteren mit Satchmos Hot-Five-Aufnahmen verglichen werden, ist das Album »'Round About Midnight« der absolute Höhepunkt; dazu trägt sicher auch die sorgfältige Produktion und die für damalige Verhältnisse überragende Aufnahmetechnik bei.

5.–27. Mai 1957

Miles Ahead
Miles Davis + 19

(A) Springville / The Maids Of Cadiz / The Duke / My Ship / Miles Ahead
(B) Blues For Pablo / New Rhumba / The Meaning Of The Blues / Lament / I Don't Wanna Be Kissed

Miles Davis and the Gil Evans Orchestra

Columbia CL 1041
CBS PC 8633
CD: CK-40837-2 (USA)

Das Album »Miles Ahead« ist eine Manifestation der Klangwelt Miles Davis'; sie hängt wie eine »weiße Wolke« über dem ganzen musikalischen Geschehen – traurig, einsam und voller Sanftheit. J. E. Berendt hat einmal gesagt, und wer das Album gehört hat, weiß, was gemeint ist: »Gil Evans ist ein Mann, der den Miles-Davis-Ton am vollkommensten in orchestralen Klang verwandelt – in Sound.«

Obwohl jede der zehn Kompositionen aus einer anderen Feder stammt, bilden sie durch die starke Formkraft der Gil-Evans-Arrangements eine suitenartige Geschlossenheit. Dieser Eindruck wird noch dadurch verstärkt, daß die einzelnen Titel fast ineinander übergehen und einem schnelleren Stück ein langsameres folgt. Den Mittelpunkt des musikalischen Geschehens bildet Miles Davis als einziger Solist auf dem samtweichen Flügelhorn, das der Fähigkeit des Improvisators, in sich hinein zu hören, besonderen Ausdruck zu verleihen vermag. Den Hintergrund bilden die ungewöhnlich arrangierten Orchesterpassagen, die Miles Davis wie auf den Leib geschrieben sind.

Es gibt selten temperamentvolle Attacken, denn Miles bevorzugt seine weiter stilisierten, lyrischen Improvisationen in melodisch-perspektivischer Linienführung. Lang geschwungen bahnt er melodische sowie dynamische Höhepunkte an; sie verschlingen sich mit den Orchesterlinien, werden von diesen absorbiert, um sich dann davon wieder abzuheben. Bei durch-

Columbia CL 1041
CBS PC 8633

CD: CK-40837-2 (USA)

gehend hohem musikalischen Niveau sind das Titelstück »Miles Ahead« (eine gemeinsame Komposition von Davis und Evans), »The Maid Of Cadiz« (hier erscheint schon die Thematik von »Sketches Of Spain«) und Ahmad Jamals »New Rhumba« am gelungensten.

4. Dezember 1957

Ascenseur pour l'échafaud
Miles Davis

(A) Générique / L'assassinat de Carala / Sur l'autoroute / Julien dans l'ascenseur / Florence sur les Champs-Elysées / Diner au motel / Evasion de Julien / Visite du vigile / Au bar du petit bac / Chez le photographe du motel
(B) + Art Blakey's Jazz Messengers

Miles Davis (tp), Barney Wilen (ts), René Urtreger (p), Pierre Michelot (b), Kenny Clarke (dr)

Mercury 6444 701
Fontana 812 107-1
CD: Philips 822 566-2 (USA)

Mit einem französischen Quintett, das für ein dreiwöchiges Engagement im Club »St. Germain« zusammengestellt worden war, begab sich Miles Davis auf Wunsch des Filmregisseurs Louis Malle zu einer Nachtsession in ein Pariser Studio, um die Musik zu dessen Filmerstling, dem Thriller »Ascenseur pour l'échafaud«, einzuspielen. Als außergewöhnlich müssen nicht nur das musikalische Ergebnis, sondern auch die Umstände, unter denen es entstanden ist, angesehen werden. Miles ließ seine Musiker unmittelbar unter dem Eindruck der Aktionen und Emotionen bewegter Bilder, die auf einer eigens für diesen Zweck im Studio aufgebauten Leinwand zu beobachten waren,

125

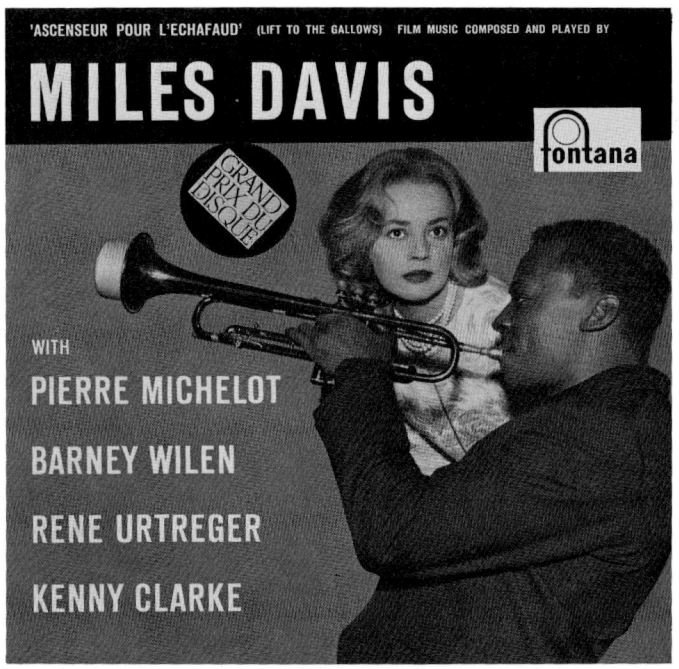

Das Cover der histori-
schen 25 cm-Platte zeigt
Miles Davis mit der
Schauspielerin Jeanne
Moreau

Fontana 812 107-1

CD: Philips 822-566-2
(USA)

improvisieren. Dabei verzichtete Miles auf jede thematische Einlassung und legte vorher nur bestimmte Motive, Akkordgerüste und Tempi fest.

Das Resultat dieses bis dato einzigartigen Verfahrens war so berauschend, daß die zehn motivischen Fragmente als Soundtrack auf einer Platte veröffentlicht wurden. Während in den Titeln »Générique«, »Florence sur les Champs-Elysées« und »Chez le photographe du motel«, vorgetragen im traditionellen, Davis-typischen, balladenhaften bis getragenen Metrum, noch harmonische Folgen erkennbar sind, treibt Miles die szenischen Aussagen des Films »Die Furcht vor dem Offensichtlichen« in den Motiven »L'assassinat de Carala« und »Julien dans l'ascenseur« mit dem ihm eigenen Stilmittel, der Dreiklang-Improvisation, basierend auf einer einzigen Harmonie, auf eine melodramatische Spitze.

»Sur l'autoroute« und »Diner au Motel« sind rhythmisch dichte, in schnellem Tempo vorgetragene Stücke im Hardbop-Stil, in denen Davis mittels gestopftem Trompetensound durch hervorragende Spiellaune und technische Brillanz glänzt.

»Evasion de Julien« und »Visite du vigile« sind Soloausflüge des großen französischen Baßtalents der 50er Jahre, Pierre Michelot, und haben hauptsächlich filmszenischen Wert. Barney Wilen, der mit zwei kurzen Tenorsoli in Johnny-Griffin-Manier (in »Sur l'autoroute« und »Florence sur les Champs-Elysées«) sowie einer reizvollen dialogischen Kollektivimprovisation im Mediumtempo mit Miles in dem Titel »Au bar du petit bac« glänzt, Kenny Clarkes einfühlsame rhythmische Akzentuierungen sowie René Urtregers Klavierbegleitung fügen sich nahtlos in das Konzept ein.

Mitte der 50er Jahre ließen verschiedene französische Regisseure die Soundtracks zu ihren Filmen von amerikanischen Jazzmusikern einspielen. In Frankreich erschien eine LP, die auch die Filmmusik zu »Des femmes disparaissent« mit Art Blakeys Jazz Messengers enthielt.

8. Dezember 1957

Miles In Amsterdam

(A) Woody'n You / Bag's Groove / What's New / But Not For Me / A Night In Tunisia
(B) Four / Walkin' / Well, You Needn't / 'Round Midnight / Lady Bird

Miles Davis (tp), Barney Wilen (ts), René Urtreger (p), Pierre Michelot (b), Kenny Clarke (dr)

Jazz O.P. OMS-7003

Den Auftakt zu jener Europa-Tournee Ende 1957, während der die Einspielungen für den Soundtrack zu »Ascenseur pour l'échafaud« entstanden, bildete ein Konzert im Pariser »Olympia«. Daraus wurden vor einigen Jahren im Rahmen eines Samplers (Carlyne Music CAR 006), der Aufnahmen von unterschiedlichen Gruppen um den Pianisten René Urtreger enthält, zwei Miles-Klassiker veröffentlicht: »Bag's Groove« und »Four«, die Miles in ausgezeichneter Spiellaune zeigen. Man durfte also auf das rund 60minütige Bootleg gespannt sein, das vom holländischen Rundfunk anläßlich eines Konzerts in Amsterdam Anfang Dezember 1957 mitgeschnitten und in den 80er Jahren veröffentlicht wurde. Die Begeisterung über dieses Album hält sich in Grenzen: es ist aufnahmetechnisch zwar hervorragend, aber in seiner künstlerischen Qualität eher unausgewogen.

Nahezu über die gesamte A-Seite blieb die Gruppe unter ihren Möglichkeiten. Vor allem in den Themenvorstellungen fehlt dem Ensemble die fließende Eleganz, die Miles als Einstieg zu inspirierten Soli braucht. Kenny Clarke schien einen rabenschwarzen Abend erwischt zu haben: er hing meist weit hinter dem Beat zurück. Nur selten, etwa in dem bezauberten »What's New«, gelangen Miles die solistischen Bögen; dann fallen auch die schiefen Breaks des Drummers, die verunglückten »fill ins« und »outs« kaum mehr ins Gewicht.

In »Four«, das aufgrund seiner melodischen Reduktion sehr viel Möglichkeiten offenläßt, werden die Schwächen des Bassisten Pierre

Jazz O. P. OMS-7003

Michelot, und des Pianisten René Urtreger offenkundig: sie wissen mit dem Freiraum nur wenig anzufangen.

Gelungene musikalische Kommunikation zeigt dagegen die folgende Version von »Walkin'«; unverwechselbar ist Miles' drängend lineare Suche nach neuen motivischen Facetten – kleine Unsicherheiten verwandeln sich plötzlich in ein unwiderstehliches Flair. Ebenso hervorragend in Szene gesetzt ist »Well You Needn't«; obgleich im boppigen Aufriß, kontrastiert Miles, fast träumerisch verspielt, das musikalische Stimmungsbild; ihm folgen Barney Wilens Tenorchorusse, stilistisch zwar von Miles animiert, aber eckig, mit vielen überraschenden Klippen, ganz in der Spielweise des Tenorsaxophonisten Sonny Rollins.

Zum Ausklang, als krönendes Finale erklingt »Lady Bird«. In Tadd Damerons Reminiszenz an Charlie Parker scheint ein ungewöhnlich lebendiger Kenny Clarke seine vorangegangenen Schwächen wieder wettmachen zu wollen. Das Stück zeigt zugleich, daß Miles damals,

neben seinen »modalen Experimenten« bei Studioproduktionen, als Livemusiker gerne auf Altvertrautes zurückgriff und sich musikalisch auf die sicheren Pfade des Bebop beschränkte.

9. März 1958

Somethin' Else

(A) Autumn Leaves / Love For Sale
(B) Somethin' Else / One For Daddy-O / Dancing In The Dark

Miles Davis (tp), Julian Cannonball Adderley (as), Hank Jones (p), Sam Jones (b), Art Blakey (dr)

Blue Note ST 81595
CD: Blue Note CDP 7 46338-2

Den programmatisch bewußt gestalteten Schritt zu einer modalen Improvisationsweise vollzog Miles Davis seltsamerweise in seiner bislang

Blue Note ST 81595

CD: Blue Note
CDP 7 46338-2

letzten Studio-Session, bei der er nur als »Sideman« fungierte. Obgleich der stilistische Rahmen, vor allem repräsentiert durch die explosive Vehemenz der Rhythmen Art Blakeys eindeutig dem Hardbop zuzuordnen ist, die der damaligen Auffassung Miles Davis' nicht gerade entgegenzukommen schien, drückte er dieser Session seinen kreativen Stempel auf. Daß er die Highlights dieses Albums setzt, spricht für Miles' künstlerische Flexibilität und Sensibilität. Insbesondere den drei Einspielungen »Autumn Leaves«, »One For Daddy-O« und speziell »Somethin' Else« ist gemeinsam, daß hier zum ersten Mal ein Kompromiß zwischen funktionsharmonischem Gesamtaufbau und modaler Improvisation versucht wird. Während Miles Davis nur noch über tonale Zentren modal improvisiert, bleiben die übrigen Musiker der funktionalen Harmonik verhaftet. Diese stilistische Neuorientierung, die Integration harmonischer und modaler Spielweise, sollte in den folgenden Jahren für die musikalische Entwicklung von Davis bestimmend werden.

Schon im Eingangstitel der A-Seite, der traditionellen Ballade »Autumn Leaves«, wird erstmals eine in sich völlig geschlossene, modale Improvisation vorgestellt. Miles demonstriert die Möglichkeit, ein funktionsharmonisches Gerüst auf eine einzige Tonreihe zu reduzieren, die ihm ein Höchstmaß an Freiheit garantiert. Noch eindrucksvoller führt er dieses neue Improvisationsprinzip in seiner Eigenkomposition »Somethin' Else« vor. Das Eingangsmotiv besteht nur noch aus einem simplen Dreiklang, der in einem »Call-Response-Spiel« von Trompete und Altsax innerhalb eines 12taktigen Blues-Schemas vorgestellt wird. In den folgenden Soli läßt sich der Unterschied zwischen modaler und harmonischer Improvisationsweise durch die Stimmungsveränderung beim Wechsel von Trompete zum Altsax rein intuitiv gut nachvollziehen.

Der Blues »One For Daddy-O«, eine Komposition, die »Cannonballs« Bruder Nat Adderley beigesteuert hat, ist ähnlich angelegt wie »Somethin' Else«, auch wenn das Thema mehr am

Geist des Funky-Blues orientiert ist. Gegen Adderleys extrovertiertes Solospiel setzt Miles anfänglich kontrapunktuelle Sololinien. Zu Beginn bläst er in typisch verhaltener Tonbildung auf den mittleren Registern seines Horns ein paar Chorusse, dann hebt sich seine modale Improvisation mit strahlendem und kraftvollem Ton in hohen Registern, in jener Zeit für ihn ungewohnt, aus dem harmonischen Gesamtablauf heraus.

Der Cole-Porter-Standard »Love For Sale« wird nach einer Piano-Einführung thematisch von Davis mit gestopftem Horn im unterlegten Latin-Rhythmus vorgestellt. Nach »Cannonballs« aufregend kompaktem Altsolo ist Davis noch einmal mit einer gekonnten Themenvariation zu hören.

Bei dem Stück »Dancing In The Dark« ist Davis nicht beteiligt.

Cannonball Adderley
Alison's Uncle

(A) Alison's Uncle
(B) Autumn Leaves

Blue Note BNJ-27001 (Maxisingle)

COMPACT DISC:

Julian Cannonball Adderley
Somethin' Else
(alle Titel + »Alison's Uncle«)

Blue Note CDP 7 46338-2

Die japanische Blue Note brachte eine Maxisingle unter dem Titel »Alison's Uncle« heraus, die den Archivbestand der »Somethin' Else«-Session ausschöpft. Die A-Seite enthält das bisher unveröffentlichte Titelstück, das als Zugabe auch auf der CD-Fassung zu hören ist. Das Thema stammt aus der Feder von Cannonball und könnte auch von einem Vertreter der Westcoast-Szene geschrieben sein. Getrieben von Art Blakeys unwiderstehlichen Rolls improvi-

sieren alle Solisten in routinierter Manier. Auf der B-Seite findet sich noch einmal das Kleinod »Autumn Leaves«: Ständig auf der Gratwanderung zwischen Improvisation und Variation präsentiert sich Miles in Hochform, seinen Harmon-Mute-Dämpfer im Ansatz scheinbar wie aus dem Nichts blasend. Dieser Sound kommt durch die 45er Geschwindigkeit gut, auf der CD, vor allem im spontan erweiterten Coda, noch besser zur Geltung. Zuerst greift Hank Jones in die Tasten und danach spielt noch einmal Miles: die Sensibilität, mit der er es versteht, zerbrechliche Gefühle, jenseits von Kitsch und Sentimentalität, zum Ausdruck zu bringen, kann künstlerisch gar nicht hoch genug eingeschätzt werden.

1953–1957

Miles Davis
Miles Tones

(A) Bye Bye Blackbird / Rollin' And Blowin' / I Got Rhythm
(B) Four Squared / Bye Bye Blackbird / It Never Entered My Mind / Four Plus One More

A 1–2, B 1: Miles Davis (tp), John Coltrane (ts), Bill Evans (p), Paul Chambers (b), Philly Joe Jones (dr)
Aufgenommen vermutlich 17. Mai 1958
A 3: Miles Davis (tp), Sahib Shihab (bs), Wade Legge (p), Lou Hackney (b), Al Jones (dr), Candido (cga), Joe Carroll (voc)
Aufgenommen vermutlich 16. Mai 1953
B 2–4: Miles Davis (tp), Sonny Rollins (ts), Red Garland (p), Paul Chambers (b), Art Taylor (dr)
Aufgenommen vermutlich 13. Juli 1958

Jazz Bird Records JAZ-2005

Jazz Bird Records
JAZ-2005

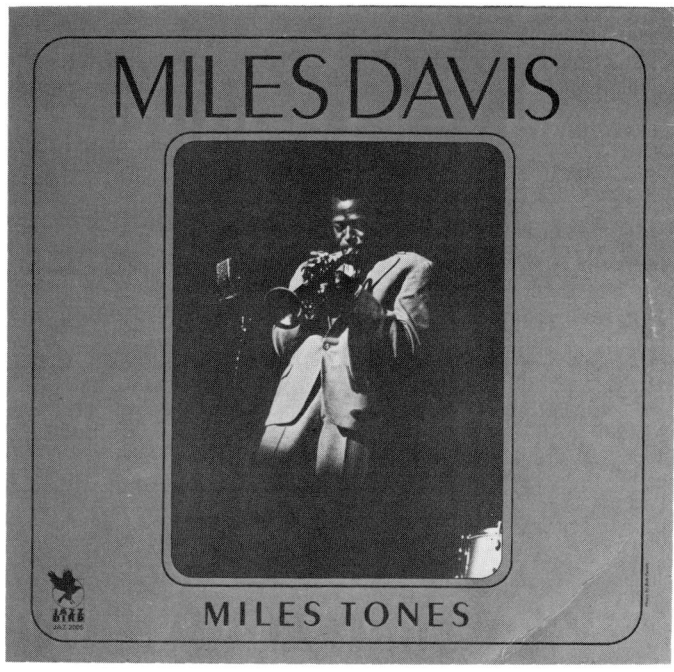

1957–1959

Miles Davis & John Coltrane
Live In New York

Bye, Bye, Blackbird / Four / It Never Entered
My Mind / Walkin' / Miles / So What

*1, 2, 4, 5: Miles Davis (tp), John Coltrane (ts),
Bill Evans (p), Paul Chambers (b), Philly Jo
Jones (dr)*
17. Mai 1958

*6: Miles Davis (tp), John Coltrane (ts), Wynton
Kelly (p), Paul Chambers (b), Jimmy Cobb (dr)
& Gil Evans Orchester*

CD, Bandstand EXCD 1501 (Japan)

Diese in Japan erschienene CD ist für den
Sammler deshalb von Bedeutung, weil sie eine
Lücke in der Dokumentation von Miles' Live-
Auftritten Ende der 50er Jahre schließt. Die
Titel »Bye Bye Blackbird«, »Four« (Squared)
und »Walkin'« (auch »Rollin' And Blowin'«)
wurden am 17. Mai 1958 im Café Bohemia in
New York für den Rundfunk mitgeschnitten;
diese drei Titel waren schon früher auf den
Bootlegs »Miles Tones« (Jazz Bird JAZ-2005)
oder »Makin' Wax« (Chakra CH 100 M) veröffentlicht. Neu auf der CD ist der Titel »Miles«,
der vom gleichen Abend im Café Bohemia
stammt: in hervorragender Aufnahmequalität
kann hier das Davis-Quintett in einer Clubatmosphäre genossen werden. Die Soli sind deutlich
geschickter angelegt als in der Studioversion,
und »Trane« sucht im packenden Dialog mit
dem Pianisten Bill Evans – noch ein wenig
unsicher – nach neuen Wegen.
An gleicher Stelle findet sich »It Never Entered
My Mind«, eine Aufnahme, ebenfalls aus dem
Café Bohemia, vom 13. Juli 1957. Von diesem

131

CD: Bandstand EXCD 1501
(Japan)

Clubabend gibt es auf den erwähnten Bootlegs »Miles Tones« und »Makin' Wax« drei Kostproben, die für den Sammler weitaus wichtiger sind: Noch einmal »Four« (Plus One More), »Bye Bye Blackbird« und der ganze Take von »It Never Entered My Mind«, das in Form eines Medleys zu »Walkin'« übergeht. Es sind wohl die einzigen Aufnahmen (auch auf Ozone 18 erschienen), auf denen ein Davis-Quintett mit Sonny Rollins live zu hören ist. Vor allem in »Four« gefällt Rollins mit einem längeren, phantastisch aufgebauten Solo, mit dem er als sogenannter »Organisator der Lücke« eindringlich deutlich macht, daß er, zu dem damaligen Zeitpunkt, innerhalb des Davis-Quintetts als die einzige Alternative zu John Coltrane angesehen werden kann.

Die CD klingt mit einer Perle aus: in einer ersten Live-Version von »So What«, vier Wochen nach der Einspielung des Originals entstanden, wirken Miles und »Trane« solistisch schon sehr viel sicherer. Davis spielt mit strahlendem Ton, fast eine kosmische Aura verbreitend; am Ende

seines zweiten Durchgangs ist schon die paraphrasische Begleitung des gesamten Gil-Evans-Orchesters zu hören. Die Aufnahme stammt aus einer 30minütigen Fernsehsendung, die für die Reihe »The Sound Of Jazz« von Robert Herridge am 2. April 1959 zwischen den zwei Aufnahmesessions zu »Kind Of Blue« aufgezeichnet wurde und nun auch als Video mit dem Titel »The Sound of Miles Davis« erhältlich ist. Wie so oft bei Miles, lief auch dieses Projekt nicht ohne Eklat ab. Die kompromißlose Betonung der Musik und das zufällige und relaxte Auftreten der Musiker sorgten im Studio für einigen Wirbel, so daß die Sendung über ein Jahr zurückgehalten wurde. Betrachtet man heute, nach fast dreißig Jahren, das Video, ist die Aufregung kaum noch nachzuvollziehen: Statt, wie bei solchen Anlässen üblich, in Anzug und Krawatte, ist etwa Miles in Tweedjacke mit Seidenhalstuch erschienen, während Gil Evans mit einem einfachen Pullover angetreten ist. Ansonsten vermitteln die Schwarzweiß-Bilder einen hervorragenden Eindruck von Miles' berühmtem Ensemble (hier ohne Cannonball Adderley, der wegen Krankheit fehlte), umrahmt vom Gil Evans Orchestra.

Im Anschluß an »So What« werden noch einmal die orchestralen Titel »The Duke«, »Blues For Pablo« und »New Rhumba« aus dem »Miles Ahead«-Album vorgestellt, deren Arrangements hier, verglichen mit den Originalen, konsequenter zur Aufführung kommen.

Bleibt abschließend noch zu erwähnen, daß die Aufnahmen dieser TV-Show auf dem Bootleg »Miles Davis All Stars and Gil Evans« (Beppo 502) sowie auf Ozone 18 enthalten sind.

VIDEO
aus »Miles Davis & John Coltrane
Live in New York«:
2. April 1959

The Sound Of Miles Davis

So What / The Duke / Blues For Pablo / New Rhumba

Miles Davis (tp), John Coltrane (ts, as), Wynton Kelly (p), Paul Chambers (b), Jimmy Cobb (dr)

Video Jazz, Kay Production, Tape-B&W-1959-USA, 021 KJ

2./3. April 1958

Milestones . . . Miles Davis

(A) Dr. Jekyll / Sid's Ahead / Two Bass Hit
(B) Miles / Billy Boy / Straight, No Chaser

Miles Davis (tp), Julian Cannonball Adderley (as), John Coltrane (ts), Red Garland (p), Paul Chambers (b), Philly Joe Jones (dr)

Columbia CL 1193
CBS PC 9428
CD: CK-40837-2 (USA)

Nach 16monatiger Studiopause produzierte Miles Davis mit seiner klassischen Quintett-Besetzung, erweitert um den Altsaxophonisten »Cannonball« Adderley zwei Titel, die in hervorragender Weise seinen stilistischen Wandel dokumentieren: »Sid's Ahead«, eine dreistimmige, thematische Variation der 1954 eingespielten Blues-Komposition »Weirdo«, das mit seiner vielschichtigen Harmonik einen stilistischen Übergang zum modalen Jazz darstellt, und insbesondere die neue Eigenkomposition »Miles«, mit der Davis durch die nahezu vollkommene Eliminierung der Funktionsharmonik einen weiteren Emanzipationsschritt heraus aus den tonalen Formen des traditionellen Jazz vollzog.

»Sid's Ahead«, das im funktionalen Aufbau und seiner Metrik auch an »Walkin'« erinnert, ist sowohl in rhythmischer als auch tonaler Hinsicht ein eindrucksvolles Exempel des Davis'schen Stilwandels. Die gesamte Improvisationsweise baut hier nahezu auf eine einzige Tonskala auf, die aus dem bluesharmonischen Gerüst abgeleitet wurde. Die behäbige, »hängende« Art der Themenvorstellung wird durch Coltranes drängende Soloimprovisation, und spätestens mit der Veränderung des Metrums, die vom Schlagzeuger Philly Joe Jones ausgeht, rhythmisch hervorragend kontrastiert. An Coltranes multidimensional-vertikaler Akkordschichtung schließt sich das wohl schönste Trompetensolo Miles' in diesem Album an. Seine langgeschwungenen, variantenreichen Linien scheinen sich in der Horizontalen zu verlieren. Die fehlende Klavierbegleitung wirkt sich dabei auf den melodischen Spannungsverlauf vorteilhaft aus; dies geht auf einen außermusikalischen Grund zurück: Miles' Pianist Red Garland war zu dieser Aufnahme zu spät erschienen.

In »Dr. Jekyll«, einer Komposition von Jackie McLean, die Davis 1955 schon einmal mit dem Altisten eingespielt hatte, und in dem John-Lewis-Opus »Two Bass Hit«, das getragen wird vom tiefschwarzen, rhythmischen Feuerwerk Philly Joe Jones', sowie in Monks verzinktem Titel »Straight, No Chaser«, das einen geradezu hinreißenden Gruppenperfektionismus ausstrahlt, gibt es fast durchwegs makellose Improvisationen zu hören.

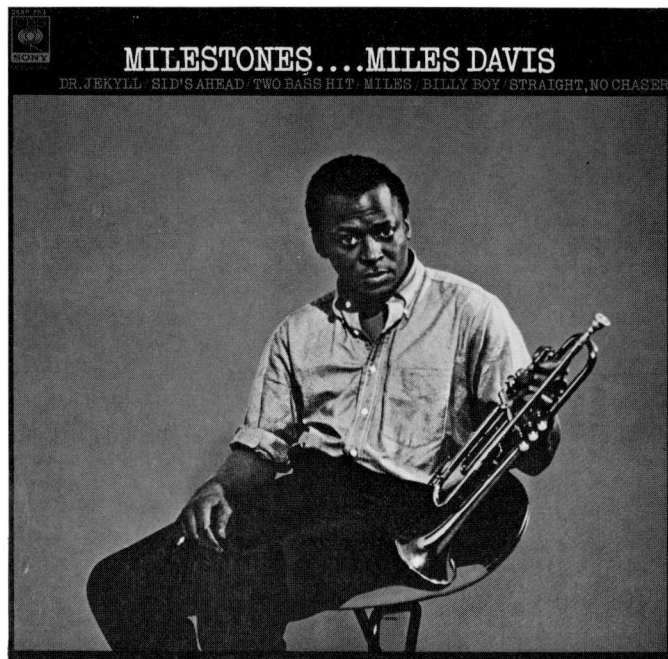

Columbia CL 1193
CBS PC 9428

CD: CK-40 837-2 (USA)

In dem Titel »Miles« wirkt sein Solo bei reduzierter Bewegung zögernd, die neuen Interpretationsmöglichkeiten werden vorsichtig ausgelotet. Dagegen scheint Coltrane mit seiner Beweglichkeit auf dem Tenorsaxophon den neuen improvisatorischen Raum schon konsequenter zu nutzen; die neugewonnene Dimension der melodischen Gestaltung ist bei ihm unüberhörbar an eine Akkordschichtung geknüpft.
»Billy Boy«, eine Komposition von Miles Davis im Geiste des von ihm sehr verehrten Ahmad Jamal, wird nur durch das Red-Garland-Trio vorgestellt.

26. Mai 1958, 3. Juli 1958, 21. April 1961

The Miles Davis Sextet And Quintet – Miles At Newport

(A) Ah-Leu-Cha / Straight, No Chaser / Fran-Dance / Two Bass Hit

(B) On Green Dolphin Street / Fran-Dance / Stella By Starlight / On Green Dolphin Street

A, B 1–3: Miles Davis (tp), Julian Cannonball Adderley (as), John Coltrane (ts), Bill Evans (p), Paul Chambers (b), Jimmy Cobb (dr)
B 4: Miles Davis (tp), Hank Mobley (ts), Wynton Kelly (p), Paul Chambers (b), Jimmy Cobb (dr)

CBS 63417

Die zweite Seite dieses Albums bringt Studioaufnahmen vom Mai 1958 mit den Titeln »On Green Dolphin Street«, »Stella By Starlight« und der Davis-Eigenkomposition »Fran-Dance«. Die Sextett-Besetzung hatte sich seit der »Milestone-Session« verändert: Red Garland und Philly Joe Jones wurden durch Bill Evans und Jimmy Cobb ersetzt.
»On Green Dolphin Street« wird durch thematische Varianten auf dem Klavier eingeleitet, die – geprägt von europäischer Romantik – die

CBS 63417

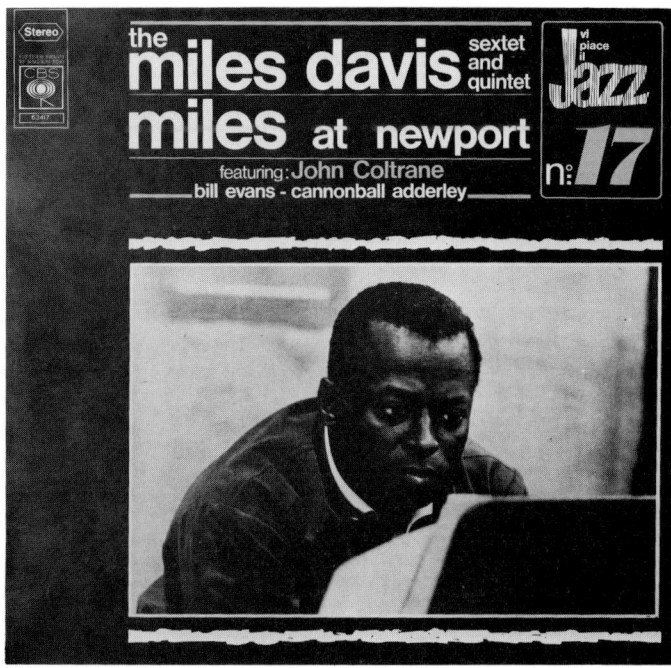

Atmosphäre der musikalischen Entwicklung vorausbestimmen: eine unnachahmlich schwebende Getragenheit, die vor allem von Paul Chambers' Baßsound herrührt. Anschließend stellt Miles das Thema mit gestopfter Trompete und ständig veränderten Formen eigentlich nur skizzenhaft vor. Die gleichförmige Besenarbeit Jimmy Cobbs baut im Kontrast zu Miles' Linienführung eine Spannung auf, die sich in beiden folgenden Saxophonsoli reichlich entlädt. Die brillanten und sprudelnden Soli, zuerst »Tranes« und dann »Cannonballs«, sind eingerahmt von den Beiträgen der Protagonisten des sparsamen Umgangs mit Tönen: anfangs Miles, am Ende Evans. Obwohl diese Einspielung nahezu zehn Minuten dauert, läßt sie den Zuhörer in keiner Phase los.

»Fran-Dance« mit dem Untertitel »Put Your Little Foot Right Out« hat Davis der Broadway-Tänzerin Frances Taylor gewidmet, die er zwei Jahre später heiratete. Sanfter, aber darum nicht weniger eindringlich, läßt sich eine Romanze der ersten Stunde musikalisch wohl kaum gestalten. Miles ist hier nur mit einer Themenvariation zu hören, während Adderley im improvisierten Mittelteil beweist, daß er auch balladeske Stimmungen im Mediumtempo adäquat zu interpretieren vermag.

Das folgende »Stella By Starlight« ist ähnlich aufgebaut wie »Fran-Dance« und sicher unter dem gleichen Eindruck entstanden. Statt Julian »Cannonball« Adderley bestreitet hier John Coltrane in ähnlicher Intensität den schnelleren solistischen Mittelteil.

Besonders erwähnenswert ist das Spiel des hier erstmals in Erscheinung tretenden Pianisten Bill Evans, der zu diesem Zeitpunkt erst einige Wochen dem Davis-Sextett angehörte; es weist weniger perkussive Elemente auf als das seines Vorgängers Red Garland; gleichzeitig ist aber die Neuorientierung an melodischen Linien auch bei Evans schon deutlich spürbar.

Bei der gleichen Aufnahmesitzung entstand ein phantastischer 12minütiger Take von »Love For Sale«, der erst 1970 auf der LP »Circle In The Round« (s. S. 183) veröffentlicht wurde.

Columbia CS 8085

Die A-Seite, ca. sechs Wochen später »live« beim Newport-Jazzfestival 1958 mitgeschnitten, vermittelt ein völlig anderes Stimmungsbild: die verhaltene Lyrik ist einer extrovertierten Festivalatmosphäre gewichen, was sich mit Ausnahme von »Fran-Dance« allein von der Auswahl der Titel her ergibt. Schon der Einstieg mit Parkers »Ah-Leu-Cha« läßt erkennen, daß Davis wenig Neigung verspürte, mit seinem Ensemble modale Experimente vorzuführen, sondern es vorzog, sich wie auch in »Straight No Chaser« und »Two Bass Hit« in vertrauten Bop-Gefilden in phantastischer Spiellaune zu präsentieren. Solistisch agiert jeder in glänzender Form.

Aus der Rhythmusgruppe sticht Paul Chambers' dynamisches Baßspiel hervor. Bei schnellen Tempi fehlt es dem neuen Schlagzeuger Jimmy Cobb an der Eleganz seines Vorgängers Philly Joe Jones. Gerade bei diesem Live-Mitschnitt wird deutlich hörbar, welchen Verlust sein Weggang damals für das Davis-Ensemble bedeutete.

Obwohl Miles Davis im Laufe der Jahre nahezu ein Dutzend Mal beim Newport-Jazzfestival spektakuläre Erfolge verbuchte, ist dieser Mitschnitt vom 3. Juli 1958 der einzige, den es auf Schallplatte gibt.

4., 14., 22. und 29. Juli 1958

Miles Davis – Porgy And Bess

(A) The Buzzard Song / Bess, You Is My Woman Now / Gone / Gone, Gone, Gone / Summertime / Bess, Oh Where's My Bess
(B) Prayer / Fisherman, Strawberry And Devil Crab / My Man's Gone Now / It Ain't Necessarily So / Here Come De Honey Man / I Love You Porgy / There's A Boat That's Leaving Soon For New York

Miles Davis and the Gil Evans Orchestra

Columbia CS 8085
CD: CK-40647-2 (USA)

Columbia CS 8085

CD: CK-40647-2 (USA)

Das Album »Porgy And Bess« ist die Fortsetzung der erfolgreichen Zusammenarbeit Miles Davis' mit Gil Evans. Den Rahmen bilden 15 Motive aus einem der populärsten Musicals George Gershwins, das wegen seiner vielen Blues- und Jazzelemente eine besondere Herausforderung für jeden Jazzarrangeur darstellt. Inspiriert von der vielfältigen Ausdrucksskala des Musicalprotagonisten gelang es Gil Evans, durch seine Bearbeitungen ein seltenes Spannungsfeld zwischen Komposition und Improvisation mit wunderlich märchenhaften Klangfarben in der für ihn typischen Orchesterinstrumentierung zu erzeugen.

Hervorragend wie gewohnt und fast in symbiosenhafter Weise in den Klangkörper der Allstar-Bigband integriert, setzt Miles seine stilistisch durchwachsenen Sologlanzlichter, wobei er in den unteren Registern von Flügelhorn und Trompete eine erstaunliche Reinheit des Klangs in feinsten Nuancierungen hörbar werden läßt.

Musiktheoretisch scheint es erwähnenswert, daß Miles' Improvisationen in »Prayer«, »Ain't Necessarily So«, »Gone«, »Summertime« und »There Is A Boat« eindeutig modale Strukturen aufweisen. Davis erläuterte diesen Umstand einmal selbst: »Als Gil die Arrangements für ›I Love Porgy‹ schrieb, hat er für mich nur eine Tonleiter festgelegt und keine Akkorde; das gibt eine Menge Freiheit und Raum, Dinge zu hören«.

9. September 1959

Jazz At The Plaza
The Miles Davis Sextet

(A) Jazz At The Plaza / My Funny Valentine
(B) If I Were A Bell / Oleo

Miles Davis (tp, fl-h), Julian Cannonball Adderley (as), John Coltrane (ts), Bill Evans (p), Paul Chambers (b), Jimmy Cobb (dr)

Columbia PC 32470

137

Columbia PC 32470

»Jazz At The Plaza« stellt neben den Newport-Aufnahmen ein weiteres Live-Dokument des berühmten Davis-Sextetts dar. Es handelt sich um einen etwa 40 Minuten dauernden Mitschnitt eines Konzertes, das Miles anläßlich einer Jazz-Party gab, die Columbia für ihre Topstars Duke Ellington, Billie Holiday und natürlich für ihn selbst veranstaltete.

Das unglaublich schnell vorgetragene »Jazz At The Plaza«, hinter dem sich nichts anderes als Monks »Straight, No Chaser« verbirgt, bietet die seltene Gelegenheit, Miles auf dem samtweichen Flügelhorn im Rahmen seiner Combo live spielen zu hören. Danach spielt das Davis-Quartett eine atemberaubende erste Live-Version von »My Funny Valentine«, der in den folgenden Jahren immer wieder noch intensivere und ausgefeiltere Varianten folgen sollten. Bill Evans macht hier mit seinem Pianosolo seine Fähigkeit zu romantischen Klavierimprovisationen im linearen Swing deutlich.

Leider bringt es die relativ mangelhafte Aufnahmequalität mit sich, daß Paul Chambers Baß-spiel und phasenweise auch Pianoklänge nur erahnt werden können. In »If I Were A Bell« hört sich Miles' Trompete gar an, als würde er seine Vorstellung hinter der Bühne geben. Trotz dieses aufnahmetechnischen Mangels ist zu hören, wie Miles, unterstützt von Jimmy Cobbs Trommeln in atemloser Geschwindigkeit und schneller, abgehackter Phrasierung eine berstende Spannung auf die Spitze treibt. Coltranes Soli sorgen hier in souveräner technischer Versiertheit für eine gewisse Entspannung. Der Schwachpunkt sind die Solobeiträge von Cannonball Adderley, bei denen die selbst für diese Gruppe außergewöhnliche Intensität und Dichte – ein Produkt der Live-Atmosphäre – jedesmal verflacht; allerdings ist er in diesem Album nur in »Straight No Chaser« und »Oleo« vertreten. Spätestens hier aber wird auch der Hang Adderleys zum manierierten Phrasentum in überstürzten Tempi offenkundig.

Columbia CS 8163
CBS 40579
CBS 32109

CD: CK-40579-2 (USA)

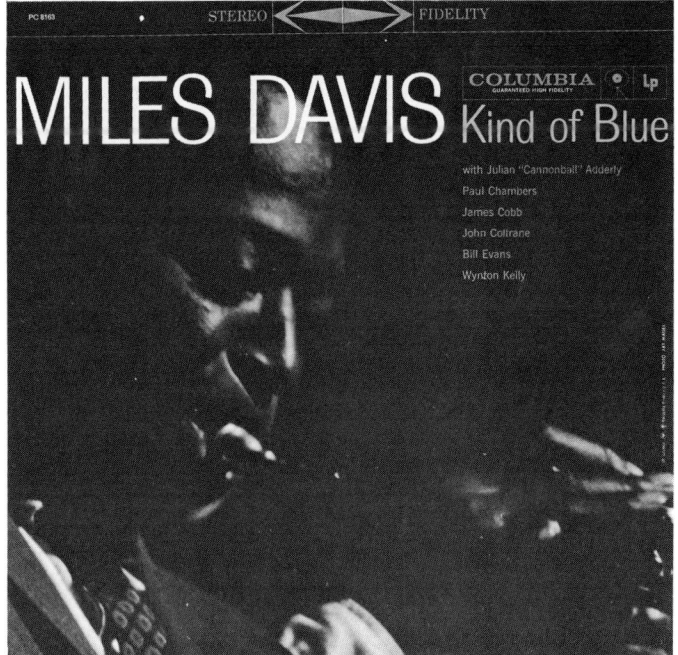

2. März 1958, 22. April 1958

Miles Davis – Kind Of Blue

(A) So What / Freddie Freeloader / Blue In Green
(B) Flamenco Sketches / All Blues

A, B: Miles Davis (tp), John Coltrane (ts), Julian Cannonball Adderley (as), Bill Evans (p), Paul Chambers (b), Jimmy Cobb (dr)
A 2: Wynton Kelly (p) replaces Evans
A 3: Adderley out

Columbia CS 8163
CBS 40579 / CBS 32109
CD: CK-40579-2 (USA)

Während in den Davis-Alben »Milestone« und »Somethin' Else« die Entwicklung der modalen Spielweise noch im wesentlichen aus der Funktionsharmonik erfolgte, muß die Musik auf »Kind Of Blue« als der Durchbruch zum moda-

len Improvisationsprinzip par excellence angesehen werden.

Die Aufnahmen in diesem Album standen im Zeichen von zwei Überraschungen. Einmal brachte Miles Bill Evans mit ins Studio, der zu diesem Zeitpunkt gar nicht mehr reguläres Gruppenmitglied war, und, was noch sensationeller erschien, fünf Skizzen, die er sich Stunden vorher ausgedacht hatte, und die nur andeuteten, was das Sextett spielen sollte. Vieles, was in der Musik so spektakulär klingt, ist auf eine spontane Entstehung zurückzuführen; dies geht schon allein daraus hervor, daß von jedem Titel nur ein einziger Take eingespielt wurde.

Wie immer, wenn Miles musikalisches Neuland betrat, trug er seine Musik durchwegs in verhaltenem Tempo vor.

Das Eingangsstück »So What«, dessen Thema auf der konventionellen Songform basiert, spiegelt schon die Atmosphäre der ganzen Aufnahmesession wider, die durchgängig von einem klar und sparsam strukturierten Background bestimmt ist und das Gefühl der Durchsichtigkeit vermittelt. An die stille, impressionistische Klaviereinleitung Bill Evans' schließt sich ein melodischer Baßriff an, während der Rest des Sextetts mit einem Riff auf jede der sich wiederholenden Baßphrasen antwortet. Das Spannungspotential, das durch das Thema aufgebaut wird, verfehlt seine Wirkung auf die Solisten nicht. Miles bläst zwei außergewöhnlich strenge Chorusse, gefolgt von Coltranes »Sheets Of Sound«-Ansätzen, die den Eindruck erwecken, als wolle er die Akkordstruktur in Stücke blasen. Danach ist ein höchst beschauliches und entspanntes Altsolo von Adderley zu hören. Evans' Klavierbegleitung wechselt vom anmutigen Auf und Ab zu eindringlicheren Akkorden. Sein Solo, hintermalt durch leichte Themavariationen des gesamten Bläsersatzes, gibt dem Titel zum Ausklang noch einmal eine überraschende Wende. Bei konzentriertem Hören seiner pianistischen Akzentuierungen wird im Übergang zum wiederkehrenden und langsam ausklingenden Thema das Gefühl der Zeitlosigkeit vermittelt, trotz der relativ intensiven rhythmischen Betonung, die hier, allerdings schon weg vom steifen Beat, die Tendenz zum Pulsieren aufweist.

Während »So What« zur modalen Komposition schlechthin wurde, ist die modale Absicht in »Flamenco Sketches« am konsequentesten verwirklicht. Ähnlich wie im Blues liegt diesem Titel kein nach Taktmaß komponiertes Thema zugrunde, sondern dieses besteht aus einer bestimmten Folge von verschiedenen tonalen Skalen, deren Länge vom Improvisator unterschiedlich gestaltet werden kann. Zum ersten Mal gibt es hier Chorusse zu hören, deren unterschiedliche Taktmaße nicht ineinander übergeführt werden können. Die Sprengung der Taktnorm konstituiert ein völlig neues Verhältnis der Musiker zueinander. Aus dem Wegfall eines normierten Taktschemas resultiert eine kommunikative Spontaneität, die die Musiker mehr als früher zwingt, aufeinander einzugehen.

»Flamenco Sketches« und das auf einem 12taktigen Blues basierende »Blue In Green« vereinen zusammen die hohe Kunst der zwei wohl größten Balladenmeister im modernen Jazz, Miles und »Trane«, die heute noch ihresgleichen suchen.

Auch die restlichen Titel »All Blues« und »Freddie Freeloader« sind vom modalen Konzept geprägt. »All Blues«, obwohl von einem vielschichtigen Sound bestimmt, steht als eindringliches Beispiel für die Homogenität der Stimmung des gesamten Albums.

20. November 1959, 11. März 1960

Miles
Sketches Of Spain

(A) Concierto de Aranjuez / Willi O' The Wisp
(B) The Pan Piper / Saeta / Solea

Miles Davis and the Gil Evans Orchestra

Columbia CS 8271 / CBS 32 023
CD: CK-40578-2 (USA)

Gil Evans' »Sketches Of Spain« bilden den Rahmen für die wohl berühmtesten Dialoge zwischen der Einsamkeit des Mannes mit dem Flügelhorn und dem nuancenreichen Bigband-Sound des kanadischen Arrangeurs, der diesen eigens schuf, um der introvertierten Persönlichkeit Miles' einen adäquaten Ausdruck zu verleihen. Der Arrangeur verbindet seine Vorliebe für den Flamenco sozusagen auf einer halbjazzigen Ebene in idealer Weise mit der Poesie und Sensibilität des Impressionismus. Man ahnt, was Miles ausdrücken wollte, als er einmal äußerte, daß es Evans nur um die impressionistisch orchestrale Auffächerung des Klanges einer einzigen Saite einer Flamenco-Gitarre gegangen sei. Dieses Anliegen gewinnt in der Evans'schen Bearbeitung des »Concierto de Aranjuez« von Joaquín Rodrigo Gestalt. Evans gestaltete das Klangspektrum seiner Bigband unter Weglassung aller Saxophone noch einmal um und schuf so die schwermütige Atmosphäre Andalusiens und seiner lebendig gebliebenen maurischen Tradition. Miles Davis' Spiel erweckt zeitweise den Eindruck der Reduktion des orchestralen Klangkörpers auf nur ein Instrument. Auf dem Hintergrund der weiteren Intensivierung des modalen Ansatzes durch spanische Folklorismen bläst Miles sein wohl berühmtestes Solo, mit dem seine Popularität

Columbia CS 8271
CBS 32 023

CD: CK-40578-2 (USA)

weit über die Grenzen des Jazz hinaus getragen wurde. Der räumliche Aufbau seiner melodischen Improvisationsbögen, die sich kreisförmig meist über dem Grundton einer Skala und fast immer nur innerhalb einer Oktave entwickeln, ist am Ausdruck des motivisch Zeitlosen und Unvergänglichen orientiert; darüber scheint die Ambivalenz, die Begrenztheit menschlicher Existenz unausweichlich. Trauer und Ohnmacht manifestieren sich für Miles, noch mehr als sonst, in der Tonbildung als Problem der Ausweitung des Tonumfanges seines Horns in unterste Register; es ist der hoffnungslose Versuch, die Grenze zu jenen Bereichen überschreiten zu wollen, in denen sich tiefste Töne in der Lautlosigkeit verlieren.

Der kurze Titel »Willi O' The Wisp« stammt aus Manuel de Fallas Ballett »El Amor Brujo« und rundet die A-Seite mit gelungenen Themavariationen im Zwiegespräch von Orchester und Solist ab.

In »The Pan Piper«, einer Reminiszenz an Pablo Picasso, versteht es Evans, den Harmon-Mute-Sound von Miles' Trompete durch einen außergewöhnlich arrangierten Flötensatz zu ergänzen.

»Saeta« bezeichnet ein großes Passions-Szenarium, das unter dem Marschschritt der Passionsgänger abermals die feurige und herbe Quintessenz spanischer Musik erkennen läßt. Die fanfarenartig blasenden Trompeter und die trällernden Flötisten rahmen Miles' Litanei ekstatischer Phrasierung auf dem Flügelhorn ein.

»Solea« atmet den gleichen Geist und bringt ein langes, schwungvolles und perkussiv akzentuiertes Zwiegespräch zwischen Miles und dem gesamten Ensemble. Gerade die Aufnahmen zu »Solea« sollen sich ungewöhnlich in die Länge gezogen haben, weil Miles wieder einmal an seinen mysteriösen Anfällen von Unwohlsein gelitten haben soll. Seine psychosomatische Verfassung schlug sich in »Solea« unüberhörbar nieder; Miles' schmerzerfüllte Ausdrucksfähigkeit stilisiert jene andalusische Wehmut, die wir Mitteleuropäer allzu gerne als sentimental abqualifizieren.

141

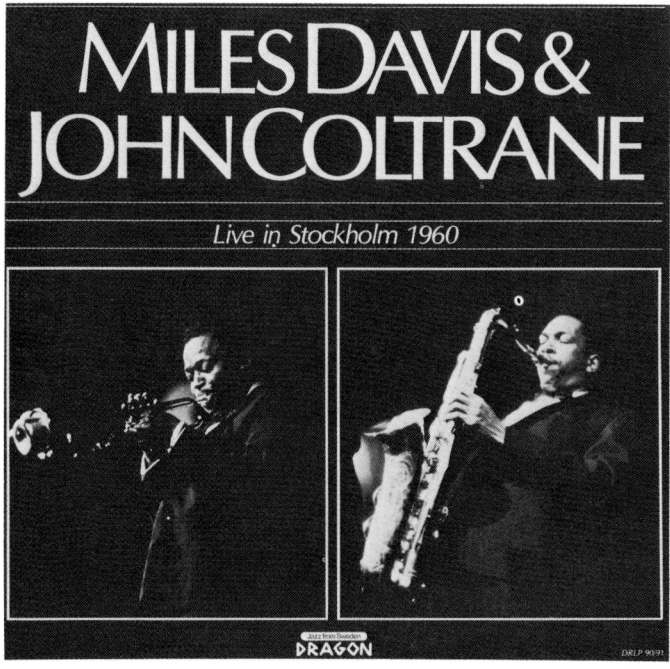

Dragon DRLP 90/91

CD: A.V.I. 2 CD: 2004

22. März 1960

Miles Davis & John Coltrane
Live In Stockholm 1960

(A) So What / On Green Dolphin Street
(B) All Blues / The Theme / Coltrane Interview,
Part I
(C) Coltrane Interview, Part II / So What
(D) Fran-Dance / Walkin' / The Theme

*Miles Davis (tp), John Coltrane (ts), Wynton
Kelly (p), Paul Chambers (b), Jimmy Cobb (dr)*

Dragon DRLP 90/91
CD: A.V.I. 2 CD: 2004

Aus der vielgeschmähten Europatournee vom
Frühjahr 1960 – übrigens die erste von Miles
mit einer eigenen Gruppe – liegen zwei Mitschnitte auf Platte vor, die für jeden Davis-,
aber auch für jeden Coltrane-Fan ein absolutes
Muß darstellen. Das Doppelalbum der schwedischen Firma Dragon enthält Rundfunkaufnah-
men in ganz hervorragender technischer Qualität, die anläßlich zweier Konzerte in Stockholm
am gleichen Abend gemacht wurden.
Die musikalische Interaktion des Davis-Ensembles ist hier von einer Vertrautheit, die jedes
Quintettmitglied beflügelt – in keinem Augenblick wird so etwas wie Routine spürbar. Gleich
in »So What« wird die traditionelle Methode,
ein Solo aufzubauen, vernachlässigt. Miles bevorzugt einzelne Noten, mit tonalen Wechseln
und Brüchen; sein Solo zeigt exemplarisch, wie
die spontane Eingebung das entscheidende Moment darstellt. Dazu, in formalem Kontrast,
»Trane«. Er steigt mit langen, fließenden, fast
meditativen Tönen ein und steigert sich mit
Akkordschichtungen in eine orgiastische Intensität. Die zweite Version von »So What« wirkt
noch geschlossener, mit einem der aufregendsten Soli von Wynton Kelly, die es auf Platte
gibt. In »On Green Dolphin Street« zeichnet
sich vor allem die Rhythmusgruppe durch ihr
knappes, konzentriertes Swingin' aus, und wie

Unique Jazz UJ 19

Miles wieder einmal durch Auslassung in erregendem Kontrast Coltranes »Sheets of Sound« als rhythmischen Effekt nutzt, ist bis heute sein nicht zu kopierendes Markenzeichen geblieben. In »All Blues« spielt Miles in einem raffiniert angelegten Intro die Struktur frei und setzt so als Bandleader für die folgenden Solisten Maßstäbe.

9. April 1960

Miles & Coltrane Quintet »Live«

(A) On Green Dolphin Street / Walkin' / The Theme
(B) So What / Round About Midnight

Miles Davis (tp), John Coltrane (ts), Wynton Kelly (p), Paul Chambers (b), Jimmy Cobb (dr)

Unique Jazz UJ 19

Ein zweieinhalb Wochen nach »Live In Stockholm« entstandener Mitschnitt von einem Konzert im Seebad Scheveningen bei Den Haag liegt leider nur in technisch schwankender Qualität vor; die Musik dagegen ist noch besser. Das Quintett präsentiert sich in prächtiger Spiellaune. Besonders Miles bläst, zu jener Zeit ganz untypisch, wie entfesselt zur Attacke. In »Walkin'« demonstrieren Miles und »Trane« ihren für damalige Verhältnisse völlig ungewohnten Umgang mit Bluesharmonien. Die spontane Eröffnung durch Paul Chambers' Bogensolo verleitet alle Solisten, musikalisches Neuland zu betreten. In seinem letzten Chorus bringt Miles im dritten Takt überraschend einen kindlichen Refrain, den er zwanzig Jahre später zur Komposition »Jean Pierre« erweitern sollte. Anschließend gebärdet sich »Trane« wie ein Wildfang – es war seine letzte Tournee mit Miles, und man spürt förmlich, wie er den Rahmen seines musikalischen Ziehvaters in Schutt und Asche zu blasen versucht; er bewegt sich in musikalischen Gefilden, in denen schon

143

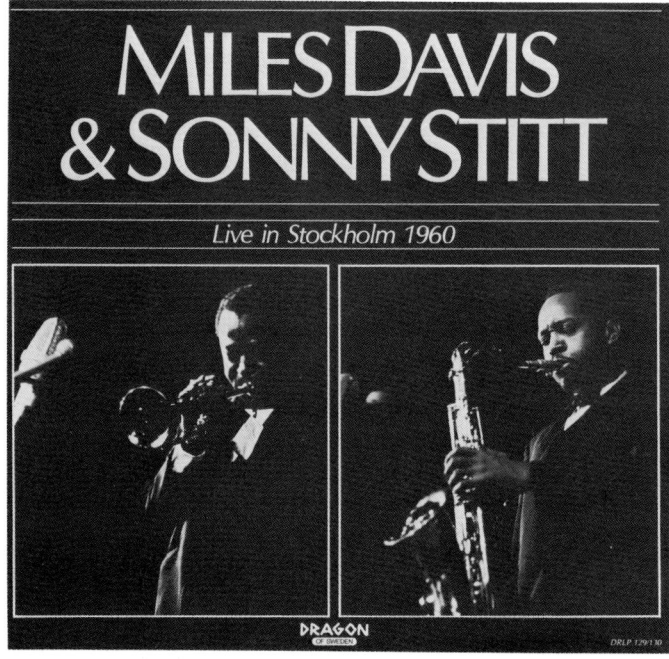

Dragon DRLP 129/130

CD: Diw/Dragon
Diw-309-10

der orientalische Sound seines Soprans an-
klingt.
Diese Europatour von Miles Davis wurde von
einem wenig freundlichen Presseecho begleitet.
Besonders Coltrane war die Zielscheibe ratloser
oder gar verärgerter Kritiker. Die meisten fühlten sich sogar verkohlt, und nicht wenige stell-
ten die lapidare Frage: »Wie neu können des
Kaisers Gewänder denn sein?« Diese Verständ-
nislosigkeit verwundert dann nicht, wenn man
sich vergegenwärtigt, daß es sich um eine Pak-
kagetour handelte, deren Zusammenstellung
Norman Granz zu verantworten hatte. Im gleichen Konzert traten das Stan-Getz-Quartett und
das Oscar-Peterson-Trio auf; entsprechend lassen sich auch die damaligen Erwartungen des
Publikums und auch des größten Teils der Kritiker einschätzen.

13. Oktober 1960

Miles Davis & Sonny Stitt
Live in Stockholm 1960

(A) On Green Dolphin Street / 'Round Midnight /
The Theme
(B) All Blues / The Theme / All Of You
(C) Walkin' / Autumn Leaves / The Theme
(D) If I Were A Bell / No Blues / The Theme

*Miles Davis (tp), Sonny Stitt (as, ts), Wynton
Kelly (p), Paul Chambers (b), Jimmy Cobb (dr)*

Dragon DRLP 129/130
CD: Diw/Dragon Diw-309-10

Die vorliegenden Aufnahmen mit Sonny Stitt –
Rundfunkmitschnitte aus zwei Konzerten in
Stockholm im Herbst 1960 – machen sofort
deutlich: der Weggang des Avantgardisten John
Coltrane war für Miles nicht nur ein Verlust
sondern auch eine persönliche Herausforde-

rung. An die Stelle seiner Achse mit »Trane« setzte Miles die zu Wynton Kelly. Dies bedeutete zwar eine konzeptionelle Umstellung, ergab aber auch einen reiferen, geschlosseneren Ensemblesound. Entscheidender aber war, daß Miles das äußerst moderne »hornlike«-Spiel seines Pianisten entdeckte und im Dialog mit ihm begann, seine eigenen Ausdrucksmöglichkeiten zu erweitern.

Max Harrison schrieb damals über den neuen Stil des Trompeters: »Mit welcher Kraft die hohen Töne angestoßen und ausgehalten werden ... die konzentrierte Leidenschaftlichkeit seiner schnellen Phrasierungen ist ein Indiz dafür, daß Davis mittlerweile über eine musikalische Reichweite verfügt, die eine ebenso heftige wie intensive Ausdrucksweise ermöglicht...«

Sehr deutlich wird diese »Kraft« im schnellen »If I Were A Bell« hörbar. Miles nimmt die Steigerung in seinem Solo durch Verdichtung der Noten, die er bläst, gleich vorweg: Sonny Stitt, den er schon als Jugendlicher in St. Louis kennengelernt hatte, glänzt mit einem ganz hervorragenden Beboptenor – man hat ihn selten so gut gehört. Die Spannung in seinem Spiel lebt von der Ausgewogenheit, das heißt aus der idealen Synthese des voluminösen Tons und der drängenden Linearität seiner Improvisationen. Und dann noch einmal Miles: getrieben von Jimmy Cobbs illustrer Besenarbeit ergießt er sein scheinbar unerschöpfliches Füllhorn an Kreativität, und inspiriert damit Wynton Kelly zu herrlichen Paraphrasen. Ähnliche Spontaneität entwickelt sich in den Titeln »On Green Dolphin Street« und dem etwas getrageneren »No Blues«.

In einem weiteren überragenden »Walkin'« gestaltet die Rhythmusgruppe ständig neue Stimmungen, die alle Solisten, insbesondere Sonny Stitt, beflügeln. Dagegen verunglückt der »All Blues« ein wenig, mit dessen modaler Auslegung Stitt – diesmal auf dem Alto – nicht viel anzufangen weiß.

Besonders bemerkenswert ist, daß das Doppelalbum die bislang frühesten Live-Dokumente der Balladen »Autumn Leaves« und »All Of You« birgt. Im düsteren »Autumn Leaves« besticht Miles mit dem Aushalten oder auch plötzlichen Fallenlassen von Noten: er öffnet die Melodik wie eine Knospe, die sich im Zeitraffer zu einer wunderschönen Blüte entfaltet. Und »All Of You« klingt wie eine Liebeserklärung, in der Miles die ganze Zärtlichkeit, der er fähig ist, ausdrückt.

7., 20. und 21. März 1961

Miles Davis Sextet
Someday My Prince Will Come

(A) Someday My Prince Will Come / Old Folks / Pfrancing
(B) Brad-Dog / Teo / I Thought About You

Miles Davis (tp), Hank Mobley (ts), Wynton Kelly (p), Paul Chambers (b), Jimmy Cobb (dr)
A 1, B 2: add John Coltrane (ts)

Columbia CS 8456

Die Musik auf »Someday My Prince Will Come« kann als ein Zeugnis der Stagnation in dem seit 1956 schon fast beängstigenden Höhenflug der künstlerischen Entwicklung Miles' angesehen werden. zugleich sind hier die letzten Aufnahmen seiner Zusammenarbeit mit John Coltrane zu hören.

Die interessanteste Komposition des Albums, »Teo«, ist dem Produzenten Teo Macero gewidmet und weist eine ähnliche Struktur wie »Flamenco Sketches« auf. In dieser Aufnahme ist das Solo Coltranes besonders bemerkenswert. Mit einem prächtigen Einstieg und einem Überschwang an Ideen, welche geradezu in einen Gipfel von »Sheets of Sounds« hineinsprudeln, bläst er doppelschichtige und zirkuläre Linien in seiner unnachahmlichen Art. Miles wurde dadurch von seinem ehemaligen Schüler zu einem zweiten Solo inspiriert, das seine musikalische Krise fast vergessen läßt. Neben »Teo« (oder auch »Neo«) findet sich in diesem Album mit »Pfrancing« eine weitere reizvolle, auf Blues-Tonleitern aufgebaute Eigenkomposition. Doch trotz Coltranes zwei solistischen Kleinodien, dazu einigen schönen improvisatorischen Momenten von Davis und ein paar ansprechenden Klavierpassagen von Wynton Kel-

Columbia CS 8456

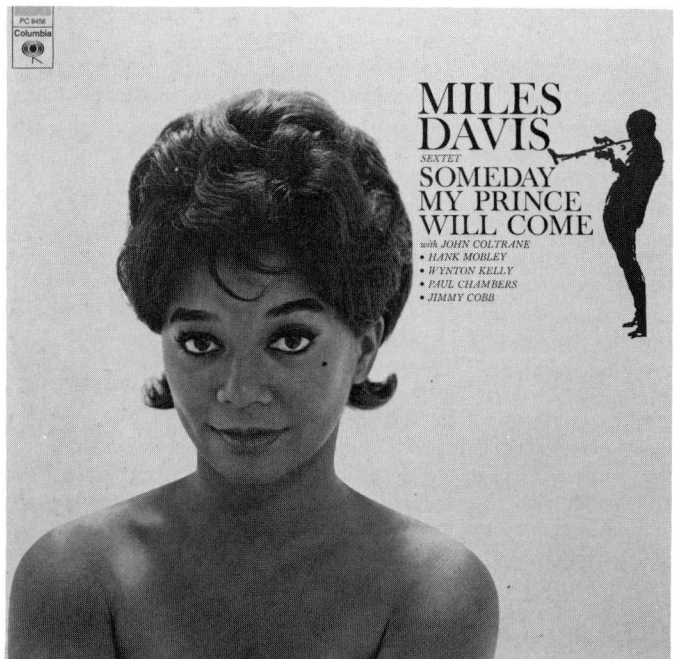

ly, muß diese Platte wenigstens stellenweise als Stückwerk in schwankender Qualität eingestuft werden. Es mangelt speziell bei dieser Veröffentlichung an der gewohnten Gruppenintensität, die sonst immer eine der hervorstechendsten Eigenschaften der Musik von Miles Davis war. Besonders der Tenorist Hank Mobley und der Drummer Jimmy Cobb mühen sich hier ab, ohne eine Bindung zum musikalischen Geschehen finden zu können. Da die übrigen Musiker des Quintetts offensichtlich nicht in der Lage waren, Miles' fehlende Inspiration zu überspielen, wird seine musikalische Krise zu diesem Zeitpunkt offensichtlich.

14./15. April 1961

Friday And Saturday Nights
Miles Davis In Person
At The Blackhawk,
San Francisco

(A) Walkin' / Bye Bye Blackbird
(B) All Of You / No Blues / By Bye / Love, I've Found You
(C) Well You Needn't / Fran-Dance / So What
(D) Oleo / If I Were A Bell / Neo

Miles Davis (tp), Hank Mobley (ts), Wynton Kelly (p), Paul Chambers (b), Jimmy Cobb (dr)

Columbia C2L20

In der Live-Atmosphäre des Jazzdomizils »Blackhawk« in San Francisco erreicht die solistische und gruppenimprovisatorische Kultivie-

146

Columbia C2L20

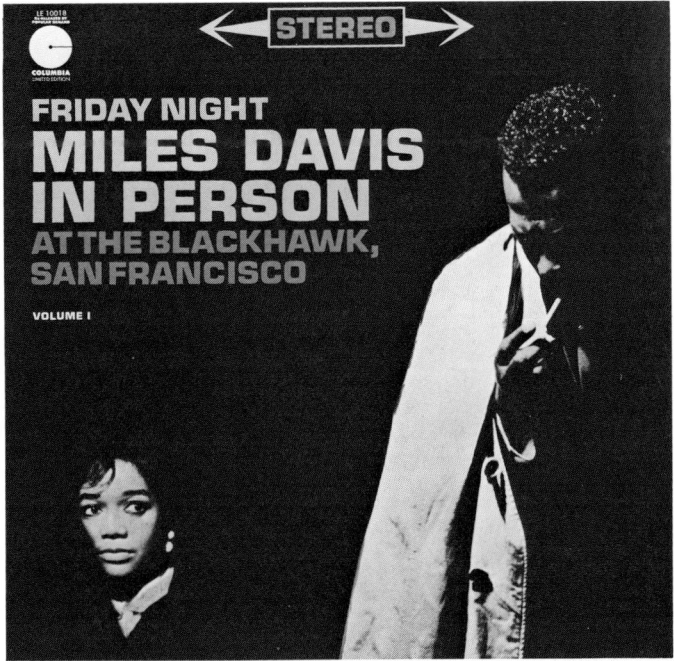

rung des Ende der 50er Jahre neu erschlossenen modalen Konzepts einen vorläufigen Höhepunkt. Gut 100 Minuten jazzt sich das Davis-Quintett durch sein wohlbekanntes Standardrepertoire, ohne in Klischees oder solistisch ins Leere abzugleiten; es stimmt einfach fast alles. Wynton Kelly vereint in seinem Klavierspiel ideal die perkussiven Elemente Red Garlands mit der intelligenten Melodik eines Bill Evans, und Jimmy Cobb scheint hier endlich einmal aus dem übermächtigen »Schlagzeugschatten« Philly Joe Jones' herausgetreten zu sein. Die Qualität von Paul Chambers' »Walking Baß«-Spiel bringt für das Zusammenspiel der Rhythmusgruppe eine kaum für möglich gehaltene Dichte und Geschlossenheit, die Miles zu seinen bis dato ungewöhnlichsten Improvisationen beflügelte.

Alle Facetten einer Davis'schen »Live-Performance«, Intervallsprünge, ständige rhythmische und melodische Verdichtungen, Verwendung von Sequenzen, wie sie sich in den folgenden Jahren mittels zunehmender rhythmischer Intensität und Vitalität mehr und mehr perfektionieren sollten, sind hier schon in Ansätzen zu bewundern.

Besonders hervorzuheben ist das spontane Wechselspiel zwischen Miles und seinem Pianisten Wynton Kelly, dessen Höhepunkte in dem Teil »Saturday Night« zu finden sind, etwa die glanzvollen thematischen Pointierungen Kellys zu Miles' Solo in »So What«. Anschließend spielt sich Wynton in einen wahren akkorddurchfluteten Rausch und in das wohl aufregendste Solo, das es von Wynton Kelly auf einer Miles-Davis-Platte zu hören gibt. »Saturday Night« (Seite C und D) ist insgesamt von einer kontinuierlichen Steigerung geprägt. Das diesmal kurze und kompakte »Oleo«, das eher beschauliche »If I Were A Bell« und, zum sanften Ausklang, das flamencohafte »Neo« wirken fast wie eine zusammenhängende Suite. Einziger Schwachpunkt: selbst bei diesem atemberaubenden musikalischen Geschehen bringt der Tenorist Hank Mobley nur Mittelmäßiges zustande. Schon aufgrund seiner begrenzten technischen Fähigkeiten kommt ihm eher eine unglückliche Bremserfunktion zu. Wenn er sich auch in »So What« und »Oleo« gut behauptet, kann er doch in keiner Phase die Lücke schließen, die John Coltrane hinterlassen hat.

19. Mai 1961

Miles Davis At Carnegie Hall

(A) So What / Spring Is Here / No Blues
(B) Oleo / Someday My Prince Will Come / The Meaning Of The Blues / Lament / New Rhumba

Miles Davis (tp, fl-h), Hank Mobley (ts), Wynton Kelly (p), Paul Chambers (b), Jimmy Cobb (dr) with Gil Evans and his 21-piece Orchestra

Columbia CS 8612
CD: CBS CD 85554

Seit Benny Goodman 1938 »der Einbruch des Jazz in die Carnegie-Hall«, der geheiligten Kultstätte klassischer Konzerte, gelang, spornte dieser Rahmen die großen Persönlichkeiten der Jazzszene immer wieder zu außergewöhnlichen künstlerischen Leistungen an.
Miles Davis nutzte den Auftritt zu einer glanzvollen Bestandsaufnahme seiner bisherigen musikalischen Karriere, indem er sowohl mit dem Gil-Evans-Orchester als auch mit seinem eigenen Quintett auftrat. Die Vorstellung wurde damals von der Presse nicht zu Unrecht frenetisch gefeiert.
Die Glanzpunkte werden auf der A-Seite durch die Quintett-Titel »So What« und einer reiferen Version von »Pfrancing«, das hier paradoxerweise mit »No Blues« betitelt wurde, gesetzt, unterbrochen durch die orchestrale Minisuite »Spring Is Here«, dem einzigen neuen Titel, den dieses Album enthält.
Das mitreißende »So What« wird durch ein überraschendes Vorspiel des Gil-Evans-Orchesters eingeleitet, das aus düster gefärbten Themavariationen besteht, die in einen attackenhaften, wilden »So What«-Ruf des gesamten Bläsersatzes münden. Miles' Solo in höheren Regi-

stern und mit ungeheurem Feuer erweckt in dramatisch gestalteter Linienführung den Eindruck, als wolle er die Schwerkraft überwinden. Selbst Hank Mobley gelingt es hier endlich einmal, mit lockeren Tenorlinien, vor allem in »So What«, seine Hemmungen abzustreifen; er scheint sich von funktionsharmonischen Relikten besser befreien zu können. Obwohl das Metrum in Wynton Kellys Solo konstant bleibt, erwecken seine von allen guten »Funk-Geistern« beseelten Klavierläufe einen rasenden Eindruck, unterstützt von dem hier sehr spritzig agierenden Schlagzeuger Jimmy Cobb.
»Pfrancing«, von ähnlicher Spielfreude getragen, bringt die seltene Gelegenheit, Davis im Rahmen seiner Gruppe live auf dem Flügelhorn zu hören.
Die B-Seite beginnt mit einem regelrecht im Sturmlauf vorgetragenen »Oleo«, das Miles ganz besonders zu lieben scheint; die traumwandlerische Kommunikation zwischen Paul Chambers' Baßlinien und Miles' feuriger Phrasierung gewinnt diesem Thema immer wieder neue Seiten ab. Ein kurzes »Someday My Prince Will Come« beschließt die Quintettaufnahmen. Den Ausgang dieses Albums bildet ein gut achtminütiges Medley mit dem Gil-Evans-Orchester, bestehend aus den Themen »The Meaning Of The Blues«, »Lament« und »New Rhumba« aus dem »Miles Ahead«-Album.

19. Mai 1961

Miles Davis Live
More Music From The Legendary
Carnegie Hall Concert

(A) Concierto de Aranjuez
(B) Teo / Walkin' / I Thought About You

Miles Davis (tp, fl-h), Hank Mobley (ts), Wynton Kelly (p), Paul Chambers (b), Jimmy Cobb (dr) with Gil Evans and his 21-piece Orchestra

CBS 460064-1
CD: CK-40609 (USA)

148

Columbia CS 8612

CD: CBS CD 85554

CBS 460064-1

CD: CK-40609-2 (USA)

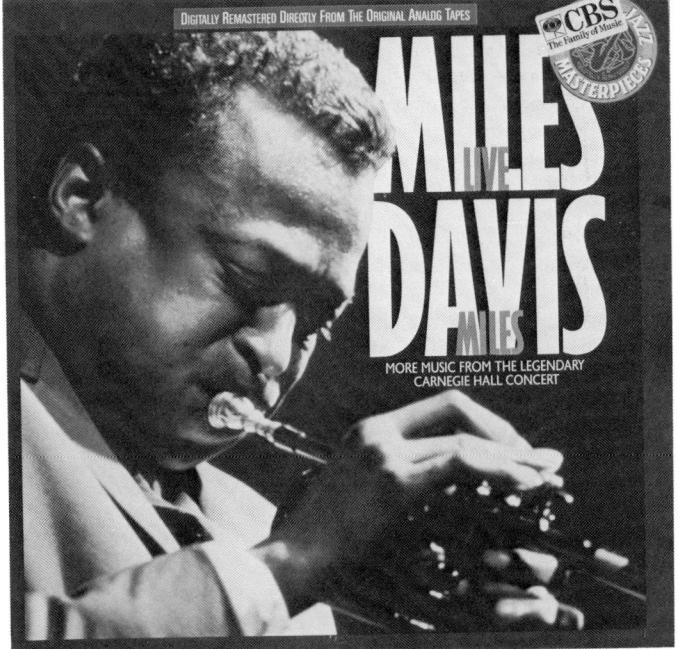

Über zweieinhalb Jahrzehnte nach dem legendären Carnegie-Hall-Auftritt öffnet die amerikanische Columbia erneut ihr Schatzkästlein und bringt ein zweites Album mit Material jenes denkwürdigen Abends auf den Markt.

In der feierlichen Stimmung dieser geweihten Halle wirkt der Austausch zwischen Miles' Flügelhorn und dem Orchester noch um eine Spur erhabener als in der Studioversion. Gil Evans' Version des »Concierto de Aranjuez« ist ein Höhenflug der Phantasie, und Miles' Flügelhornsound schlängelt sich mittendurch, traurig wie immer, aber mit viel Glanz.

In den Quintettnummern demonstriert die Rhythmusgruppe – Paul Chambers als Antreiber am Baß und Jimmy Cobb am Schlagzeug – die Fähigkeit des Pulsierens auf den Cymbals eines Tony Williams schon vorwegnehmend –, zu welchen Stichphrasierungen sie ihren damaligen Leader beflügeln konnte.

In »Teo« demonstriert Davis seine Souveränität der modalen Auffächerung von Flamencoskalen: zu dem rhythmischen Rahmen des Walzers variiert er geschickt das Thema, krümmt, wendet es, um es gegen den Legatodurchgang wieder auszubalancieren – bevor er seine strahlende, glühende Klimax in höchsten Registern erreicht. Nach der Wiederholung des Themas wird Miles durch den unglaublichen *groove* seines Ensembles zu einem zweiten Solo inspiriert, in dem er mit der ihm eigenen Eleganz die antagonistischen Stimmungen aus Melancholie und Feuer in Einklang bringt.

»Walkin'« – schon im halsbrecherischen Tempo, wie alle Versionen, die Mitte der 60er Jahre folgen sollten – läßt viel Raum für die Solisten. Hank Mobley, der in seiner Spielweise dem Bebop verhaftet blieb, fühlt sich im rhythmischen Wechselspiel mit Jimmy Cobb sichtlich wohl. Die klingenden Piano-Singlenoten von Wynton Kelly fahren einem in alle Glieder, und Paul Chambers sorgt mit einem Bogensolo für eine bizarre Komponente. Im abschließenden Chase spielen sich Miles und Jimmy Cobb auf erregende Weise die Viertelnoten zu.

Das Album klingt mit einer Ballade à la Miles Davis aus. In gewohnter Virtuosität der Notendehnung über zwei Takte und des Zaubers seiner musikalischen Kürzel zeigt er in »I Thought About You« neue, überraschende Zusammenhänge auf; wie ein Diamant, der im veränderten Licht neue unerwartete Reflexionen birgt.

27. Juli 1962, 21. August 1962, 6. November 1962, 17. April 1963

Miles Davis – Quiet Nights

(A) Song 2 / Once Upon A Sommertime / Aos Pes Da Cruz / Song 1
(B) Wait Till You See Her / Corcovado / Summer Night

A, B 1–2: Miles Davis and the Gil Evans Orchestra
B 3: Miles Davis (tp), George Coleman (ts), Victor Feldman (p), Ron Carter (b), Frank Butler (dr)

Columbia CS 8906
CD: CBS CD 85556

Die erneute Kooperation der beiden großen Impressionisten des Jazz, Miles Davis und Gil Evans, konnte nach dem absoluten Höhepunkt von »Sketches Of Spain« eigentlich nur unbefriedigend ausfallen. So dokumentieren die orchestralen Aufnahmen in dem Album »Quiet Nights« ein weiteres Mal die musikalische Stagnation Miles Davis' Anfang der 60er Jahre, zu einem Zeitpunkt, als seine Popularität einen vorläufigen Höhepunkt erreicht hatte.

Miles gibt zwar ein weiteres Zeugnis der hohen Kunst seines lyrischen Flügelhornspiels ab, doch eine gewisse Verschleißerscheinung der Arrangementtechnik von Gil Evans ist kaum überhörbar. Einzig die Titel »Once Upon A Summertime« und, mit Abstrichen, »Wait Till You See Her« erreichen das gewohnte Niveau. Eine wirklich schlechte Davis-Platte ist auch dies nicht, doch immerhin blieb die Veröffentlichung dieser Aufnahmen sowohl von Miles selbst als auch von Evans unautorisiert. Davis soll danach, weil er Teo Macero als Drahtzieher hinter diesem Alleingang von Columbia vermutet hatte, mit dem Produzenten drei Jahre lang kein einziges Wort gewechselt haben.

Columbia CS 8906

CD: CBS CD 85556

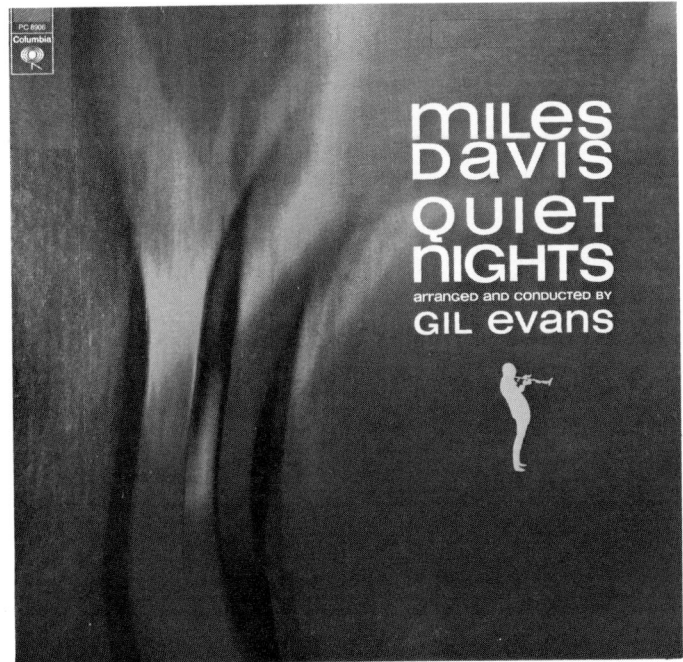

Der längste Mitschnitt des Albums, »Summer Night«, ist eine Aufnahme des kurzlebigen Quartetts, das Davis im Frühjahr 1963 an der Westküste zusammengestellt hatte. Sie wirkt zwar wesentlich frischer, bringt aber wegen des verhaltenen Tempos auch keine Abwechslung in diesem Album.

16. April 1963, 14. Mai 1963

Miles Davis
Seven Steps To Heaven

(A) Basin Street Blues / Seven Steps To Heaven / I Fall In Love Too Easily
(B) So Near, So Far / Baby Wont't You Please Come Home / Joshua

A 1, 3, B 2: Miles Davis (tp), Victor Feldman (p), Ron Carter (b), Frank Butler (dr)

A 2, B 1, 3: Miles Davis (tp), George Coleman (ts), Herbie Hancock (p), Ron Carter (b), Tony Williams (dr)

Columbia CS 8851

Die Aufnahmen zu dem Album »Seven Steps To Heaven« sind an zwei verschiedenen Studioterminen in unterschiedlicher Besetzung entstanden. Die zwei personellen Profile – nur der Bassist Ron Carter und Miles selbst sind an allen Aufnahmen beteiligt – führten auch zu unterschiedlichen musikalischen Ergebnissen, die ebenfalls zur künstlerischen Übergangsphase Miles Davis' zu zählen sind.
Drei Titel dieser Platte – »Basin Street Blues«, »I Fall In Love Too Easily« und »Baby Won't You Please Come Home« wurden in einem Studio von Los Angeles unter Mitwirkung der lokalen »Westcoast-Matadore«, dem Schlagzeuger Frank Butler und dem englischen Pianisten Victor Feldman, eingespielt. Weitere Aufnahmen dieses Quartetts sind mit »Summer

151

Columbia CS 8851

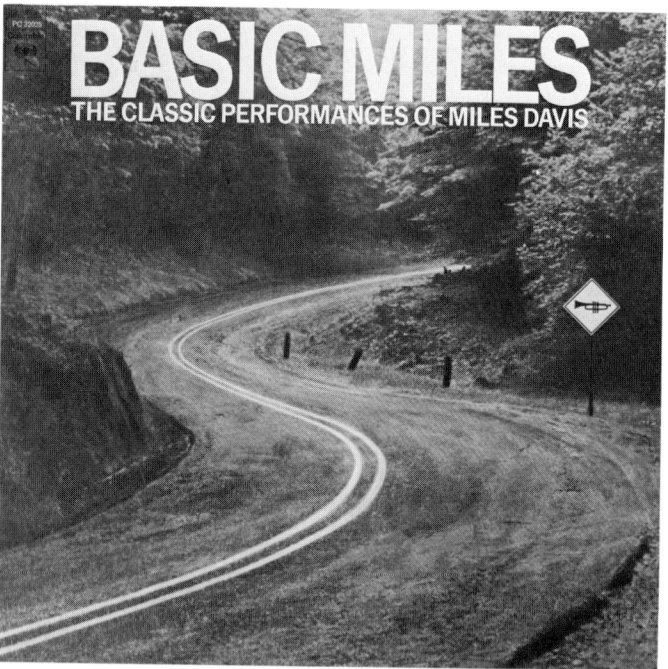

Columbia PC 32025

Nights« auf der Platte »Quiet Nights« und einem Take von »So Near, So Far«, zusätzlich mit dem Tenoristen George Coleman, auf dem Sampler »Directions« erschienen. Mit den bisher unveröffentlichten Victor-Feldman-Kompositionen (unter der Mitwirkung von Miles Davis) »Joshua« und »Seven Steps To Heaven« sind diese Aufnahmen als Westcoast-Session in die Annalen eingegangen.

Etwa vier Wochen später stellte Miles Davis in New York mit Ron Carter und George Coleman ein neues Quintett auf, zu dem der Pianist Herbie Hancock und der erst 17jährige Tony Williams zählten. Davis war von seiner neuen Gruppe so begeistert, daß er in einem New Yorker Studio bei der sogenannten »Eastcoast-Session« die Titel »Joshua«, »Seven Steps To Heaven« und »So Near, So Far« erneut einspielte.

Schon an der konventionellen Titelauswahl zur Westcoast-Session wird deutlich, daß Miles in der für ihn ungewohnten Atmosphäre auf jedes Experiment verzichtete und fast ausschließlich auf seine Balladenkünste vertraute, die aber auf Dauer, trotz des hervorragenden Besenspiels von Frank Butler, den Eindruck musikalischer Indolenz erwecken.

Aufschlußreich ist der Vergleich der beiden Einspielungen von »So Near, So Far«, die ja beide auf Platte zugänglich sind. Miles' Enthusiasmus ist klar zu erkennen, denn während die Westcoast-Gruppe das Thema straight und schmucklos vorträgt, wird dieses von der neuen Rhythmusgruppe viel dynamischer und variantenreicher strukturiert, wobei die wunderbare, schwebende Beckenarbeit des jugendlichen Tony Williams schon zu bewundern ist.

1955–1962

Basic Miles
The Classic Performances
Of Miles Davis

(A) Budo / Stella By Starlight / Sweet Sue / Little Melonae / Miles Ahead
(B) On Green Dolphin Street / 'Round Midnight / Fran-Dance / Devil My Care

A 1, 3, 4, B 2: Miles Davis (tp), John Coltrane (ts), Red Garland (p), Paul Chambers (b), Philly Joe Jones (dr) (1955/56)
A 2, B 1, 3: Miles Davis (tp), Julian Cannonball Adderley (as), John Coltrane (ts), Bill Evans (p), Paul Chambers (b), Philly Joe Jones (dr) (1958)
A 5: Miles Davis (fl-h) and Gil Evans and his Orchestra (10. 5. 1957)
B 5: Miles Davis (tp), Frank Rehak (tb), Wayne Shorter (ts), Paul Chambers (b), Jimmy Cobb (dr), William Corea (bongos) (23. 8. 1962)

Columbia PC 32025

1956–1958

Miles Davis
Facets

(A) Devil May Care / Blue Xmas / Budo / Sweet Sue / Three Little Feelings
(B) Jitterbug Waltz / 'Round Midnight / Wild Man Blues / Django / Poem For Brass

A 1, 2, 3, 4: vgl. Basic Miles (A 1 bzw. A 2)
A 2: add Bob Dorough (voc)
A 5: Miles Davis (tp, fl-h), and 18-piece Orchestra conducted by Gunther Schuller & John Lewis (comp, arr) (Oktober 1956)
B 5: same as A 5, J. J. Johnson (tb, comp, arr) replaces Lewis (Oktober 1956)
B 1, 2, 3, 4: Miles Davis (tp), Michel Legrand (arr, cond), Phil Woods (as), John Coltrane (ts), Jerome Richardson (bs, cl), Herbie Mann (fl), Betty Glassmann (harp), Eddie Costa (vib), Barry Galbraith (g), Bill Evans (p), Paul Chambers (b), Kenny Dennis (dr) (Juni 1958)

CBS 62637 (französische CBS)
CD: Philips 830074-2

Das Album »Facets«, das Anfang der 70er Jahre nur von den europäischen Tochterfirmen (französische und holländische CBS) der Columbia herausgebracht wurde, enthält bisher unveröffentlichtes oder schon lange vergriffenes Tonmaterial aus den Jahren 1955 bis 1962.

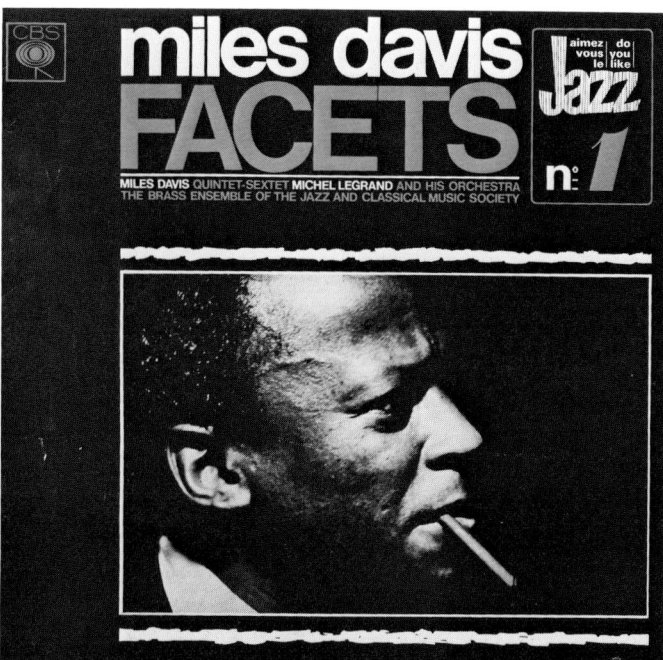

CBS 62637

Zur gleichen Zeit veröffentlichte die amerikanische Columbia den Sampler »Basic Miles«, der Aufnahmen aus dem gleichen Zeitraum, aber im Gegensatz zu »Facets« im wesentlichen Combo-Aufnahmen enthält.

Neben den schon obligatorischen Überschneidungen wie »Budo«, »Sweet Sue« und »Devil My Care« sind die Titel »Miles Ahead« und »'Round About Midnight« auch schon auf den jeweiligen gleichnamigen Columbia-Alben erschienen, während »On Green Dolphin Street« und »Stella By Starlight« auf der B-Seite der europäischen Newport-Veröffentlichung zu finden sind. Die beiden kurzen Titel, das schnelle »Budo«, ein bopiges Davis-Relikt aus den »Birth Of Cool«-Tagen, und der im Walking-Feeling vorgetragene Standard »Sweet You, Just You« mit einem schönen Zwiegespräch der Bläser, sowie die längere, im Mediumtempo vorgetragene Hardbop-Komposition von Jackie McLean »Little Melonae« stammen alle aus der ersten Columbia-Session des klassischen Davis-Quintetts vom Oktober 1955. Die einzelnen

Tracks weisen schon ein erstaunlich geschlossenes Gruppen-Feeling auf und übertreffen wahrscheinlich die Prestige-Aufnahmen (»The New Miles Davis Quintet«) aus dieser Zeit bei weitem.

Die herausragende Einspielung dieses Albums bleibt eine zweite Live-Zelebration von »Fran-Dance«, die nur einen Tag später als die ursprüngliche Version mitgeschnitten wurde. Das Stück ist von atemberaubender Schönheit und ein absoluter Höhepunkt Davis'scher Gestaltungsfähigkeit.

Die Titel »Devil May Care« (auf »Basic Miles) und »Blue Xmas« (auf »Facets«) sind das Ergebnis eines pianolosen (experimentellen) Übergang-Septetts von Davis in ungewöhnlicher Besetzung, die Bongos und den begabten Sänger Bob Dorough mit einschließt. Zudem beteiligte Davis hier zum ersten Mal den Tenorsaxophonisten Wayne Shorter an einer Mixtur aus westindischen Calypsorhythmen, Cooljazz und einem »Scat-Gesang«, der in Sound und Tonlagen an Annie Ross erinnert.

CD: Philips 830074-2

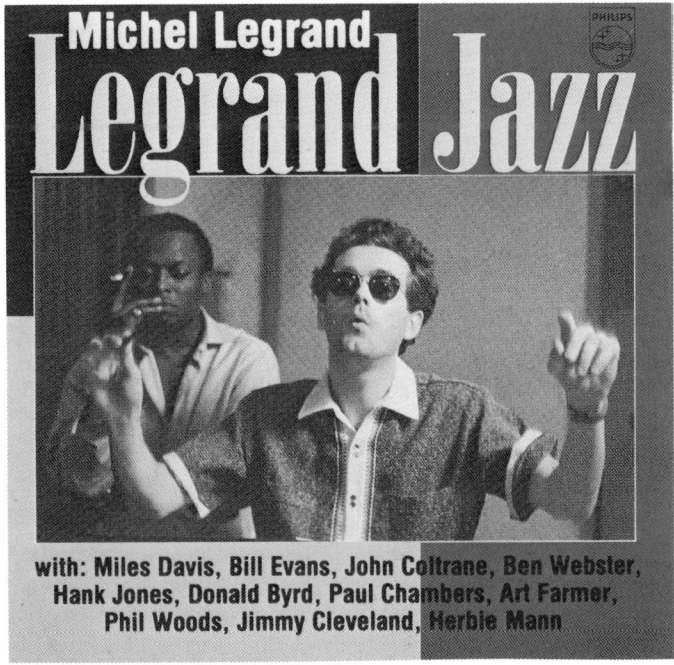

Besonders dankbar muß man für die Veröffentlichung der zwei langvermißten Brass-Suiten aus dem Jahr 1956 sein. Eingerahmt von einem Brass-Ensemble mittlerer Größe läßt Miles hier in einer solistischen Reise durch Jay Jay Johnsons »Poem For Brass« und John Lewis' »Three Little Feelings« in den tiefen Wohlklängen des Flügelhorns zum ersten Mal mit einer ganz neuen Variante persönlicher Expressivität aufhorchen.

Auch in einem elfköpfigen amerikanischen All-star-Ensemble, das der französische Arrangeur Michel Legrand um sich geschart hat, stellt Davis als Starsolist auf der Trompete unter Beweis, wie einfühlsam er es versteht, die spätromantischen Arrangements, die von der Liebe des Leaders zu Debussy durchdrungen sind, vor allem in »Jitterburg Waltz« und »Django« zu interpretieren.

Die diskographischen Angaben beider Alben weisen einige Mängel auf: Jay Jay Johnsons Opus heißt nicht »Jazz Suite for Brass«, sondern »Poem For Brass«; »Little Melonae« ist nicht am 4. 3. 1958, sondern am 27. 10. 1955 entstanden, in »Fran-Dance« spielt Bill Evans Klavier, nicht Wynton Kelly.

Als Compact-Disc ist jetzt wieder die Platte »Legrand Jazz« erhältlich. Sie enthält sämtliche Aufnahmen mit der Michel-Legrand-Bigband und Miles Davis.
(Philips 830074-2)

Juni 1963

Miles In St. Louis

(A) I Thought About You / All Blues
(B) Seven Steps To Heaven

Miles Davis (tp), George Coleman (ts), Herbie Hancock (p), Ron Carter (b), Tony Williams (dr)

VGM-Records 0003

VGM Records 0003

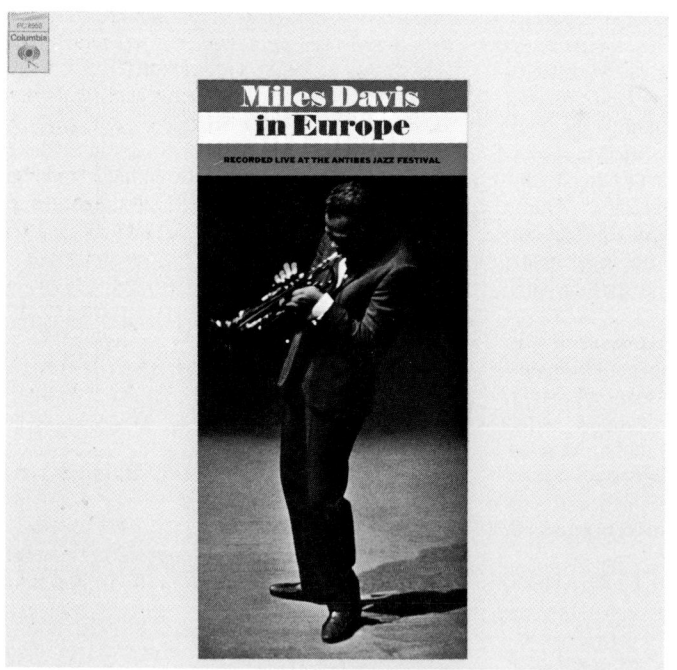

Columbia CS 8993

CD: CBS 62390

Die Veröffentlichung von »Miles In St. Louis« leitet, chronologisch betrachtet, eine Serie von Live-Alben des berühmten Miles-Davis-Quintetts der 60er Jahre ein. Es sollten »Live in Europe«, »Four And More«, »My Funny Valentine«, »Live In Berlin«, »Live In Tokyo« und »Live At Plucked Nickel, Vol. 1 und 2« folgen.

Obwohl auf einzelnen Alben immer wieder ein ähnliches Repertoire vorgestellt wird, gelang es diesem Quintett im Laufe seiner Entwicklung, den alten Titeln immer wieder neue, atemberaubende Live-Variationen in vorher kaum für möglich gehaltener Perfektion abzugewinnen. So fällt es ziemlich schwer, eine Auswahl zu treffen, und der Davis-Fan wird sie alle in seine Sammlung aufnehmen müssen.

Die vorliegende Aufnahme ist nur wenige Wochen nach der Gründung dieses legendären Quintetts, anläßlich eines Konzerts in der Heimatstadt Miles Davis' in der dortigen »Jazz-Villa« entstanden. Dabei handelt es sich um einen sogenannten »Bootleg«, erschienen auf dem kleinen Label VGM, der natürlich offiziell weder von Davis noch von seiner Vertragsfirma autorisiert ist. Die Gruppe steckt hier nach einigen Anfangsschwierigkeiten bei »I Thought About You«, in »All Blues« und »Seven Steps To Heaven« schon die neuen Grenzen ihrer improvisatorischen Möglichkeiten ab und läßt einen ganzen Stapel ihres Solo- und Kollektivspiels aufblitzen. Erstaunlich ist es allemal, wie schnell diese Davis-Formation zu einer Einheit zusammengefunden hat. Vor allem aber sind die überragenden technischen Fähigkeiten des Tenoristen George Coleman hervorzuheben, den man selten so frei spielen gehört hat.

Bleibt abschließend noch anzumerken, daß die Aufnahmequalität, gemessen am üblichen Standard »schwarzer Pressungen«, befriedigend ist.

26.–29. Juli 1963

Miles Davis In Europe

(A) Introduction / Autumn Leaves / Milestones / Joshua
(B) All Of You / Walkin'

Miles Davis (tp), George Coleman (ts), Herbie Hancock (p), Ron Carter (b), Tony Williams (dr)

Columbia CS 8993
CD: CBS 62390

Einer der Vorzüge von Miles Davis' wechselnden Besetzungen ist immer der Kollektivgeist gewesen, dessen Initialzündungen sicherlich vom persönlichen Charisma des Leaders ausgegangen sind. Dieses Phänomen trat in dem berühmten Miles-Davis-Quintett der 60er Jahre aufgrund seiner künstlerischen Potenz in eine neue qualitative Phase ein. Jeder der fünf Musiker genießt die Freiheit, den gesamten funktionsharmonischen und modalen Raum des jeweiligen Themas auszunutzen und die Chance, den musikalischen Fluß richtungsweisend zu beeinflussen. Trotzdem scheint jeder dem Ensemblespiel traumwandlerisch verpflichtet zu sein.

Was damals im Vergleich mit den Exzessen des Free Jazz als konventionell angesehen wurde, war in Wirklichkeit seiner Zeit weit voraus. Kontrollierte Freiheit bedeutete für Davis damals, auf der Grundlage des spontanen und freien Austausches den zur Verfügung stehenden Raum nach dramatischen Gestaltprinzipien in einer bis dato nicht für möglich gehaltenen Art und Weise zu nutzen.

Und das Erstaunliche: Gerade die eher funktionsharmonisch orientierten Balladen »Autumn Leaves« und »All Of You« sind voll von überraschenden kommunikativen Wendungen. Miles' Ausdrucksskala reicht von sanften, sparsamen Intonierungen bis zu einer wilden, ungestüm verschwenderischen Phrasierung. Besonders in dem hier alles überragenden »All Of You« schwingt sich Davis zu einer Soloimprovisation auf, in der sehr oft gerade die Noten, die er bewußt nicht bläst, in den variabel gestalteten Pausen immens an Bedeutung gewinnen.

Die schnelleren und modal bestimmten Themen »Walkin'«, »Joshua« und »Milestones« werden in einer halsbrecherischen Schnelligkeit aufgelegt. Um die rhythmische Komponente seiner Improvisationen technisch besser in den Griff zu bekommen, bedient sich Miles hier der raschen Aufeinanderfolge eines bestimmten To-

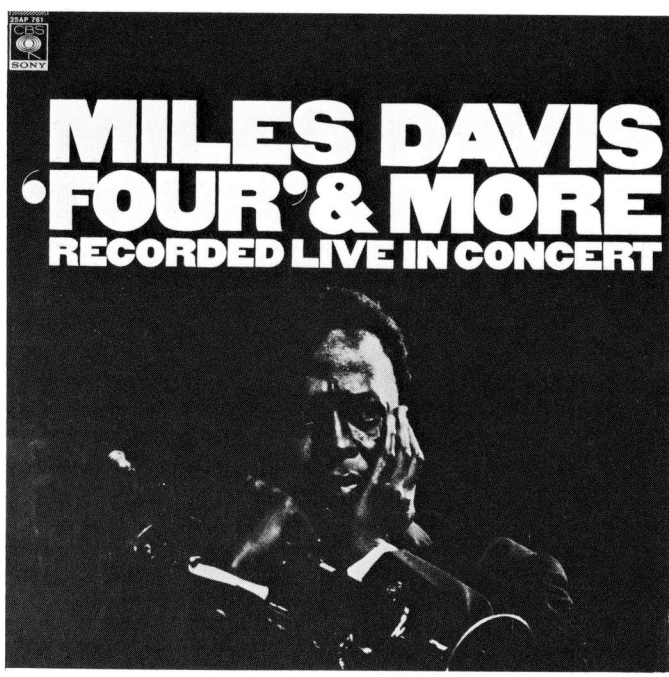

CBS PC 9253

nes, einer Phrase, die er abgewandelt im weiteren Verlauf seines Solos immer wieder bläst. In
wechselnder Stimulanz verschlingen sich die
perkussiven Muster des Schlagzeugs und Miles'
chromatisch durchsetzte Linien zu rhythmisch-
melodischen Verdichtungen bizarrer Verwe-
genheit, getragen von der jugendlichen Leidenschaft der Rhythmusgruppe Ron Carter/Tony
Williams. Das Solo von George Coleman bezieht seine Spannung aus dem Wechsel gering-
fügig variierter Phrasenwiederholungen und
kühner Intervallsprünge. Dagegen ist Herbie
Hancocks Klavierpart zwar nicht so modern,
aber ebenso erregend; sein mitreißendes »Sing-
le-Note-Spiel« läßt ihn als Protagonisten eines
aufgeklärten Hardbop-Klaviers erscheinen.

12. Februar 1964

Miles Davis
»Four« & More
Recorded Live In Concert

(A) So What / Walkin' / Joshua / Go Go
(Theme)
(B) Four / Seven Steps To Heaven / There Is No
Greater Love / Go Go (Theme)

CBS PC 9253

My Funny Valentine
Miles Davis In Concert

(A) My Funny Valentine / All Of You / Stella
By Starlight / All Blues / I Thought About You

CBS PC 9106
CD: CBS CD 85558

CBS PC 9106

CD: CBS CD 85558

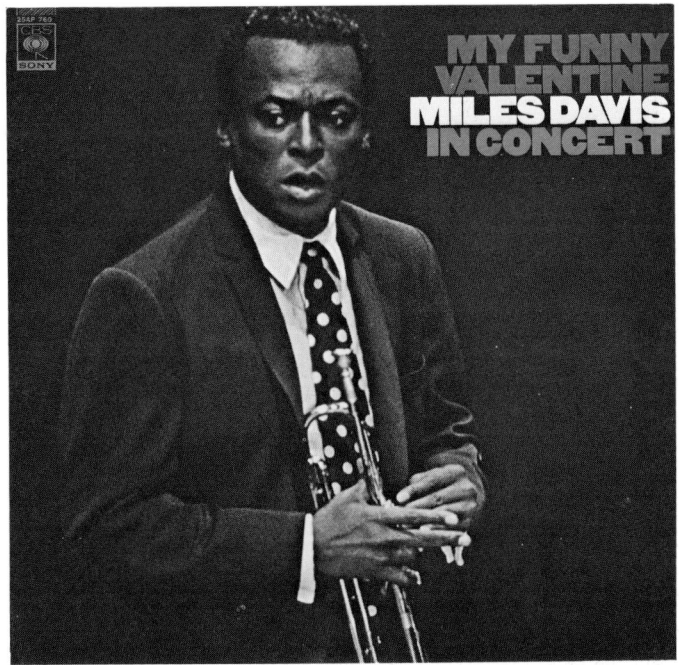

Miles Davis (tp), George Coleman (ts), Herbie Hancock (p), Ron Carter (b), Tony Williams (dr)

Über die beiden Alben »Four & More« und »My Funny Valentine«, beides Mitschnitte aus der New Yorker Philharmonic Hall, ist viel diskutiert worden. In einer glänzenden Rezension in der Wochenzeitschrift »Panorama« bemerkt Joachim E. Berendt treffend zu dem Album »Four & More«: »Trauer und Resignation tarnen sich auf Miles Davis' neuestem Plattenalbum fast ausschließlich in rasenden und jagenden Tempi. Die Furcht vor dem Offensichtlichen wird hier auf die Spitze getrieben. Denn Trauer und Einsamkeit langsam: das ist für Miles das ohnehin Selbstverständliche; jeder würde es so empfinden. Miles Davis entdeckt die Trauer des Rasens – wie keiner vor ihm.«

Das Jazz-Podium beurteilt »Four & More« etwas später mit ähnlichem Enthusiasmus, allerdings mit der Einschränkung, »daß die Stücke alle in durchgehend schnellem Tempo vorgetragen werden, was auf die Dauer eintönig wirkt.«

Dieser berechtigte Einwand wird aber null und nichtig, wenn man den Rest dieses Konzerts gehört hat, der in dem Album »My Funny Valentine« erschienen ist; es enthält alle jene zarten, wunderschönen und in verhaltenen Tempi vorgetragenen Balladen von Miles, die der Kritiker des Jazz-Podiums auf »Four & More« vermißte.

Man vergleiche nur das 15 Minuten lange »My Funny Valentine« mit der romatisch-melancholischen Originalfassung aus dem Jahre 1956, deren emotionaler Ausdruck vor allem auf Tiefenwirkung abzielt. Die vorliegende Version ist von einer kraftvollen Bewegung bestimmt, weg von der Romantik zu mehr Abstraktion. Der Gewinn einer differenzierteren emotionalen Expressivität ist unüberhörbar. Trotz der gelegentlich nur versteckten Reverenzen an die Originalmelodie und der sehr freien harmonischen Annäherung (Davis: »Wir benutzen den ganzen Titel wie eine Tonskala!«) wird die Struktur

159

durchgehalten. Im Gegensatz zu früheren Versionen spielt Miles mit offenem Horn in höchsten Registern, ohne seine persönliche Note, den lyrischen Sound, zu verlieren; erstaunlich ist dies allemal, denn andere Trompeter klingen in solchen Bereichen nur noch gequetscht. An der Struktur dieses Sounds wird klar, daß Miles ihn benutzt, um seine technischen und emotionalen Ressourcen weiter voranzutreiben. Dabei ist das ganze Trompetenspiel von einem wechselnden, subtilen Dialog mit dem Piano und der Rhythmussektion bestimmt; das ständige, überraschende Alternieren zwischen einem langsamen Puls und Double-Time-Metren steigert die innere Dynamik fast bis ins Unerträgliche; der Höhepunkt kommt so logisch wie auch unerwartet: Miles reißt den Ton in höchste Register hinauf, um ihn dann langsam und stufenweise abfallen zu lassen. Die berstende Spannung, die Miles' Solo hervorruft, wird durch George Colemans fließende Tenorlinien in durchgehendem »Double-Time« fast wohltuend entspannt.

Das mehr perkussiv orientierte »All Of You«, das einen swingenden Miles Davis zeigt, und »I Thought About You«, dessen rhythmische Spannung durch ständige Stops and Goes strukturiert ist, sind formal ähnlich aufgebaut wie »My Funny Valentine«, wenn sie auch atmosphärisch in einem anderen Bereich liegen.

In einem aufregenden und in provokanter Gestelztheit vorgetragenen »Stella By Starlight«, in dem Miles dieses Mal den Höhepunkt seines Solos mit einer sich ständig wiederholenden Phrase gestaltet, und vor allen Dingen in der einzigen Nummer dieses Albums, die in schnellerem Tempo vorgetragen wird, in »All Blues«, ist ein anderes ausdrucksstarkes Stilmittel zu hören: der schwebende Klang, in dem immer wieder die »Verschmelzungswünsche« aller Musiker zum Ausdruck kommen. Jedes Instrument folgt seiner eigenen Linie, wobei sich aber ständig klangliche Berührungspunkte ergeben. Manchmal verdichten sich sämtliche Linien zu einem unentwirrbaren Knotenpunkt, der entweder einen Höhepunkt der Spannung oder deren Auflösung anzeigt.

Wenn die Höhepunkte dieses Konzerts als die »rasende Trauer« bezeichnet wurden, so sind die balladesken Stimmungen hier tatsächlich eher in beschaulicher, fast heiterer Note angelegt. Miles, der Magier, läßt im Rahmen der Balladen seine musikalische Genialität noch mehr aufblitzen, als das in »Four & More« geschieht. Es ist einfach die Atmosphäre, die er verbreitet. Natürlich kommt dies in erster Linie von seinem Trompetensound, aber das ist es nicht allein. Seine Musiker improvisieren mit einer traumwandlerischen Sicherheit, voll funkelnder Kreativität und Eleganz, die sie ohne ihn nie mehr erreichen sollten.

14. Juli 1964

Miles In Tokyo
Miles Davis Live In Concert

(A) Introduction / If I Were A Bell / My Funny Valentine
(B) So What / Walkin' / All Of You / Theme

Miles Davis (tp), Sam Rivers (ts), Herbie Hancock (p), Ron Carter (b), Tony Williams (dr)

CBS-Sony SOPL 162

Die Platte »Miles In Tokyo« stellt eine gewisse Rarität dar, denn sie ist nur in Japan erhältlich. Miles hatte zur Auflage gemacht, daß sie nur auf dem japanischen Markt erscheinen darf. Dies ist insofern bedauerlich, als es wohl die einzige Platte vom Miles-Davis-Quintett mit Sam Rivers ist. Vom musikalischen Standpunkt aus gesehen mag Miles aber nicht Unrecht gehabt haben, denn die Balance innerhalb der Gruppe, und nicht zuletzt der Rhythmusgruppe, ist nicht immer ausgeglichen. Das gilt besonders für das Eröffnungsstück »If I Were A Bell«. Man legt natürlich den hohen Maßstab an, den man von den besten Miles-Platten her gewohnt ist. Aber man darf andererseits nicht erwarten, daß die Miles-Davis-Bands grundsätzlich immer in Höchstform sind, daß ihre Musik voll perfektioniert ist. Es spricht im Grunde nur für Miles.

»My Funny Valentine« wird von Miles in der ihm eigenen traumwandlerischen Sicherheit

CBS Sony SOPL 162

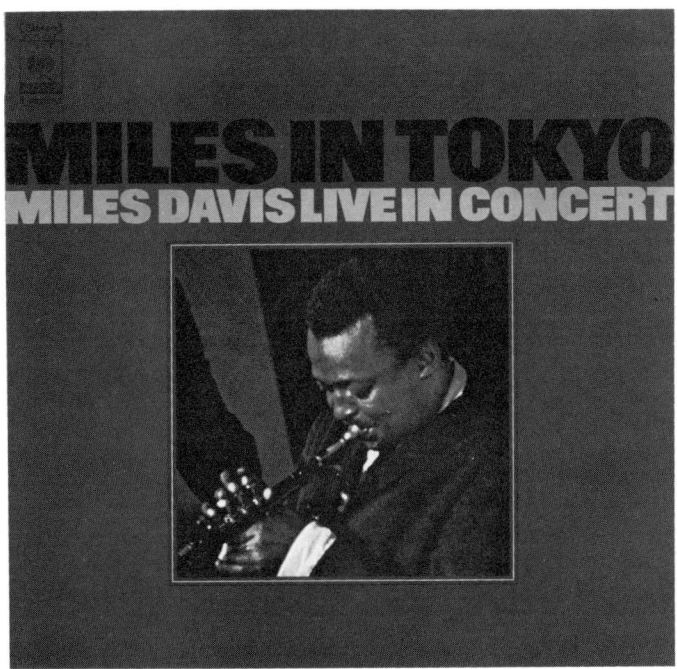

vorgetragen. Von Sam Rivers gibt es sehr schöne Soli in diesem Stück, wogegen man Herbie Hancock schon besser gehört hat. Ron Carter und Tony Williams sind auch nicht immer wirklich zusammen. In »So What« stimmt dann dafür aber auch alles, die Rhythmusgruppe swingt enorm, und Sam Rivers hat sehr viele freie Teile in sein Solo eingeflochten. Leider wird ihm in fast allen Stücken nicht sehr viel Raum gegeben.

»Walkin'« stellt eine nochmalige Steigerung dar. Dort, wo die Stücke auf der Platte in der gleichen Reihenfolge wie im Konzert beibehalten wurden, ist es sehr interessant zu beobachten, wie mehr und mehr Groove aufkommt und sich dann steigert. Sam Rivers wirkt neben Miles sehr kontrastreich, aber auch etwas extravagant. Stilistisch paßten sie nicht unbedingt zusammen, was vielleicht auch der Grund gewesen sein mag, daß sie sich relativ rasch wieder trennten. Dem Aufnahme-Ingenieur gelang es nicht, dem Baß voll gerecht zu werden.

25. September 1964

Miles In Berlin

(A) Milestones / Autumn Leaves
(B) So What / Walkin' / Theme

Miles Davis (tp), Wayne Shorter (ts), Herbie Hancock (p), Ron Carter (b), Tony Williams (dr)

CBS S 62976 / CBS 62104
CD: CBS CD 62976

Wer bei einem Miles-Live-Auftritt trotz aller sonstigen gegenteiligen Klassifizierungen auch das Attribut »freundliche Wärme« entdecken will, kommt bei dem Album »Miles In Berlin« voll auf seine Kosten. Damit soll natürlich nicht gesagt werden, daß die allgemeinen und wohl vertrauten Elemente seiner damaligen Konzertstilistik hier nicht präsent wären, doch scheinen sie unüberhörbar von der Atmosphäre in der

161

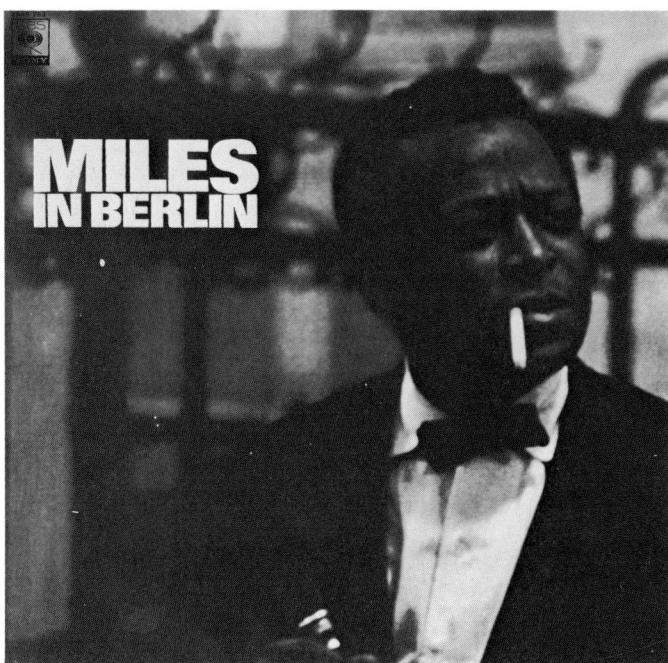

CBS S 62976
CBS 62104

DIGITAL AUDIO

CD: CBS CD 62976

Berliner Philharmonie überlagert: ein vor Verzückung in Bann geschlagenes Publikum erfüllt den mit einer überragenden Akustik ausgestatteten Konzertsaal. Spätestens hier wird deutlich, wie sensibel alle Musiker dieses Quintetts es verstanden, auf eine solche Stimmung zu reagieren und sie auf subtile Weise zu verarbeiten.

Am meisten spürbar wird dies in der verspielt vorgetragenen, zärtlichen und träumerischen Ballade »Autumn Leaves«, der vielleicht fesselndsten und geheimnisvollsten Version, die es von Miles auf Platte gibt. In der unübertrefflichen Akustik wird das »Fallen von Herbstblättern« musikalisch zum impressionistischen Hauch: vor allem Miles bläst feinste Nuancierungen, die bei äußerst reduziertem Lautstärkepegel auch noch den letzten Winkel der Philharmonie zu erfüllen vermochten. Am eindrucksvollsten brachte diese Stimmung jedoch der Schlagzeuger Tony Williams zum Ausdruck. Das rhythmische Pulsieren seiner Cymbals breitet sich wie durch ein Medium zu atemloser Spannung aus; man glaubt, den Fall einer Stecknadel hören zu können. Keiner verstand es besser, den Stimmungen Miles' diesen spirituellen Glanz zu verleihen, denn seine Trompetenriffs und -linien scheinen ganz diesem Pulsieren verfallen. Miles läßt sich gleich einem »Mesqualero«, von den rhythmischen Offenbarungen seines Drummers berauschen; selbst da, wo er wütende Tonkaskaden aus seinem Horn schleudert, beginnen diese auf einmal zu tanzen. Er folgt Williams durch alle metrischen Akzentuierungen bedingungslos bis an die Grenzen des freien Spiels.

Dies gilt vor allem für die wohlbekannten Davis-Klassiker »Milestones«, »So What« und »Walkin'«, die in unglaublich schnellem Metrum gespielt werden. In den zärtlichen, leichten Umspielungen, die wie fliehende Schattierungen gleich einer Fata Morgana die Szenerie immer wieder in impressionistischer Verklärung beherrschen, sind alle Solostrukturen aus ähnlichem Holz geschnitzt. Das Pianospiel Hancocks steuert ständig überraschende Linien

162

CBS Sony 25 AP 1

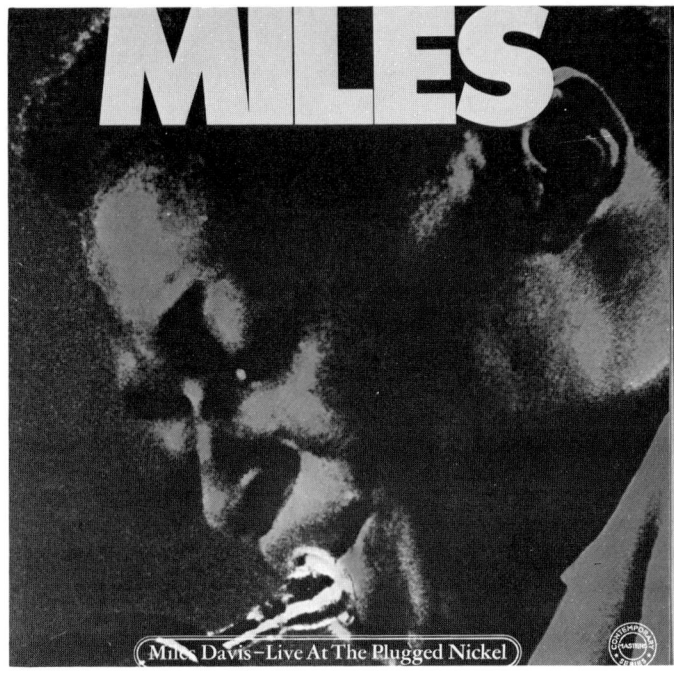

oder pastellartig abgestufte Farbtupfer bei, die mit dem jeweiligen Spiel der Rhythmusgruppe, dessen Kern die dynamische Elastizität von Ron Carters Baßlinien bilden, eng verschlungen sind.

Und noch ein Novum: sieht man einmal von der marginalen Studiobegegnung aus dem Jahre 1962 ab, ist dies die erste Einspielung von Davis mit Wayne Shorter. Was soll man über einen solchen Giganten sagen? Wayne vereinigt Gegensätze von seidenweicher und warmer tonaler Linienführung mit kurzen, zupackenden und feurigen Riffs, die sehr frei gestaltet sind. Dank seiner enormen instrumentellen Brillanz schwingt er sich schon nach ein paar Wochen zum größten Interpreten der Musik Miles' auf. Die beiden Konzerte »Miles In Tokyo« und »Miles In Berlin« sind auf dem Doppelalbum »Miles Davis – Heard 'Round The World« neu veröffentlicht (CBS 88 626).

22./23. Dezember 1965

Miles Davis Live At The Plugged Nickel, Chicago

(A) Walkin' / Agitation
(B) On Green Dolphin Street / So What / Theme

Miles Davis (tp), Wayne Shorter (ts), Herbie Hancock (p), Ron Carter (b), Tony Williams (dr)

CBS Sony 25 AP 1

Miles Davis Live At The Plugged Nickel Vol. 2

(A) 'Round About Midnight / Stella By Starlight
(B) All Blues / Yesterdays / Theme

163

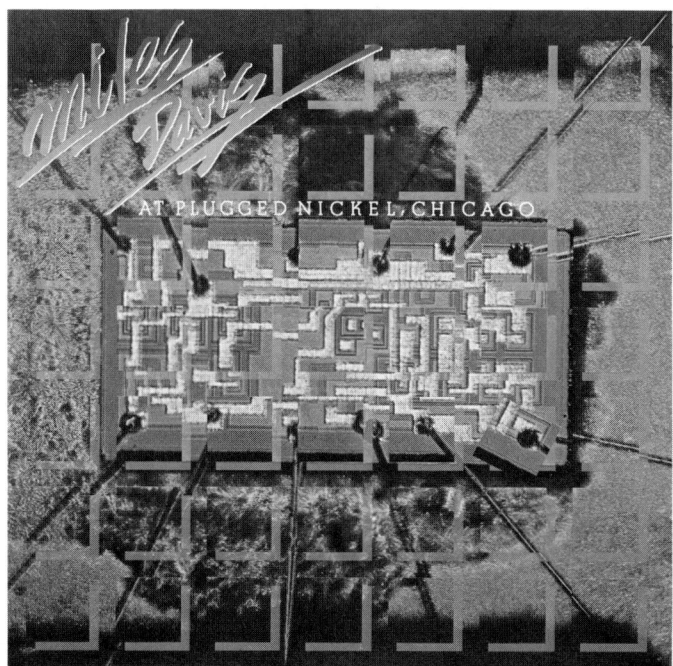

CBS Sony 25 AP 291

CD: CBS 32 DP-723
(Japan)

Miles Davis (tp), Wayne Shorter (ts), Herbie Hancock (p), Ron Carter (b), Tony Williams (dr)

CBS Sony 25 AP 291
CD: CBS 32 CP-723 (Japan)

Miles Davis
Cookin' At The Plugged Nickel

(A) If I Were A Bell / Stella By Starlight
(B) Walkin' / Miles

Besetzung wie oben

Columbia CJ 40645
CD: CK-40645-2 (USA)

Es wird still im Plugged Nickel, die Lichter gehen aus, und das Spotlight fällt auf die kleine Bühne. Miles und seine Musiker bahnen sich ihren Weg durchs dicht gedrängte Publikum; sie werden mit stürmischem Beifall begrüßt. Unbeirrt durch die Unruhe im Auditorium flüstert Miles Wayne Shorter etwas ins Ohr, der nahe am Klavier steht. Dann plötzlich schnippt er mit den Fingern das Tempo für »Walkin'«...
Miles Trompetensound hat sich verändert, die »Dirty Notes« einer ausgereiften Halbtontechnik herrschen vor; die Tonbildung ist im Gegensatz zu vorher harsch und verkrustet, man spürt deutliche Anleihen bei der schrägen Intonation Don Cherrys. Nach dem Thema explodiert die Musik in eine Reihung von Einzelton-Phrasen. Ron Carter, der zunächst ganze und halbe Noten spielt, geht, um mit dem Metrum Schritt zu halten, auf Viertelnoten über. Miles' Solo wird immer intensiver, seine Bopphrasen verlieren an Kontur und werden zu zerquälten Knautschtönen. Die Band ist im ständigen Austausch mit ihm; als Miles sich zu höheren Registern aufschwingt, nimmt Herbie Hancock am Flügel die steigende Tonleiter auf und vereint sich mit dem Schlagzeug zu einem glühenden Crescendo.

164

Columbia CJ 40645

CD: CK-40645-2 (USA)

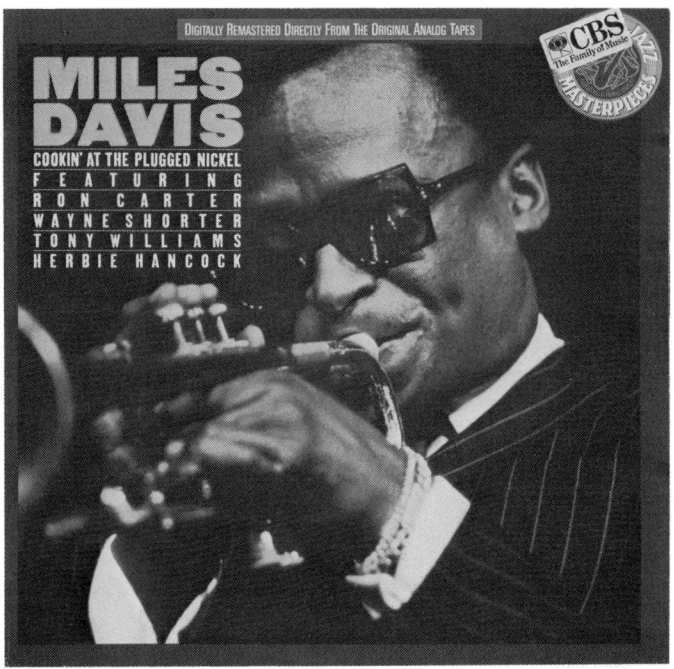

In dieser unwiderstehlichen Clubatmosphäre wurden in zwei Nächten insgesamt 33 Davis-Titel aufgezeichnet, mit deren Teilveröffentlichung auf insgesamt drei Alben vorläufig ein Zyklus von Liveaufnahmen der Jahre 1963 bis 1965 abgeschlossen wurde. Davis' Standardrepertoire stand am Ende dieser Periode unter dem Vorzeichen einer völligen Ausnutzung der Off-Beat-Möglichkeiten und der »Sheets of Sound«; damit erreichte das Ensemble eine freejazzähnliche Abstraktionsebene; dem Durchbruch zum völligen Verzicht auf einen strukturellen Aufbau widerstand Miles, dies überließ er seinen Mitspielern. Während er selbst in überlegter Weise beim »Wegspielen« von modalen Strukturen auf ein zwar nach allen Regeln der Kunst variiertes Metrum nicht verzichten mag – man höre nur wie sich der fliegende Puls der Cymbals ständig verlangsamt und von der Dynamik der Baßlinien aufgesogen wird, die dann die rhythmische Akzentuierung übernehmen – überschreitet der Rest der Gruppe die Grenzen zum freien Kollektivspiel. Stimmungen werden langsam aufgebaut und dann wieder unterbrochen, um sie kontrapunktisch weiter zu entwickeln; so auch in der ersten Version von »Stella By Starlight«: zuerst entwickelt Miles eine lyrische, melancholische Stimmung, zärtlich intonierend, um sie dann sofort in eine dominierende, herrische Tonbildung zu verwandeln. Die metrischen Grundlagen sind aufgehoben, jedes Thema wird nach Belieben und spontan in eine Ballade oder auch in eine Treibjagd verwandelt. Die Musiker des Miles-Davis-Quintetts scheinen nur noch ihre momentanen Stimmungen umzusetzen, wobei der ursprüngliche Eigencharakter der thematischen Vorlage völlig ignoriert wird.

In »So What« läßt Miles seinem Mann am Tenor, Wayne Shorter, sehr viel Raum; dieser befindet sich in Hochform und spielt sich von jeder metrischen Grundlegung frei, verliert dabei allerdings nie den Faden zum musikalischen Gesamtgeschehen. Miles bleibt konservativer. Die Art seines Wegspielens von der Struktur ist besonders gut in »On Green Dolphin Street« als

165

intellektueller Prozeß zu verfolgen: anfänglich dient ihm eine Themenvariation zur Entwicklung einer sehr abstrakten, chromatisch durchsetzten Linienführung, der er am Ende – nicht ohne Ironie – ein wohlbekanntes thematisches Versatzstück anhängt.

In »If I Were A Bell« dünnt Miles das Thema soweit aus, daß es der Zuhörer gerade noch erahnen kann. Nicht minder spannend verläuft der Versuch des gesamten Ensembles, die Struktur des Titels »Miles« von hinten aufzurollen: Durch waghalsige Stegreifskizzen hindurch findet jeder Solist im freien Austausch mit der Rhythmusgruppe immer wieder zu thematischen Versatzstücken zurück. »Agitation« bildet in seiner Konzeption eine Ausnahme: die chromatische Struktur bedarf des Freispielens erst gar nicht mehr. Hier und bei dem Titel »Yesterdays« handelt es sich übrigens um die einzigen von Miles Davis eingespielten Liveaufnahmen dieser Kompositionen. Eine leuchtende Version von »Round Midnight« und eine aufregende Kollektivimprovisation zwischen Trompete und Tenor – eine Seltenheit damals bei Miles – in »Theme« runden das Bild einer der wohl bedeutendsten Liveaufnahmen jener Ära ab.

21./22. Januar 1965

Miles Davis
E.S.P.

(A) E.S.P. / Eighty-One / Little One / R.J.
(B) Agitation / Iris / Mood

Miles Davis (tp), Wayne Shorter (ts), Herbie Hancock (p), Ron Carter (b), Tony Williams (dr)

Columbia CS 9150
CD: CBS 32 DP-722 (Japan)

Mit »E.S.P.« betitelt Miles Davis nicht nur ein neues Album, sondern das Motto »Extra Sensory Perception« steht für eine stilistische Erneuerung, d.h. für eine neue musikalische Struktur der auskomponierten Themen und eines Impro-

visationsprinzips, das Miles als programmatische Konsequenz auf seine Aussage »I don't want to play chords anymore« verstanden haben will.

Schon das schnelle Titelthema »E.S.P.«, das Davis und Wayne Shorter gemeinsam komponiert haben, trägt durch seine sparsame Melodik, die sich durch häufige Akkordwechsel und durch die Verwendung einer Quarte auszeichnet, der neuen Improvisationsweise Rechnung – nämlich der Tendenz zur gleichmäßigen Nutzung aller zwölf Töne der chromatischen Skala. Die strukturelle Einfachheit der Komposition erzielt ihre Wirkung vor allem aus den Noten, die ausgelassen werden; daraus ergibt sich ein neuer, transparenter Improvisationsraum.

Noch markanter führt das Quintett die neue Konzeption in der Davis-Komposition »Agitation« vor, die, wie der Titel schon verrät, auf einer hektisch-rhythmischen Grundstimmung aufbaut; diese wird schon eingangs durch ein langes Schlagzeugsolo umrissen. Anschließend stellt Miles im »Harmon-Mute-Sound« das Motiv, durchsetzt von polyrhythmischen Einschüben, vor. Während seiner Sololäufe werden herrliche Tempiwechsel plaziert. Shorter brilliert durch seine außerordentliche Begabung, die Ambivalenz in glasklarer, kraftvoller Intonierung und dennoch zurückhaltend phrasieren zu können. Den eigentlichen Höhepunkt setzt aber dieses Mal Herbie Hancock mit einem solistischen Juwel, das ohne linkshändige Begleitfunktion auskommt.

Von ähnlichem Abstraktionsgrad sind »Little One« und »R.J.« geprägt. »Little One«, eine Komposition von Hancock und Davis, ist eine Ballade im 3/4-Takt, deren Tempo im Verlauf aber phasenweise zu einem Mediumtempo gesteigert wird. Wie auf allen Tracks glänzen Shorters fesselnde, weit ausladende, mit wenig Vibrato und weich vorgetragenen Intonierungen. »R.J.«, das Ron Carter jun. gewidmet ist, fällt durch ein ungewöhnliches, sperriges Thema auf, aus dem die Solisten, vom swingenden Up-Tempo der Rhythmusgruppe getrieben, sehr schöne Improvisationen entwickeln. Während Miles seine Phrasierung eng an der Rhythmik orientiert, lösen sich bei Shorter swingende und nicht-swingende Improvisationsabschnitte reizvoll ab.

Columbia CS 9150

CD: CBS 32 DP-722
(Japan)

Wayne Shorters »Iris« und Ron Carters »Mood«, zwei Slow-Waltz vom Typus der modalen Spielweise, werden tief empfunden vorgetragen. Die vielschichtig ausgestalteten Soli der Bläser sind in beiden Titeln nahe am Thema orientiert, während Hancock seine romantisch akkordischen Variationen besonders eindrucksvoll in Szene zu setzen versteht.
Einzig der Blues in »Eighty-One«, einer Gemeinschaftsproduktion von Davis und Carter, fällt durch die rudimentäre Verarbeitung von rhythmischen Funk-Rock-Einschlägen aus der Atmosphäre abstrakter Strenge heraus.
Mit dem Album »E.S.P.« eröffnet Miles Davis eine Serie von Studioproduktionen (»Miles Smiles«, »Sorcerer«, »Nefertiti« und, mit Einschränkungen, »Miles In The Sky«), die sowohl stilistisch als auch personell eine im Jazz seltene Geschlossenheit aufweisen, und in denen das Davis-Quintett fast nur noch Eigenkompositionen spielt.

24./25. Oktober 1966

Miles Davis Quintet
Miles Smiles

(A) Orbits / Circle / Footprints
(B) Dolores / Freedom Jazz Dance / Ginger Bread Boy

Miles Davis (tp), Wayne Shorter (ts), Herbie Hancock (p), Ron Carter (b), Tony Williams (dr)

Columbia CS 9401
CD: CBS 32 DP-724 (Japan)

In der Musik des Albums »Miles Smiles« werden die entwickelten Abstraktionsmöglichkeiten von »E.S.P.« weiter vorangetrieben. Andererseits ist das rhythmische Fundament, verglichen mit »E.S.P.«, wesentlich polyrhythmischer ausgestaltet, wobei die melodischen Li-

167

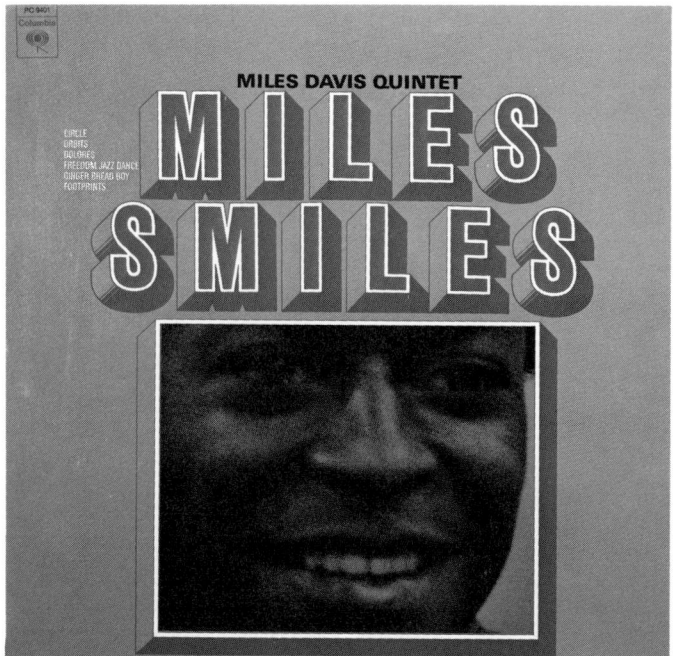

Columbia CS 9401

CD: CBS 32 DP-724
(Japan)

nien oft gegen den Puls gespielt werden. In den Improvisationen tendieren die Solisten verstärkt zur Rückbesinnung auf thematische Fragmente. Befreit vom Zwang der harmonischen Sequenz verweist dieser konzeptionelle Fortschritt – die melodische Improvisation – paradoxerweise auf die Wurzeln des Jazz zurück.

Die A-Seite dieses Albums wird von den außergewöhnlichen Shorter-Kompositionen »Orbits« und »Footprints« beherrscht, nur unterbrochen durch den gehaltvollen Slow-Waltz »Circle«, einer typischen Ballade aus der Feder Davis', der nur eine Abwechslungsfunktion zukommt.

Im schnellen »Orbits«, das an den Kompositionsstil Ornette Colemans erinnert, ist ein boppiges Vorspiel der Hornsektion zu bewundern, die auf hervorragende Weise zum Hauptthema hinführt. Die Soloimprovisationen Miles' kurz und extrovertiert – Shorter dagegen eher meditativ – kochen wie verrückt, was zum Teil sicherlich ein Verdienst des schier unglaublich swingenden und vielschichtigen Spiels der Rhythmusgruppe ist; dabei ist Tony Williams'

gutes Gespür für räumliche Aufteilung besonders hervorzuheben. Herbie Hancock liefert einen exzellenten Solobeitrag; seine rhythmisch überraschenden Einfälle und die zügige Art der Notenlinierung erinnern an Gil Evans. Daß er fast auf dem gesamten Album auf die begleitende Funktion des linkshändigen Spiels verzichtet, verleiht seinen Beiträgen eine gewisse spirituelle und schmucklose Herbheit.

Der Titel »Footprints« bezieht seinen Zusammenhalt aus einer herrlichen, ostinaten Baßlinie, auf die die melancholische Stimmung des Themas aufbaut, welches von den beiden Bläsern zweistimmig in Szene gesetzt wird. Während einiger Improvisationspassagen wechselt die Rhythmusgruppe in einen 4/4-Takt und erreicht damit eine Lebendigkeit, die die Bläsersoli trotz ihres passionierten Vortrages fast aus dem Rampenlicht drängt. Hancock fällt es da leichter, sich in sparsamer und dissonanter Intonierung im perkussiven Charakter Geltung zu verschaffen.

Das kurze Thema der wohl besten Shorter-

168

Komposition »Dolores« wird zuerst von dem Tenorsaxophonisten solo vorgestellt und anschließend mit der Trompete unisono zweimal wiederholt. Die Themalinie weist eine ornamentische Struktur auf, deren Lücken von »fillouts« durch Baß und Schlagzeug geschlossen werden. Die Soli der Bläser – getragen von Ron Carters glänzenden, metrisch freien Baßnoten – sind mit großer Intelligenz konstruiert; in ihrem Zentrum steht jeweils die Reflektion über das thematische Hauptmotiv.

Die beiden letzten Titel dieses Albums sind Fremdkompositionen. Miles' Version des »Freedom Jazz Dance« weicht vom Eddie-Harris-Original ziemlich ab. Das abstrakte Bluesthema besteht aus einer kurzen Phrase, an die sich ein leicht variiertes Echo anschließt; diesem »Call« folgt ein »Response« aus einer brillanten melodischen Bläserlinie in unisono, die sich eckig und chromatisch zu einer hohen Stichnote hochwindet. Tony Williams unterlegt »Freedom« mit einem ungewöhnlich aufgebauten Schlagzeugspiel. Dadurch, daß er die 4/4-Betonung auf den Hi-Hat-Cymbals durchlaufen läßt, wird seine linke Hand frei, um das Thema mit herrlich rollenden »fill-outs« zu versehen oder einen fortlaufenden Dialog mit dem jeweiligen Solisten zu führen. Miles' Solo verbindet in atemberaubender Weise Feuer und Grazie. Die Pausen seiner sparsamen Phrasierungen pointiert Herbie Hancock auf dem Klavier, dem eher eine rhythmische Funktion zukommt. Davis' logischer und durchsichtiger Improvisationsaufbau ist dem Motto »des vom Thema Wegspielens« bestimmt.

Jimmy Heaths »Ginger Bread Boy« scheint Miles Davis auf den Leib geschrieben zu sein und bringt noch einmal eine kaum für möglich gehaltene Steigerung; es wird noch intensiver als »Freedom« vom fortlaufenden Dialog zwischen dem Schlagzeug und dem jeweiligen Solisten getragen. Shorter phrasiert zwar abstrakter und nervöser, aber auch nicht weniger spannend als sein Leader, während Tony Williams mehr denn je frei scheint, sich einen völlig eigenen Weg zu trommeln.

16., 17. und 24. Mai 1967

Sorcerer
Miles Davis

(A) Prince Of Darkness / Pee Wee / Mesqualero / The Sorcerer
(B) Limbo / Vonetta / Nothing Like You

A, B 1–2: Miles Davis (tp), Wayne Shorter (ts), Herbie Hancock (p), Ron Carter (b), Tony Williams (dr)
B 3: Miles Davis (tp), Frank Rehak (tb), Wayne Shorter (ts), Paul Chambers (b), Jimmy Cobb (dr), Bob Dorough (voc) (23. 8. 1963)

Columbia CS 9532 / CBS 21143
CD: CBS 32 DP-725 (Japan)

Ähnlich wie »Miles Smiles« gehört die A-Seite von »Sorcerer« zum Besten, was Miles je eingespielt hat, zumal sie den Eindruck einer suitenartigen Aufreihung von Kompositionen erweckt, die biographische Züge des Leaders aus der Perspektive seiner Musiker tragen. Darauf weisen schon die Titel hin: im Mittelpunkt steht dabei Wayne Shorters »Mesqualero«, eine Bezeichnung für eine indianische Kultfigur, eine Art geistiger Führer, der seine naturreligiösen Erleuchtungen unter dem Einfluß »natürlicher Drogen« herbeiführt. Es gibt wohl kaum einen symbolischen Vergleich, der Miles' musikalische Funktion in seinem Quintett besser beschreiben könnte.

Daß Wayne Shorter in einer weiteren Komposition Miles' als »Prince Of Darkness« porträtiert – wer kennt nicht all die Abbildungen seiner Person vor einem geheimnisvollen Hintergrund mit Zigarette und Trompete –, kann ebenso wenig verwundern wie Herbie Hancocks Bild vom »Sorcerer«, mit dem sicher auf die musikalischen Hexenkünste seines Leaders angespielt werden sollte.

»Prince Of Darkness« weist ein sehr melodisches Thema auf, das zuerst von den beiden Bläsern unisono vorgestellt wird, während Miles der Wiederholung durch das Tenorsaxophon schon Themenvariationen entgegensetzt. Die sich daran anschließenden Soloimprovisationen sind rhythmisch ziemlich frei gestaltet und ste-

Columbia CS 9532
CBS 21143

CD: CBS 32 DP-725
(Japan)

hen im Zeichen des Wegspielens vom thematischen Motiv. Während Davis sich in langatmiger und strahlender »Auf-und-Ab«-Phrasierung zum zaubernden »Prince Of Darkness« aufschwingt, löst sich Wayne Shorters coltranesker Einstieg in eine kurze, mosaikartige Partikelphrasierung auf.

Tony Williams' Slow Waltz »Pee Wee«, in dem Davis nicht mitwirkt, ist die große Balladenstunde von Wayne Shorter; unter Ausnutzung multidimensionaler Notenschichtung unterzieht er diese in unnachahmlicher Weise einer sensiblen Variation der Tonfärbung, -lage, -struktur und des Tonvolumens, die stellenweise an Stan Getz' Intonierung erinnert. Die besinnliche Autorität, die Hancocks Klaviersolo ausstrahlt, ist eindeutig von Bill Evans her beeinflußt, wenn auch im Stil sparsamer angelegt.

Das mysteriöse, spanisch klingende »Mesqualero« ist eine der fesselndsten Kompositionen, die Shorter geschrieben hat. Es weist trotz spärlicher Melodik eine überraschend melodische Substanz und rhythmische Vielfalt auf. Der Übergang vom Thema zur Soloimprovisation wird durch Miles sehr organisch gestaltet. Unter den kettenförmig angelegten Akkordakzentuierungen Hancocks bezieht sich Miles aber immer wieder in glühender Leidenschaft auf zum Thema gehörende Motive. Shorters Tenorsolo – rhythmisch ebenso aufgebaut – ist dagegen relaxed und episch angelegt, unterbrochen von Passagen mit einer bohrenden, gequälten Phrasierung.

»The Sorcerer«, das wie eine Bowlingkugel abfährt, bildet den überschnellen Abschluß der A-Seite. Die sehr komplexe und bopige Themamelodie wird zuerst vom Tenorsaxophon – Shorter phrasiert lakonisch gegen den fließend swingenden Rhythmus – vorgestellt. In der ersten Themawiederholung tritt etwa ab der Mitte Miles mit einer ungewöhnlichen Serie strudelnder Töne hinzu, während die zweite durchgehend unisono gespielt wird. Anschließend zaubern Shorter und Miles im fliegenden Wechsel einen sagenhaften »Chase« aus ihren Hörnern, wobei Tony Williams den Puls fast beliebig frakturiert und sozusagen ständig den akustischen Brennpunkt verschiebt.

Das chromatisch aufgebaute »Limbo« mit einem »wogenden« Thema glänzt durch eine ständig sich intensivierende Ensemblekommunikation. Miles' schwerelose und swingende Trompetenlinien reißen die gesamte Rhythmusgruppe mit, während sich bei Shorters fragmentarisch und kontrolliert aufgebautem Tenorsolo die Spannung daraus ergibt, daß er konträr zum rhythmischen Fluß weniger swingend phrasiert. Hancocks metrisch-freie Improvisation ist besonders schön in das dichte Spiel der Rhythmusgruppe eingelegt. Die Schlußchorusse des Quintetts sind von der Rückkehr zu reißenden Attacken bestimmt, deren Endpunkt eine Schlagzeugkaskade bildet.

In der prosaisch vorgetragenen Ballade »Vonetta« glänzt Miles in seinem Solo mit ungewöhnlichen Intervallsprüngen, die stark am melancholischen Eingangsmotiv orientiert sind. Shorters Improvisation lebt vom Kontrast zwischen Tonlage und Struktur, der zugleich das Gefühl von Sanftheit und Schmerz hervorruft. Erst durch Hancocks romantische Klavierimprovisation wird deutlich, wie sehr hier die gesamte Gruppe auch von Ron Carters dynamischem Baßspiel lebt.

Den Abschluß bildet eine zweiminütige hübsche Vokalbeigabe »Nothing Like You« des Sängers und Komponisten Bob Doroughs, begleitet von einem Miles-Davis-Sextett aus dem Jahre 1962 (vgl. dazu »Facets«, S. 133).

7., 22. und 23. Juni 1967, 19. Juli 1967

Nefertiti
Miles Davis

(A) Nefertiti / Fall / Hand Jive
(B) Madness / Riot / Pinocchio

Miles Davis (tp), Wayne Shorter (ts), Herbie Hancock (p), Ron Carter (b), Tony Williams (dr)

Columbia CS 9594
CD: CBS 32 DP-726 (Japan)

Bei der vierten Studioproduktion von Miles Davis mit neuem Material sind zwei kompositorische Meisterwerke aus der Feder seines Tenoristen Wayne Shorter stilistisch auffallend. Der eigentliche Reiz von »Nefertiti« ist auf die feinen Variationen der zugrundegelegten Themastruktur durch die Bläser zurückzuführen: zuerst stellt Shorter das leicht melancholische, ausschwingende Thema auf dem Tenor vor, während der ersten Wiederholung tritt die Trompete in unisono dazu, wobei im folgenden das Thema von den Bläsern sowohl durch die Intensität des Vortrages als auch der Pausengestaltung leicht variiert wird. In den beiden Themawiederholungen wird die Spannung dadurch erhöht, daß die Hörner versetzt spielen und bis zur echoartigen Wiederholung auseinandertreten. In der gemächlichen, fast hypnotischen Qualität von »Nefertiti« zeichnete sich in der Davis-Gruppe ein Kompositionsstil ab, der auf neue Proportionen in der Zeitempfindung abhob.

Die Stimmung des noch langsameren, aber auch noch schöneren »Fall« ist, ähnlich wie »Nefertiti«, von einer sich ständig wiederholenden Melodie bestimmt; doch neben dem fest arrangierten Ensemblespiel sind kurze solistische Ausflüge zu hören, die, nahe am Thema orientiert, von den jeweils präsenten Ensemblepassagen wieder absorbiert werden. Während des Klavierparts, der das Thema auf unterkühlte Art am meisten abstrahiert, springt die Rhythmusgruppe in ein hot-betontes »Doubletime« über. Es ist überhaupt das erste Davis-Album, bei dem die Rhythmusleute den Bläsern fast die Schau stehlen.

Tony Williams' »Hand Jive«, dessen 4/4-Takt vom drängend dynamischen Baßspiel Ron Carters angegeben wird, lebt vom rasend schnellen und rauschenden Cymbalsound. Über einem um feinste Nuancen stetig veränderten Metrum entwickelt Davis, getrieben von unglaublich variantenreichen Trommelattacken, aus tiefen Lagen sein Solo.

In »Madness«, einem Hancock-Titel, sind nach einem kurzen, kontrastreichen Thema wunderbare Soli zu hören. Miles steigt sofort ein, verfolgt vom Baß in höheren Lagen. Durch seine Trompetenkürzel kommt ein wenig von der Stimmung der Intonierung auf, wie sie Don

171

Cherry im Ornette Coleman Quartet gepflegt hat. Shorter improvisiert dagegen sehr beweglich in intellektueller Intensität, wobei er die ganze Skala seines Instruments nutzt.

»Riot«, ebenfalls ein Hancock-Titel, strahlt eine »Messenger-Stimmung« aus. Die solistischen Beiträge von Davis und Hancock sind die Glanzlichter in diesem kurz angelegten Track.

Den Abschluß bildet der dritte Shorter-Titel »Pinocchio«. Die Soli von Miles und Shorter zählen wieder einmal zur Meisterklasse, wobei die Verwendung möglichst weniger Noten zu einer durchsichtigen Expressivität führt.

16. Januar 1968, 15./16. Mai 1968

Miles Davis
Miles In The Sky

(A) Stuff / Paraphernalia
(B) Black Comedy / Country Son

Miles Davis (tp), Wayne Shorter (ts), Herbie Hancock (p, el-p), Ron Carter (b), Tony Williams (dr)
A 2: add George Benson (g)

Columbia CS 9628
CD: CBS 32 DP-728 (Japan)

Nach drei Jahren Abstinenz wartete Davis endlich selbst wieder mit einer ziemlich originellen Komposition auf: »Stuff« ist vom Thementypus der »endlosen Melodien«. Dabei gibt es eine Fülle melodischer Fragmente, verlagerte Betonungen, gebundene und gezogene Noten sowie Triller zu hören, die auf dem Hintergrund der rhythmischen Kontinuität, der das verlagerte Thema kontrastiert, ein ungewöhnliches Zeitgefühl entstehen lassen. Tony Williams schlägt auf den Cymbals einen sehr funkigen Beat, zuerst fortlaufend garniert, dann mit überfallartigen »Roll-in's« versehen, und mit Breaks, die sehr viel Dramatik entstehen lassen.

Die durchgreifendste Neuheit dieses Stücks aber ist die Verwendung elektronischer Instrumente, die die Ambitionen Miles' in Richtung Rockmusik nachhaltig unterstreichen. Herbie Hancocks gläsern magischer Sound vom E-Piano verleiht dem gesamten Ensembleklang einen völlig neuen Charakter; Miles bläst besonders heiß; in kurzatmiger, steil ansteigender, aber dann wieder auch in längerer, abschwingender Phrasierung nimmt er die thematischen Motive auseinander. Shorter improvisiert dagegen mehr vom thematischen Material weg, bezieht sich aber immer wieder auf Miles' vorgegebenes ironisches Temperament. Herbie Hancocks Bezug auf die Wurzeln des Blues fällt durch die »Steigerung der Perkussivität des Klanges« auf dem E-Piano noch eindeutiger als gewohnt aus.

Wayne Shorters stimmungsvolle Komposition »Paraphernalia« kontrastiert mit einem brisanten 4/4-Metrum, das 3/4-taktige Einschübe enthält – ein rhythmischer Aufbau, der auf den Hi-Hats oder den Cymbals von Tony Williams ostinat durchgehalten wird. Insbesondere das begleitende Gitarrenspiel – eine weitere Neuheit bei Miles – ist für die explosive Rhythmik dieser Tracks verantwortlich. George Benson wiederholt rhythmische Figuren, indem er unter Nutzung der Oktaventechnik einfach einzelne Saiten anschlägt, was hörbar eine deutliche strukturelle und tonliche Verdichtung des Backgrounds bewirkt. Miles, Shorter und Hancock variieren sehr eindrucksvoll ihre vielschichtigen Phrasierungen, die sich mit kreativ gestalteten Pausen ablösen, in denen Williams seinen Trommeldialog mit dem jeweiligen Solisten markiert.

Die B-Seite ist vom Ensemblesound und der musikalischen Struktur mehr der Tradition verhaftet. Die wenig attraktive Williams-Komposition »Black Comedy« ist so skeletthaft, daß sie gerade noch einen fragmentarischen Riff ergibt.

Seinen zweiten Titel »Country Son« läßt Miles mit jagenden Trompetenkürzeln beginnen, die an ein Fragment seines Solos in »Summertime« erinnern, und er beendet es auf ähnliche Weise, in einer Phrasierung, deren Entschlossenheit für sich selbst steht, und die er selbst einmal so kommentiert hat: »I don't need new material. I only have to look at the old in a new way.«

Columbia CS 9594

CD: CBS 32 DP-726
(Japan)

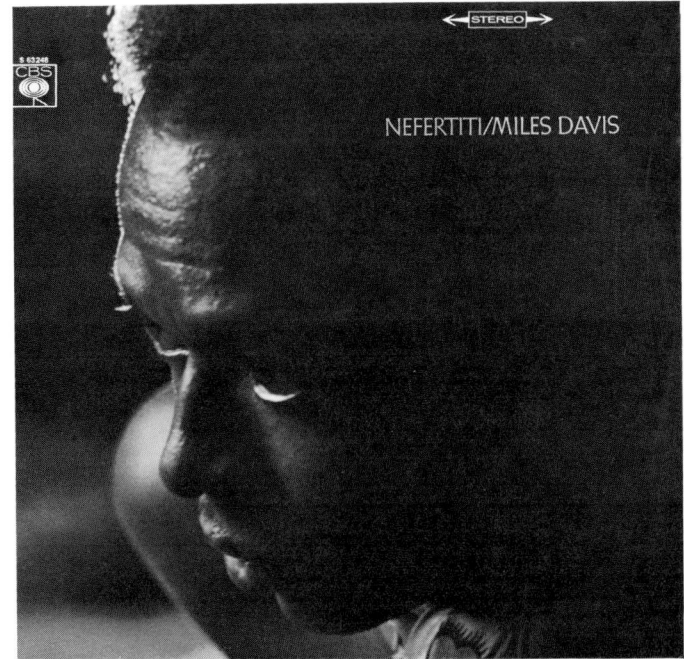

Columbia CS 9628

CD: CBS 32 DP-728
(Japan)

19.–21. Juni 1968, 24. September 1968

Miles Davis
Filles de Kilimanjaro

(A) Frelon Brun / Toute de Suite / Petits Machins
(B) Filles de Kilimanjaro / Mademoiselle Marby

Miles Davis (tp), Wayne Shorter (ts), Herbie Hancock (p, el-p), Ron Carter (b, el-b), Tony Williams (dr)
A 1, B 2: Chick Corea (el-p) and Dave Holland (el-b) replace Hancock and Carter

Columbia CS 9750
CD: CBS 32 DP-729 (Japan)

Im Begleittext wird die Musik dieses Albums mit einer »Lightshow für Blinde« gleichgesetzt. Dies mag eine Umschreibung dafür sein, daß es so schwer fällt, das Besondere dieses tiefen Hörerlebnisses in Worten auszudrücken. Die kommunikativen Möglichkeiten der Sprache finden hier ihre Grenzen.
Die Aufnahmen zu »Filles de Kilimanjaro« umfassen die Periode der personellen Veränderung des Davis-Quintetts. Drei Stücke, »Petits Machins«, »Toute de Suite« und die Titelnummer, wurden im Mai 1968 noch mit Ron Carter und Herbie Hancock eingespielt, während vier Monate später im September bei »Frelon Brun« und »Mademoiselle Mabry« schon der Bassist Dave Holland und am E-Piano Chick Corea mitwirkten. Obwohl das Etikett bei allen Titeln Miles Davis als Komponisten aufführt, ist ziemlich sicher, daß Gil Evans einen großen Anteil an diesem Album zugeschrieben werden muß; so soll er »Petits Machins« mitkomponiert haben. Außerdem war er wesentlich an der Soundgestaltung des Titelstückes beteiligt, die für alle restlichen bestimmend sein sollte. Die Fruchtbarkeit dieser erneuten Zusammenarbeit schlug sich in einer Reihe neuer origineller Einfälle und musikalischer Segmente nieder. Den Schwerpunkt setzt dabei das Klavier, das den Klangcharakter, die Farben des Ensemblesounds, neu bestimmt. Auch die Art des Schlagzeugspiels ist teilweise auf die Stilistik

der Rockmusik zurückzuführen, weist daneben aber auch wie früher spontane und sehr polyrhythmische Passagen auf. Die rhythmische und melodische Dichte der Improvisationen wurde generell reduziert; es treten wieder einfachere Skalen, Bluestonleiter und eine Dur-Moll-Übergangsharmonik in den Vordergrund. Die solistische Freiheit besteht aus der »spontanen Wahl« der Skalenmodelle, während die Themenmelodik durch eine Zweistimmigkeit gekennzeichnet ist.
Der Eingangstrack der A-Seite »Frelon Brun« legt ein Zeugnis über die Vorstellungen von Davis' neuer Hot-Spielweise ab; der betont rockige Beat geht von einem räumlich weiten und kantigen Riff, synchron von Baß und E-Piano gespielt, aus. Nach einem kurzen Thema im leicht afrikanischen »Kwela-Einschlag« (folkloristische Flötenmusik) improvisiert die Trompete in wildem Dialog mit dem Schlagzeug; das gewaltige Wechselspiel zwischen Miles und Williams ist an einen durchgehenden Baßriff und eine statischen Piano-Begleitung gebunden.
Im zweiten Stück »Toute de Suite« ringt Miles seinen lyrischen Ambitionen atmosphärisch eine neue Seite ab. Das im 3/4-Takt vorgestellte Thema zeichnet sich durch eine melodische Offenheit aus, die im Jazz Seltenheitswert hat. Miles bläst ein für seine Verhältnisse ungewöhnlich polyrhythmisches Solo voll Intensität, gefolgt von Wayne Shorter, dessen melodisch aufgebaute Improvisation in kurzer, kraftvoller Phrasierung nachhaltig an das große Coltrane-Vorbild John Gilmore erinnert.
Am schnellen »Petits Machins« fällt vor allem die rhythmische Komplexität auf, so daß die außergewöhnliche Begleitung der Rhythmusgruppe streckenweise im Rampenlicht steht. Das einfache Thema (»Little Stuff«) fordert zu einer Abstraktion des alten »Blues in F«, mit wunderbaren Improvisationen, auf. Miles pointiert die Höhepunkte seines Solos besonders risikoreich, was eine leidenschaftliche Geschlossenheit bewirkt.
Im Titelstück »Filles de Kilimanjaro« sind wieder rhythmische Anklänge an das gleitende »Kwela-Feeling«, die südafrikanische Volksmusik, zu spüren. Das lang angelegte Thema ist so ausdrucksstark, daß es Davis von der Horn-

Columbia CS 9750

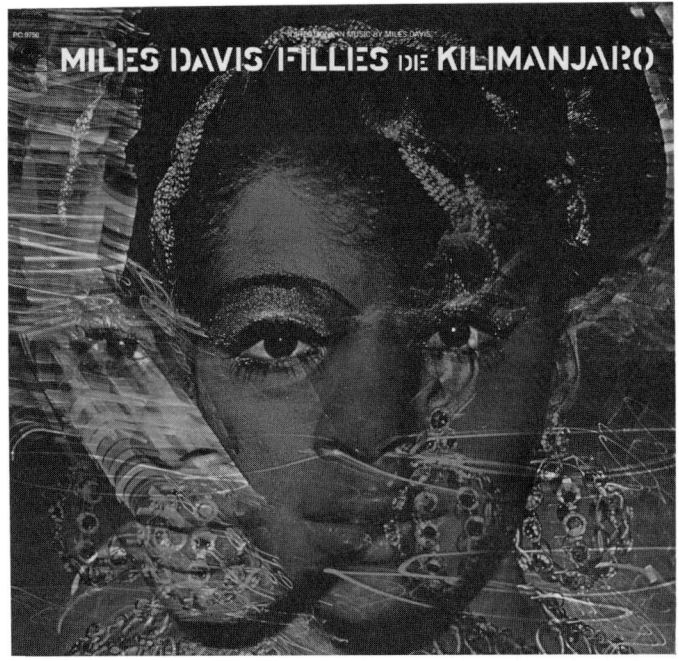

CD: CBS 32 DP-729
(Japan)

sektion dreimal wiederholen läßt, jeweils nur
von kurzen, rhythmischen Zwischenspielen unterbrochen. Atmosphärisch knüpft Miles hier an
»Stuff« oder »Nefertiti« an, die beide mit einem
einzigen durchgehenden Baßriff auskommen;
Carter versteht es, allein dadurch das Stück in
tänzerische Schwingung zu versetzen.
Obwohl Miles Davis für das letzte Stück »Mademoiselle Mabry« keine thematische Linie für
die Bläser geschrieben hat, stellt es den kompositorischen Höhepunkt dieses Albums dar.
Nicht nur die Akkordstimme, sondern auch die
Art ihrer rhythmischen Grundlegung und die
gesamte Baßlinie wurden von Miles festgelegt.
Die Aufgabe des Schlagzeugs besteht hier weniger im Taktspiel als in der pararhythmischen
Bereicherung von Baß und Piano.
Was sich in »Miles In The Sky« schon angekün-
digt hatte, kommt in »Filles de Kilimanjaro«
voll zum Tragen. Miles fügt seiner Musik ein
Soundspektrum hinzu, dessen Tiefenwirkung
den Eindruck eines »akustischen Kaleido-
skops« entstehen lassen.

Juni/Juli 1967, ca. November 1968

Miles Davis / Water Babies

(A) Water Babies / Capricorn / Sweet Pea
(B) Two Faced / Dual Mr. Tillman Anthony

*Miles Davis (tp), Wayne Shorter (ts), Herbie
Hancock (p), Ron Carter (b), Tony Williams
(dr)*
B: add Chick Corea (el-p), Dave Holland (el-b)

Columbia PS 34396
CD: CBS 32 DP-727 (Japan)

Mit »Water Babies« eröffnete Columbia eine
Serie von drei Alben – es folgten »Circle In The
Round« und »Directions« – die die Zeit des
Rückzugs Miles Davis' von der Jazzszene zwischen 1976 und 1981 überbrücken sollte. Das
vorliegende Album ist ein historisches Doku-
ment des stilistischen Übergangs der Jahre 1967
und 1968.

175

Der Titel der A-Seite, die balladenhaften Stücke »Water Babies« und »Sweet Pea« sowie der Swinger »Capricorn« stammen alle aus der talentierten Feder Wayne Shorters und wurden in der klassischen Besetzung rein akustisch etwa Mitte 1967 eingespielt; stilistisch können diese Aufnahmen dem um die gleiche Zeit entstandenen Album »Nefertiti« zugeordnet werden.

Auf der B-Seite ist das traditionelle Quintett durch David Holland (E-Baß) und Chick Corea, der hier mit Herbie Hancock gemeinsam in die elektrischen Klaviertasten greift, erweitert. Stilistisch würden die Aufnahmen gut in das Album »Filles de Kilimanjaro« passen.

18. Februar 1969

Miles Davis / In A Silent Way

(A) Shhh-Peaceful
(B) In A Silent Way / It's About Time

Miles Davis (tp), Wayne Shorter (ss), Herbie Hancock (el-p), Chick Corea (el-p), Joe Zawinul (el-p, org), John McLaughlin (el-g), Dave Holland (b), Tony Williams (dr)

Columbia CS 9875 / CBS CJ 40 580
CD: CK-40580-2 (USA)
CD: CBS 32 DP-730 (Japan)

Die Musik in dem Album »In A Silent Way« stellt in Miles Davis' stilistischer Entwicklung eine Wende dar, weil hier zum ersten Mal eine völlige Befreiung vom Bop-Konzept vollzogen wird. Spannung und Intensität sind im wesentlichen nicht mehr an Trompete und Tenorsaxophon gebunden, sondern werden durch die »Background-Kontraste« von E-Gitarre und Keyboards erzeugt. Hitze wird schnell aufgebaut, um gleich wieder abzukühlen, meist durch kurze Gitarrenriffs, die kontrapunktisch zum ostinaten Baßspiel angelegt sind, während das Schlagzeug rockverwandte, aber entspannte Rhythmen beisteuert.

Der lange Track Miles' »Shhh-Peaceful« nimmt die ganze A-Seite ein. Dave Hollands Baßfigur, die durch das ganze Stück schwingt, kommt mit dem Grundton D aus, während Tony Williams einen Rhythmus aus den Hi-Hat-Cymbals trommelt; darüber improvisieren zwei E-Pianos, Orgel und E-Gitarre simultan-kommunikative, aber kleine, rhythmisch oder melodisch orientierte Figuren in schimmernden Effekten, jeweils nur von längeren Trompeten-, Sopranoder E-Gitarrensolos in den Hintergrund verbannt. Miles' Einstieg mit offenem Horn erfolgt im Anschluß an eine längere, einleitende Ensemblepassage.

Insgesamt zeichnet sich die Solistik hier, obwohl sie so einfach anmutet, durch häufige Finessen und große Subtilität aus, durchdrungen von Miles' allgegenwärtiger Atmosphäre sich steigernder melancholischer Reflexionen, so traurig und einsam wie eh und je.

Die B-Seite besteht im wesentlichen aus dem Davis-Titel »It's About Time«, eingerahmt von Motiven aus Joe Zawinuls Thema »In A Silent Way«. Auf der Grundlage von gestrichenen Baßlinien beginnen McLaughlin und Zawinul das Titelstück wie ein Wiegenlied. Echoartig nachklingende Keyboardcluster von Corea und Hancock bestimmen den Rahmen für die weitere motivische Verarbeitung, die sich von der Gitarre über Waynes Sopransaxophon bis zur pastoralen Stimmung durch Trompete und Sopransax in unisono zunehmend verdichtet.

19.–21. August 1969

Miles Davis / Bitches Brew

(A) Pharaoh's Dance
(B) Bitches Brew
(C) Spanish Key / John McLaughlin
(D) Miles Runs The Voodoo Down / Sanctuary

Miles Davis (tp), Wayne Shorter (ts), Benny Mauphin (b-cl), Chick Corea (el-p), John McLaughlin (el-g), Harvey Brooks (el-b), Dave Holland (el-b), Lenny White (dr), Charles Alias (dr), Jack DeJohnette (dr), Jim Riley (dr)
A, B, C 1, D 2: add Joe Zawinul (el-p)
A, C, D 1: add Larry Young (el-p)

Columbia GP 26 / CBS 60 236
CD: CBS 60236-2

Columbia PS 34396

CD: CBS 32 DP-727
(Japan)

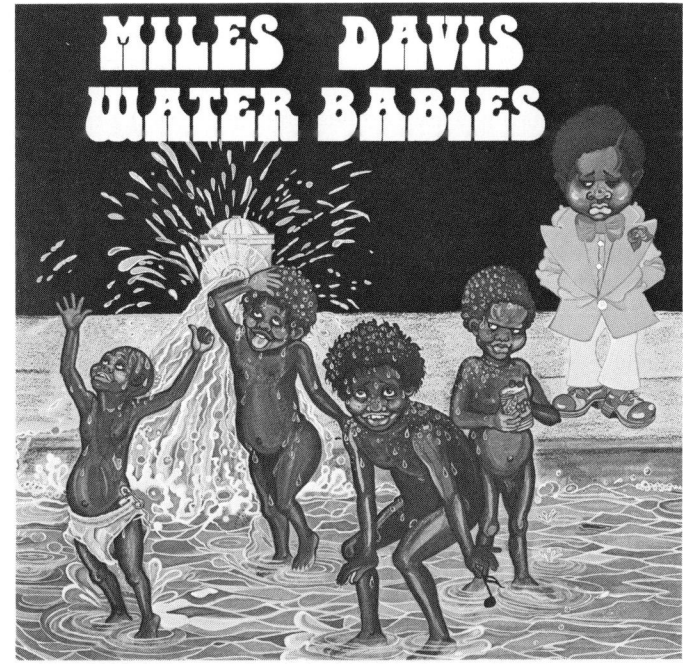

Columbia CS 9875
CBS CJ 40580

CD: CK-40580-2 (USA)
CD: CBS 32 DP-730
(Japan)

Die Musik von »Bitches Brew« ist melodisch sehr abstrakt und chromatisch gestaltet, während sie rhythmisch auf einen dynamischen und vielschichtigen Rockbeat gegründet ist. Die alte Idee der kettenförmig angelegten Solistik wurde hier endgültig durch ein »neues« Basiselement ersetzt: Miles' Trompetenstimme steht allein dem Rest des Ensembles gegenüber. Die Hauptachse der musikalischen Interaktion verläuft zwischen diesen beiden Faktoren. »Bitches Brew« scheint so völlig von Miles' persönlichem Stil geprägt zu sein, denn solistische Beiträge anderer Musiker heben sich vom Rest des Ensemblesounds weit weniger ab als seine Trompetenstimme.

Der Eingangstrack »Pharaoh's Dance« von Joe Zawinul setzt den flotten, flachen Beat und die Strukturlegung des Konzepts von »In A Silent Way« fort, angereichert durch das frei gestaltete und dunkel gefärbte Spiel der Baßklarinette. Miles gestaltet ein phantastisches Solo und phrasiert ausgiebig mehrere Male mit viel berstendem Feuer, wobei eine neue Variante des alten »Call-and-Response«-Rituals zu hören ist.

Die zweite, von Shorter stammende Komposition, »Sanctuary«, wurde von Miles wie »Pharaoh's Dance« im gleichen Sinne ebenfalls völlig überarbeitet. Sein pastoraler Ton durchzieht die gesamte Länge des Tracks; einmal unisono mit dem Sopran, dann wieder nur vom E-Piano begleitet, ist es schwer zu entscheiden, welche Abschnitte auskomponiert oder welche spontan variiert werden. Im mittleren Teil und gegen Ende intensiviert Miles unter den freien Trommelwirbeln DeJohnettes das Dreiklangspiel in frenetischer Weise.

Der Davis-Titel »Bitches Brew« ist ziemlich »sessionartig« angelegt, obgleich der Track von einem durchkomponierten »Call and Response« eingerahmt ist, angelegt sozusagen als Prolog, Intermezzo und Epilog, die mit der Session musikalisch kaum in funktionalem Zusammenhang stehen.

Der Prolog setzt mit der Aufrufung der Baßgitarre ein, eine ungewöhnlich aufgebaute und langgestreckte Figur, die das Ensemble im freien Kollektivspiel beantwortet. Mit dem Beginn der dritten Aufrufung bläst Miles einen Trompetenton, der über die Echoplex bis zu zwanzig Mal in gleicher Höhe weiterschwingt, so daß der erregende Eindruck galoppierender Noten im »Sägezahnmuster« entsteht. Die sofort angefügte, steil hochgezogene Stichnote im ausgeprägten Nachhall fällt mit dem Beginn des Ensemble-Response zusammen. Die zweimalige Wiederholung dieser ganzen Passage erzeugt eine geradezu hypnotische Atmosphäre, die Miles anschließend in melodramatischer Abwärtsphrasierung mit lang ausgehaltener und schwebender Intonierung wieder abschwächt.

Nach einer Zäsur animiert Miles durch Fingerschnalzen seinen Bassisten zu einem mächtigen Baßriff, in den der Rest des Ensembles einstimmt; dabei entwickelt sich die rhythmische Struktur eher relaxed, von einer andauernden Verdichtung und Entspannung bestimmt, aus der sich einzelne Soloinstrumente wie Sopran, E-Piano und Gitarre in leicht abgewandelten Stimmungsbildern herausschälen. Miles selbst läßt mehrmals mit herrlich gestalteten Attacken aufhorchen; dann erklingt plötzlich wieder die hypnotische Anrufung der Baßgitarre, so geht das insgesamt 27 Minuten lang.

Mit dem Titel »Spanish Key« kennzeichnet Miles zugleich die tonale Grundlage seiner Komposition, nämlich eine in der spanischen Folklore anzutreffende Tonleiter. Der ganze Background ist von einem schnellen, ziemlich zickig rockenden Beat bestimmt, der sich, ausgehend vom Schlagzeug, im Verlauf zu einem inspirierten »Boogaloo« steigert. Miles stellt das thematische Motiv vor, das aus einem Vierklang besteht. Aus einer Serie tonaler Zentren entwickeln die Solisten, mit sehr viel Freiheit in den einzelnen Bereichen, ihre Improvisationen, jeweils verkettet durch Miles' thematische Phrasierungen, in die er Vierklangmotive einfließen läßt. Zuerst sind Shorters entspannte Sopranlinien, überlagert von leicht gekräuselten Oberwellen, zu hören, dann folgen funkige Gitarrenkürzel McLaughlins. Dazwischen bläst Miles immer wieder eine Flut von Noten, die den musikalischen Strom stets aufs Neue akzentuieren. Im letzten Drittel des Tracks verdichten sich die kochenden Rhythmen zu einer perkussiven Ornamentik, die von Benny Mauphins gespenstischem Baßklarinetten-Solo getragen wird. Der sich daran anschließende Titel »John McLaughlin« kommt ohne Sopran und Trompe-

Columbia GP 26
CBS 60236

CD: CBS 60236-2

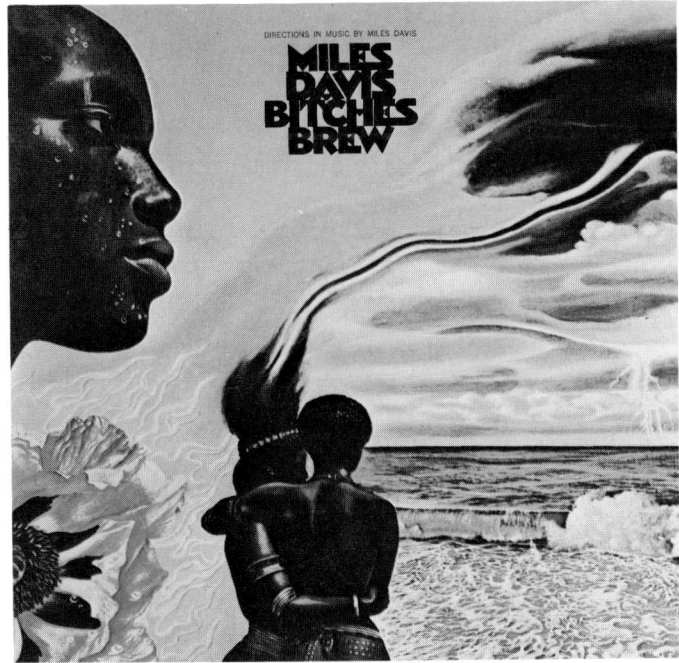

te aus. Getrieben von einer ostinaten E-Piano-Figur kommt der Stil des englischen Gitarristen besonders gut zum Tragen.
Die Quintessenz des »Bitches Brew«-Albums ist zweifellos »Miles Runs The Voodoo Down«. Mit einer nochmaligen Reduktion musikalischer Elementarteile verschmilzt Miles in dieser Komposition Form und Inhalt auf phantastische Weise; seine Blues-Abstraktion baut auf die Tonalität eines simplen Baßriffs und einen eher langsameren Ostinativ-Rhythmus auf. Darüber bläst Miles einige Phrasen in mittleren Registern, deren Alternierung zwischen Dur und Moll seine ganze Bluestradition erkennen läßt; dabei bedient er sich einer für ihn atypischen Vokal-Intonierung. Miles' technische Fähigkeiten erreichen hier einen ungewöhnlichen Reifegrad: in den tiefen Registern beschwört er in lebendigem Spiel mit gezogenen Noten, Rufen, Raunzen und Schreien in langer, linearer, mitunter aber auch kurzer, abgehackter Phrasierung die ganze rituelle Kraft seines afrikanischen Erbes.

Die hypnotische Stimulanz ergibt sich aus den Überlagerungen rhythmischer und melodischer Strukturen, und die ständige Veränderung dieses rhythmisch-melodischen Verhältnisses schafft die Liturgie einer Geisterbeschwörung der neuen »Rockjazz«-Götzen. Nach Miles' erstem Solo wirkt das Zusammenspiel des Ensembles ohne Bläser entspannend, bis Falsettklänge Wayne Shorters auf dem Sopran, fast ohne Vibrato, heraufziehen. In kühler Intensität, manchmal auch krächzend, stellt Wayne Shorter expressiv eine ideale Verbindung zwischen Miles' Einsamkeit und Coltranes meditativen Zügen her, begleitet vom kontrastreichen Hintergrundspiel Benny Mauphins auf der Baßklarinette. Shorters abstrakte Improvisation leitet die Phase der völligen Entspannung ein: die Geisteraustreibung nimmt ihren Anfang. Die obszöne Geisterbeschimpfung wird in einer gelöst lockeren Stimmung angeführt von Fuzz-Klängen Chick Coreas, die in ein lebendig freigestaltetes Simultanspiel mit dem zweiten E-Pianisten Larry Young münden, dessen

179

Columbia KC 30455
CBS 70089

CD: CBS 32 DP-709
(Japan)

Sound Assoziationen an bizarre Kultgegenstän-de, wie makabre Amulette, Schlangenhäute, Vogelkrallen, Federn etc. erweckt.

Zum Ausklang ist wieder Miles in breitangelegter und fallender Trompetenphrasierung zu hören; plötzlich setzt er nur noch rhythmische Akzente, auf die das Ensemble sofort mit neuem Drive und Aktivität reagiert; danach kehrt Miles wieder zu mehr räumlicher, besonnener Melodik zurück, deren Ensembleuntermalung ständig neue Spannungsverhältnisse schafft.

Daß »Bitches Brew« immer wieder als Geburtsstunde des Rockjazz angesehen wird, lenkt vom eigentlichen musikalischen Niveau dieses Albums ab; entgegen der billigen Synthese, die ein solches Etikett beabsichtigt, war »Bitches Brew« die logische Fortsetzung oder vielleicht auch das vorläufige Fazit einer stilistischen Entwicklung, deren wichtigste innovative Vorläufer »Filles de Kilimanjaro« und »In A Silent Way« waren.

ca. April 1970

Miles Davis
A Tribute To Jack Johnson

(A) Right Off
(B) Yesternow

A, B: Miles Davis (tp), Steve Grossman (ss), Herbie Hancock (org), John McLaughlin (el-g), Michael Henderson (el-b), Billy Cobham (dr)
B: add Sonny Sharrock (el-g)

Columbia KC 30455 / CBS 70089
CD: CBS 32 DP-709 (Japan)

Der Kampf der Rassen im Boxring hatte 1908 begonnen, als der schwarze Jack Johnson den weißen Schwergewichtsweltmeister Tommy Burns nach Australien verfolgte und ihn in Sydney entthronte. Johnson verteidigte seinen Titel sieben Jahre lang erfolgreich – und er-

Columbia KC 30455
CBS 70089
Rückseite

schütterte damit die Ordnung der US-Gesell-
schaft, denn jeder Johnson-Sieg entfachte Ras-
senunruhen.

»Weiß-Amerika«, schreibt der Autor R. Lipsy-
te, »mußte einen unverschämten schwarzen
Mann zertrümmern, der seine weißen Söhne
verprügelte, mit seinen weißen Töchtern schlief
und ihm noch die Zunge rausstreckte.« Als
Johnson 1912 seinen Titel gegen die »weiße
Hoffnung« Jim Flynn verteidigen sollte, erhielt
er vor dem Kampf einen Brief mit der Drohung:
»Fall morgen um, oder wir hängen Dich auf –
Ku-Klux-Klan!« Jack Johnson fiel nicht um und
wurde zum Freiheitssymbol der Schwarzen.
1915 verlor er in Havanna seinen Titel unter nie
ganz geklärten Umständen. Soviel zum Hintergrund.

Miles Davis sagt: »I am black«, und seine
Affinität zum Boxen ist die eines Schwarzen zur
Musik und zum Boxen schlechthin: Jack John-
son, der erste schwarze Weltmeister, spielte
Baß – Miles Davis ist ein boxender Trompeter.
Ende der 60er Jahre beschäftigte Davis auf

seinen ausgedehnten Konzerttourneen einen
Sparringpartner und er soll dabei im Faust-
kampf Meisterliches geleistet haben; auf der
Coverrückseite stellt der trompetespielende Miles seinen durchtrainierten Oberarmbizeps zur
Schau. Der herkulische Johnson täuschte beim
öffentlichen Training extreme Körpermaße
auch im Intimbereich vor, indem er seinen Penis
mit Mullbinden umwickelte – »ein tollkühnes,
potentiell explosives Spiel mit den tiefen Äng-
sten der weißen Männer und den Phantasien
weißer Frauen«.

Wer als Miles wäre besser dafür prädestiniert,
die Musik zu Jack Johnsons filmischer Lebens-
dokumentation einzuspielen?

Miles' Soundtrack erscheint zuerst offen und
frei, doch bei näherem Hinhören erweist sich
alles als straff organisiert. Obwohl es Miles'
einzige Platte mit richtigem Rockbackground
ist, spürt man, daß diese Beschränkung Selbst-
disziplin erfordert.

In »Right Off«, das die ganze A-Seite einnimmt, hält die Rhythmusgruppe einen primiti-

ven, hypnotischen Rockpuls durch. John McLaughlins elegante, grazile Gitarrenfetzen tasten sich herausfordernd vor und zurück; mal die rhythmische Power, mal die emotionale Intensität des »Ringraumes« nutzend, bezieht er sich organisch auf den Grundpuls des Kampfes. Dann legt der »Champion« mit strahlender Trompete los und verändert die Szene schlagartig: beißende Attacken wechseln mit schrillen High Notes wie fortwährende Links-rechts-Schlagkombinationen in glänzenden chromatischen Linien. Und alles wird vorgetragen in einem voluminösen, kraftstrotzenden Sound, der eine zynische Erhabenheit ausstrahlt. Miles erläutert Jack Johnsons »breites Grinsen«, das stets über sein schwarzes Gesicht ging: »Jeder Weiße verstand die Anspielungen. Er machte sich über sie lustig, und sie ärgerten sich«.

Dann kommt wie aus heiterem Himmel ein (filmtechnisch bedingter) Einschnitt: Im Harmon-Mute-Sound führt Miles ein Zwiegespräch mit sich selbst; er hört in sich hinein und pointiert seine Einsamkeit, nichts als die unendliche Verlorenheit seiner selbst; Miles zeigt Schlagwirkung – er taumelt.

Genauso unvermutet wird die vorgehende Szenerie wieder eingeblendet mit einem rassigen Sopransolo von Steve Grossman, einer weißen Hoffnung, in Stop-times nur unterstützt von der Baßgitarre. Miles kehrt mit kurzen Shouts zurück.

»Yesternow« auf der zweiten Seite des Albums ist weniger rockig und fällt durch die brillante Nutzung des Raumes auf. Das erste Drittel ist sehr sparsam angelegt und erhält durch die intermittierenden und beharrlichen Baßfiguren in Ostinato seine Geschlossenheit, assistiert von eindrucksvollen Drum-fill-outs des Tausendfüßlers Billy Cobham. Miles' Bassist, der erst 19jährige Michael Henderson spielt mit außergewöhnlichem Gefühl für rhythmischen Drive und einem Atem für lange Pausen. Darüber legt Miles kontrastierende, sanfte, liebevolle Linien, unterbrochen von kurzen, attackenhaften Vorstößen, die symbolisch für seinen Freiheitsdrang stehen mögen.

Die zweite Hälfte der B-Seite ist von einer Montage unterschiedlichster Passagen mittels Überblendung bestimmt. Nach einem tief empfundenen Sopransolo über einem dichten Rhythmusteppich wird eine Passage aus »In A Silent Way« zusätzlich mit einer zweiten Trompetenlinie überspielt. Den Abschluß bilden die eingeblendeten Worte Jack Johnsons, die auch von Miles Davis stammen könnten: »Ich bin schwarz. Sie haben mir das nie verziehen. Schön, ich bin schwarz. Ich werde sie es nie vergessen lassen!«

1955–1970

Miles Davis
Circle In The Round

(A) Two Bass Hit / Love For Sale / Blues No 2
(B) Circle In The Round
(C) Teo's Bag / Side Car 1 / Side Car-2 / Splash
(D) Sanctuary / Guinnevere

A 1: Miles Davis (tp), John Coltrane (ts), Red Garland (p), Paul Chambers (b), Philly Joe Jones (dr) (27. 10. 1955)

A 2: Miles Davis (tp), Julian Cannonball Adderley (as), John Coltrane (ts), Bill Evans (p), Paul Chambers (b), Jimmy Cobb (dr) (26. 5. 1958)

A 3: Miles Davis (tp), Hank Mobley (ts), Wynton Kelly (p), Paul Chambers (b), Philly Joe Jones (dr) (21. 3. 1961)

B: Miles Davis (tp), Wayne Shorter (ts), Joe Beck (g), Herbie Hancock (p, celeste), Ron Carter (b), Tony Williams (dr) (4. 12. 1967)

C 1, 2: same as B, Joe Beck out (16. 1. und 13. 2. 1968)

C 3, D 1: same as B, George Benson (g) replaces Beck (13./15. 2. 1968)

C 4: Miles Davis (tp), Wayne Shorter (ts), Herbie Hancock, Chick Corea (el-p), Joe Zawinul (p), Dave Holland (b), Tony Williams (dr) (25. 11. 1968)

D 2: Miles Davis (tp), Bennie Mauphin (b-cl), Wayne Shorter (ss, ts), Chick Corea, Joe Zawinul (keyboards), Dave Holland (b), Harvey Brooks (el-b), Jack DeJohnette, Billy Cobham (dr), Airto Moreira (perc), Khalil Balakrishna (sitar) (27. 1. 1970)

Columbia KC2 36278

Columbia KC2 36278

1961–1970

Miles Davis
Directions

(A) Song Of Our Country / 'Round Midnight / So Near, So Far 2 / Limbo
(B) Water On The Pound / Fun / Directions 1 / Directions 2
(C) Ascent / Duran
(D) Konda / Willie Nelson

A 1: Miles Davis (tp) with Gil Evans and his Orchestra (11. 3. 1961)
A 2: Miles Davis (tp), Hank Mobley (ts), Wynton Kelly (p), Paul Chambers (b), Jimmy Cobb (dr) (22. 4. 1961)
A 3: Miles Davis (tp), George Coleman (ts), Victor Feldman (p), Ron Carter (b), Frank Butler (dr) (16. 4. 1963)
A 4: Miles Davis (tp), Wayne Shorter (ts), Herbie Hancock (p), Buster Williams (b), Tony Williams (dr) (9. 5. 1967)

B 1: as A 4 Ron Carter (b) replaces Williams; add Joe Beck (el-g) (28. 12. 1967)
B 2: as A 4 Ron Carter (b) replaces Williams (11. 1. 1968)
B 3, 4, C 1: Miles Davis (tp), Wayne Shorter (ss), Herbie Hancock, Chick Corea, Joe Zawinul (keyboards), Dave Holland (el-b), Jack DeJohnette (dr) (27. 11. 1968)
C 2: Miles Davis (tp), Benny Mauphin (b-cl), Wayne Shorter (ss), John McLaughilin (el-g), Dave Holland (el-b), Billy Cobham (dr) (17. 2. 1970)
D 1: Miles Davis (tp), Benny Mauphin (b-cl), Keith Jarrett (p), Airto Moreira (perc), John McLaughlin (el-g) (21. 5. 1970)
D 2: Miles Davis (tp), Steve Grossman (ss), John McLaughlin (el-g), Dave Holland (el-b), Jack DeJohnette (d) (27. 2. 1970)

Columbia KC 36472

Beide Sampler, »Circle In The Round« und »Directions«, sind Dokumente der Jazzge-

183

Columbia KC 36472

schichte, die Miles Davis zwischen 1955 und 1970 wesentlich mitgestaltet hat. Es handelt sich dabei um insgesamt 22 bisher unveröffentlichte Mitschnitte, die 1979 und 1980 während Miles' Abwesenheit von der Jazz-Szene veröffentlicht wurden. Die insgesamt sechs Aufnahmen aus den Jahren 1955 bis 1963 ergeben keine neuen Aufschlüsse über Miles' künstlerische Entwicklung. Der älteste Titel – eine kurze und schnelle Version von »Two Bass Hit« – wurde in der legendären Quintettbesetzung bei der ersten Columbia-Session im Oktober 1955 eingespielt, wirkt aber eher schwerfällig.

Dagegen ist die fast 12minütige Improvisation über »Love For Sale« in Sextettbesetzung aus dem Jahre 1958 bestechend. Dieses Mal wird der Latin-Rhythmus nicht wie in Adderleys Version (vgl. »Somethin' Else«, S. 117) vom Schlagzeuger, sondern vom Pianisten pointiert. Bill Evans läßt in einer für ihn atypischen Stilistik ein fast Monk'sches Solo aufleuchten. Sparsam und kräftig intonierend bedient er sich prickelnder Dissonanzen.

In »Song Of Our Country«, mit Gil Evans bei der Studioarbeit zu »Sketches Of Spain« entstanden, ist eingangs eine Orchesterfanfare zu bewundern, die bei geradliniger Rhythmik einen für Davis typisch melodischen Flamencotouch aufweist. Zu Miles' speziell lyrischen Flügelhornimprovisationen gesellen sich Hintergrundskizzen im typischen Evans-Sound.

Der sessionartige »Blues No. 2« (ein letztes Trompeten-Schlagzeug-Zwiegespräch zwischen Miles und Philly Joe Jones), eine gelungene Live-Version von »'Round Midnight« (der letzte Rest der Blackhawk-Mitschnitte) und eine »So Near, So Far«-Einspielung der kurzlebigen Westcoast-Gruppe aus dem Jahr 1963, sind von unterschiedlicher musikalischer Qualität und kennzeichnen noch einmal Davis' Umbruch Anfang der 60er Jahre.

Der überwiegende Teil dieser Aufnahmen ist zwischen 1967 und 1970 entstanden, so daß noch einmal Miles' einschneidender stilistischer Wandel zum »Electric-Jazz« und seine lange und variantenreiche Suche nach neuen Entwicklungsmöglichkeiten eindrucksvoll nachempfunden werden kann.

Während eine weitere Aufnahme von »Limbo« (vgl. dazu das Album »Sorcerer«, S. 147) mit dem Bassisten Buster Williams noch ganz dem »E.S.P.«-Konzept verpflichtet ist, kann die 26minütige Improvisation über »Circle In The Round« als das eigentliche Juwel dieser Kollektion bezeichnet werden. Das Thema, durchzogen von der Hypnotik summender und trällernder Gitarrensaiten Joe Becks, wird zu einem weiteren Beispiel für Miles' melancholische Liebe zum Flamenco. Aus der rauhen, ziemlich dissonanten Linienführung der Bläser heben sich vor allem Tony Williams' gestochene, wogende Triolen und Rolls heraus. Die glanzvollen Soli in mehrfachem Wechsel von Trompete und Tenor setzen dann ein, wenn man sie eigentlich schon nicht mehr erwartet; sie werden von einer ungewöhnlichen Klangproduktion, bestehend aus funkensprühenden, marimbaähnlichen Klangtupfern Herbie Hancocks auf der Celeste und Tony Williams' gespenstischem Rasseln mit den Drum-Schellen, untermalt oder auch kurzzeitig unterbrochen. Dies summiert sich insgesamt zu einer stimmungsvollen Endlosigkeit.

Im gleichen Zeitraum sind die ähnlich gelungenen Titel »Water On The Pound« und »Fun« (beide auf »Directions«) entstanden.

Das kurz darauf eingespielte »Teo's Bag«, am gleichen Tag wie »Paraphenalia« aufgenommen, ist wieder traditioneller; diese erneute Freundschaftsbekundung an seinen unbequemen Produzenten Teo Macero lebt von der unglaublichen Polyrhythmik des Gespanns Williams/Carter, auf die die gewohnt bestehende Solofolge aufbaut.

Ähnliches gilt für das vier Wochen später entstandene »Side Car«, einen weiteren Davis-Titel auf den Spuren von Eddie Harris' »Freedom Jazz Dance«. Zum zweiten Take war der Gitarrist George Benson im Studio erschienen, der die flamencohafte Struktur dieser Komposition deutlicher markiert.

Bei gleicher Gelegenheit wurde die ruhige und undramatische Originalversion von Shorters prächtigem »Sanctuary« aufgenommen, eine lang angelegte Themenvariation, die auf neue Zeitabläufe abseits vom Taktmaß abzielt.

In dem schnellen »Willie Nelson«, das am gleichen Tag wie »Go Ahead John« (vgl. »Big Fun«, S. 168) entstanden ist, führt Drummer Jack DeJohnette eindrucksvoll vor, wie er seine Mitspieler auf einer komplexen und Rock-betonten Rhythmusbasis zum Swingen bringt.

In »Konda«, das aus einem Soundtrack stammen könnte, drückt bei Davis zum ersten Mal Keith Jarrett in die Tasten des Klaviers. Das liedhafte Thema wird aus einem äußerst sparsam strukturierten Soundgeflecht fortwährend in leichten Abwandlungen wiederholt.

Manches an diesen Aufnahmen ist natürlich Stückwerk geblieben, und an bestimmten Stellen ist es gut verständlich, warum sie für Miles zweite Wahl geblieben sind. Andererseits handelt es sich auch nicht um Abfallprodukte, dazu weisen sie zu viele solistische Glanzlichter und Experimentelles auf. Nimmt man zu diesen beiden Doppel-LP's die damals veröffentlichten Alben von »Miles In The Sky« bis »Bitches Brew« und »Water Babies« hinzu, dann läßt sich ein atemberaubendes Mosaik des langen, stilistischen Wandels zusammensetzen, den Miles Davis von Ende 1966 bis zum Jahr 1970 – dem produktivsten seiner Karriere überhaupt – durchgemacht hat. Er widerlegt nachhaltig die hartnäckige Legende, daß er diesen Wandel, nur einem modischen Trend folgend, mit ein oder zwei Husarenstreichen, wie etwa auf »Bitches Brew« vollzogen haben soll.

10. April 1970

Black Beauty
Miles Davis At Fillmore West

(A) Black Beauty 1
(B) Black Beauty 2
(C) Black Beauty 3
(D) Black Beauty 4

Miles Davis (tp), Steve Grossman (ss), Chick Corea (el-p), Michael Henderson (el-b), Jack DeJohnette (dr), Airto Moreira (perc)

CBS-Sony SOPI 39-40
CD: CBS 50 DP-710-1 (Japan)

185

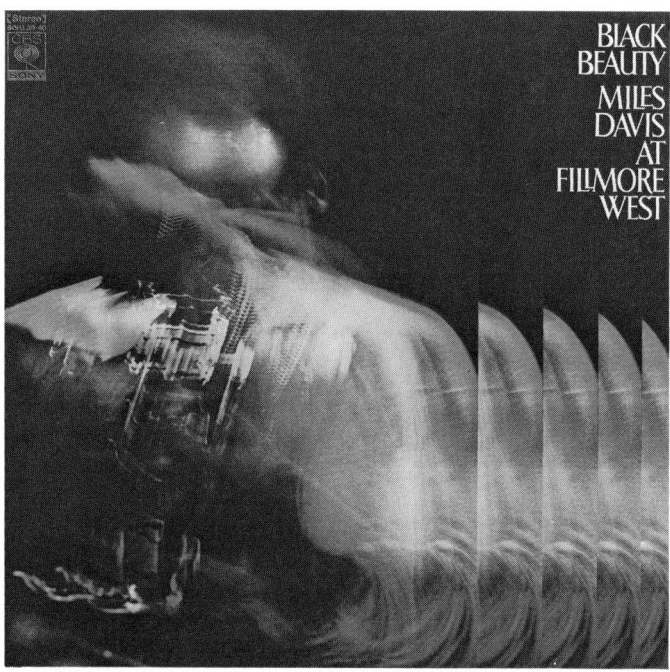

CBS-Sony SOPI 39-40

CD: CBS 50 DP-710-1
(Japan)

17.–20. Juni 1970

Miles Davis At Fillmore

(A) Wednesday Miles
(B) Thursday Miles
(C) Friday Miles
(D) Saturday Miles

*Miles Davis (tp), Steve Grossman (ts), Chick
Corea (el-p), Keith Jarrett (org), Dave Holland
(el-b), Jack DeJohnette (dr), Airto Moreira
(perc)*

Columbia KG 30038
CD: CBS 50 DP-714-5 (Japan)

Die beiden Zentren der subkulturellen Rockszene in den USA – das Fillmore West in San
Francisco und das Fillmore East in New York –
erobert Miles sozusagen im Handstreich.
In den Fillmore-West-Aufnahmen präsentiert
Davis innerhalb eines durchgehenden 80minüti-
gen Medleys eine Auswahl seiner markantesten

Themen aus den Jahren 1968 bis 1969 wie etwa
»Sanctuary«, »Spanish Key« etc., die aber oft
beziehungslos zur rhythmischen Umgebung
bleiben. Dagegen sind die Tempiwechsel und
die rhythmischen Verschiebungen so ereignis-
reich und komplex – vor allem der Drummer
Jack DeJohnette ist in bestechender Form –, daß
es während der abstrakten Ensemblephasen oft
an Kontrasten fehlt; insbesondere der blutjunge
Bassist Michael Henderson scheint hier in der
Grundlegung einer klaren rhythmischen Strukturierung noch überfordert. So werden zwar
interessante Spannungsmomente in Szene gesetzt, doch die Ausformulierung bleibt durch
ständige Veränderung des Pulses meist unbefriedigend.
Trotzdem gibt es eine Menge hervorragender
Einzelleistungen zu hören. besonders in den
abstrakten Abschnitten überzeugt Chick Corea
immer wieder in glühender Intensität mit neuen
Einfällen auf dem E-Piano. Baß und Perkus-
sions dagegen leiden oft an der technischen
Unausgewogenheit der Aufnahmen. Sehr ein-

186

Columbia KG 30038

CBS 50 DP-714-5
(Japan)

drucksvoll ist das Moment der klaren Strukturierung einzelner Instrumentallinien und deren räumlich-akustische Aufteilung. Den absoluten Höhepunkt bilden die Themenvariationen zu »Sanctuary«, die Miles und Grossman unisono ausarbeiten, und die in eine phantastische, kommunikative Phrasierung zwischen Trompete und E-Piano münden. Beim folgenden Sopransolo spielt sich die ganze Gruppe in einen berauschenden Groove, bis die ostinate Baßfigur in das besinnliche »It's About Time«-Thema einschwingt.

Ganz anders dagegen die Fillmore-East-Aufnahmen. In hervorragender technischer Qualität aufgenommen, präsentieren die vier Albenseiten je einen Ausschnitt von Auftritten, die an vier Tagen hintereinander stattfanden. Fast in identischer personeller Besetzung ist zwar die Spaltung abstrakter und konkreter Passagen ziemlich ausgeprägt, doch greift hier wieder Dave Holland in die Baßsaiten, der die auseinanderdriftenden Anteile besser bindet, so daß freie und headarrangierte Passagen besser aufeinander abgestimmt sind. Dafür sorgt auch Keith Jarrett an der Orgel, der das Ensemble zu einem dichteren Sound ergänzt. Außerdem scheint er ein außerordentliches Gespür für die musikalischen Vorstellungen seines Leaders zu entwickeln, dessen Improvisationen er mit »Funkkürzeln« an das übrige musikalische Geschehen hervorragend zu binden vermag. In Miles' Spiel zeichnet sich hier noch deutlicher die Tendenz zu einer Vitalisierung, zur variantenreichen und verdichteten Rhythmik sowie zu einer melodischen Vielgestaltigkeit ab. Er wirkt viel sicherer, und gelegentlich findet er sogar tragende Bezugspunkte – wie etwa in »Thursday Miles«, in dem Jack DeJohnette wahre Attacken in seiner schlagzeugerischen Kunst präsentiert. Jedenfalls scheint Miles hier das Ensemble wieder fest im Griff zu haben, und unter seiner Führung unternimmt das Septett Streifzüge durch die Themen des »Bitches Brew«-Albums. Miles bläst dabei ganze Serien authentisch-melodischer Linien, die das Ensemble immer wieder mitreißen. Den solistischen Höhe-

187

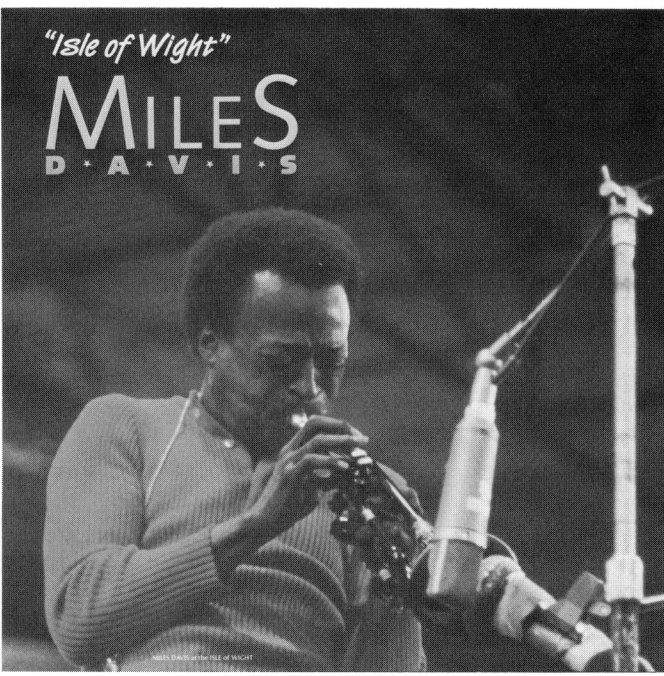

CBS 450721

punkt setzt er in »Wednesday«, das sicher zum Besten gehört, was je live von ihm veröffentlicht wurde. Fast ununterbrochen improvisiert er an der Grenze äußerster Konzentration; eine unglaubliche Hitze und Intensität entsteht durch die Reibung beißender Trompetenphrasierungen mit dem dicht geflochtenen Sound von Orgel und E-Piano, assistiert von Airtos perkussiver Kleinarbeit in typisch elegantem »Brazil-Stil«. Am geschlossensten wirkt die Gruppe in »Friday Miles«, das ein Exempel für die außergewöhnliche, spontane Entwicklung des musikalischen Geschehens darstellt: Miles sucht behutsam und relaxed den Einstieg, überlegt es sich dann doch anders, zieht das Tempo an und bläst in knapper Hot-Intonation so kraftvoll und schwarz, als wolle er das ganze Jazzfeuer von Bessie Smith bis »Trane« entfachen. Dann leitet er mit Unterbrechung des durchlaufenden Beats zu meditativen Variationen zu »Sanctuary« über, deren stetige Wiederholung mit steigender Intensität eine einzigartige Dramatik entstehen läßt. Urplötzlich kommt der rhythmische

Fluß unter dem Nachschwingen einer Singlebaßnote ins Stocken, und Miles setzt zu dem bekannten »Bitches Brew«-Echo an. »Friday Miles« endet, wie es begonnen hat – mit einem Feuerwerk von Trompetenkürzeln; spätestens hier muß jeder erkennen, daß Miles Davis sich zum »King of Trumpet« aufgeschwungen hat, was auch all jene Kritiker nicht ändern konnten, die 25 Jahre lang jede falsche Intonation von ihm genüßlich registrierten.

29. August 1970/1969–1973

Miles Davis
Isle Of Wight

(A) Call It Anything
(B) Great Expectation / The Little Blue Frog / Molester (I) / Molester (II) / Holly-Wuud / Big Fun

A: *Miles Davis (tp), Gary Bartz (as), Chick Corea, Keith Jarrett (keyboards), Dave Holland (el-b), Jack DeJohnette (dr), Airto Moreira (perc) 29. August 1970*
B 1–6: *Miles Davis (tp) mit wechselnden Besetzungen (1969–1973)*

CBS 4504721

Die britische Insel »Isle of Wight« wurde im Sommer 1970 zum Schauplatz eines der größten Spektakel der Rockgeschichte. Das Ereignis wurde auf der längst vergriffenen Dreierkassette »The First Great Rock Festivals Of The 70ies« (CBS 663121) dokumentiert. Für drei- bis vierhunderttausend Rockfans wurde es zu einer neuen Dimension des Hörens, denn sie erlebten den Auftritt des wohl populärsten Jazzmusikers aller Zeiten. Miles, der dieses kurze Intermezzo spontan »Call It Anything« betitelte, präsentierte nach einem kurzen »Aufwärmen« die progressivste Musik des Festivals und setzte sich damit zwischen alle Stühle. Getrieben von den ostinaten Baßfiguren Dave Hollands entwickelte sich seine Musik, von den Jazzfreaks als zu »funky« verschrien, für die Popjünger dagegen viel zu komplex, frei und mit einer immensen Kraft. Vier themengebundene Strömungen, in denen Motive von »It's About Time«, »Spanish Key« und »The Theme« aufleuchten, wurden durch Improvisationsfetzen der Bläser, Keyboards und Percussion miteinander verbunden. Obgleich das Ensemble sich in hervorragender Spiellaune befand, sorgte Miles nach knapp zwanzig Minuten für einen Skandal: da er den Eindruck hatte, das Publikum würde seiner Musik nicht folgen, verließ er einfach die Bühne.
Auf der B-Seite findet sich die Wiederveröffentlichung von sechs Singleauskopplungen oder -einspielungen aus den Jahren 1969 bis 1973. Miles' damaliger Versuch, damit in den »Top-40ies« zu landen, schlug fehl, dafür war die Musik zu anspruchsvoll.
Bei »Great Expectations« handelt es sich um eine gekürzte Version des meditativen Titels, der auf dem Album »Big Fun«: zu finden ist; im gleichen Monat wurde das lebendigere »The Little Blue Frog« eingespielt. »Molester I« und »II« sind in der »On The Corner«-Ära entstan-

den. »Holly-Wood« sowie »Big Fun« (nicht mit dem gleichnamigen Album zu verwechseln) wurden im Herbst 1973 eingespielt, in jener Periode, in der auch das Opus »Calypso Frelimo« (C-Seite des Albums »Get Up With It«) entstand.
Das vorliegende Album mußte schon wenige Wochen nach der Veröffentlichung aus rechtlichen Gründen wieder eingezogen werden.

18. Dezember 1970, 3. und 7. Juni 1970, 6. Februar 1970

Miles Davis
Live-Evil

(A) Sivad / Little Church / Medley: Gemini – Double Image
(B) What I Say / Nem Um Talvez
(C) Selim / Funky Tonk
(D) Inamorata

A 1, B 1, C 2, D: *Miles Davis (tp), Gary Bartz (ss, as), Keith Jarrett (keyboards), John McLaughlin (el-g), Michael Henderson (el-b), Jack DeJohnette (dr), Airto Moreira (perc)*
A 2: *Miles Davis (tp), Steve Grossman (ss), Keith Jarrett, Chick Corea, Herbie Hancock (keyboards), John McLaughlin (el-g), Hermeto Pascoal (el-p, whistling), Dave Holland (el-b), Jack DeJohnette (dr), Airto Moreira (perc)*
A 3: *Miles Davis (tp), Wayne Shorter (ss, ts), Joe Zawinul, Chick Corea (keyboards), Dave Holland (el-b), Billy Cobham (dr), Airto Moreira (perc), Khalil Balakrishna (el-sitar)*
B 2, C 1: *Miles Davis (tp), Steve Grossman (ss), Keith Jarrett, Chick Corea, Herbie Hancock (keyboards), Ron Carter (el-b), Jack DeJohnette (dr), Airto Moreira (perc), Hermeto Pascoal (voc)*

Columbia KC 30954
CD: CBS 50 DP-707-8 (Japan)

Ein gutes Jahr nach der Veröffentlichung des Albums »Bitches Brew«, das die Jazz-Protagonisten noch gar nicht verdaut hatten, bewegte sich Miles Davis schon wieder in ganz anderen Gefilden. Nicht mehr direkt der Historie des Jazz-Idioms verhaftet, vollzog er eine rhythmische Annäherung an den populären Detroiter »Motown-Sound«. Auf dem Album »Live-Evil« repräsentieren vor allem die machtvollen, stehend-schwingenden Baßgitarren-Riffs von Michael Henderson diesen stilistischen Wandel. Beispielhaft für den vorliegenden Live-Mitschnitt aus dem Washingtoner »Cellar Door« ist der Titel »Sivad« (Umkehrung des Wortes Davis): Rhythmisch wird dieses Stück von einem langsamen, weiträumigen Baßriff im »trockenen Sound« bestimmt, der durch geschickte Akzentverlagerung einen asymmetrischen Eindruck erweckt. Über diese »schiefe Baßfigur«, die durch das Schlagzeug in ständig perkussivem Umspielen zu einem mehrschichtigen Ostinato verdichtet wird, bläst Miles fließende Linien, wobei er seinen Trompetensound über das Wah-Wah-Pedal extrem verfremdet. Sein Chorus zeichnet sich durch sparsame Stakkatoriffs aus, die Miles mit offenem akustischen Horn an der Technik einer modernen Bluesgitarre orientiert.

»What I Say« ist das herausragende Stück dieses Albums; sofort geht die rhythmische Post mit einem furiosen, rockigen Beat ab. Keith Jarrett bereitet motivisch, ganz phänomenal und fast dämonisierend, den außergewöhnlich dramatischen Einstieg Miles' vor. Das stechende Trompetenstakkato verleiht der sich überstürzenden Rhythmusstruktur eine monumentale Komponente. Miles hinterläßt durch einige kreischende High-Notes, dann wieder in schillernd rasender Phrasierung den Eindruck, als wolle er in die Grenzbereiche seiner physischen Möglichkeiten vorstoßen; dabei swingt er wie verrückt, und in seinem Sog steigert sich das ganze Ensemblespiel in bizarrer Wildheit, als ob Naturgewalten freigesetzt würden. Miles wird von Gary Bartz am Sopransaxophon abgelöst, der ihm an Intensität nicht nachsteht. Die eigenwilligen Gitarrenläufe John McLaughlins passen nicht so recht in das Ensemblespiel. Jarretts heiteres Solo hingegen schafft die Grundstimmung für den abschließenden Schlagzeugausflug DeJohnettes.

Die restlichen Live-Mitschnitte sind ähnlich aufgebaut. In »Funky Tonk« werden frei kommunikative Passagen gegen Baßfiguren gesetzt, aus denen sich hervorragende Improvisationen aller Solisten entwickeln, und die unablässig von Airtos perkussivem »Voodoo-Zauber« umspielt werden. Bei »Innamorata« ist Gary Bartz auf dem Altsaxophon als Hauptsolist zu hören. Mit intensiv empfundener, hymnischer Spielweise, durchsetzt mit Growltönen, versetzt er die schweren Rockrhythmen in Schwingung. Der Pianist Keith Jarrett macht mit seiner ausgeprägten Fähigkeit zur Kommunikation besonders in diesem Stück deutlich, daß er neben Miles das »größte Ohr« für das Ensemblespiel mitbringt.

Wie kein anderes Ensemble Miles' besaß dieses die Fähigkeit, sich wie in einem Trancezustand über 15 oder 20 Minuten in Hochspannung zu halten.

Warum man dann gerade diese Live-Aufnahmen, oft inmitten der schönsten Passagen, ausgeblendet hat, ist unverständlich; umso mehr, als es sich beim Rest eher um Füller mit marginalem Stellenwert handelt. »Little Church«, »Selim« (die Umkehrung von Miles) und »Nem Um Talvez« haben lyrischen Charakter und knüpfen an Miles' immer wieder erwachendes Interesse für geschlossene Formen an. Einzig das Medley »Gemini / Double Image« paßt in diesen Kontext. Auch hier gelingt es Miles, mit immer weniger Tönen neue, ungeahnte Faszination auszustrahlen.

19. November 1969, 27. Januar 1970, 30. März 1970, 12. Juni 1972

Miles Davis
Big Fun

(A) Great Expectations
(B) Ife
(C) Go Ahead John
(D) Lonely Fire

A: Miles Davis (tp), Bennie Mauphin (b-cl), Steve Grossman (ss), John McLaughlin (el-g), Herbie Hancock, Chick Corea (el-p), Ron Carter (b), Harvey Brooks (el-b), Billy Cobham

Columbia KC 30954

CD: CBS 50 DP-707-8
(Japan)

Columbia PC 32866

CD: CBS 50 DP-705-6
(Japan)

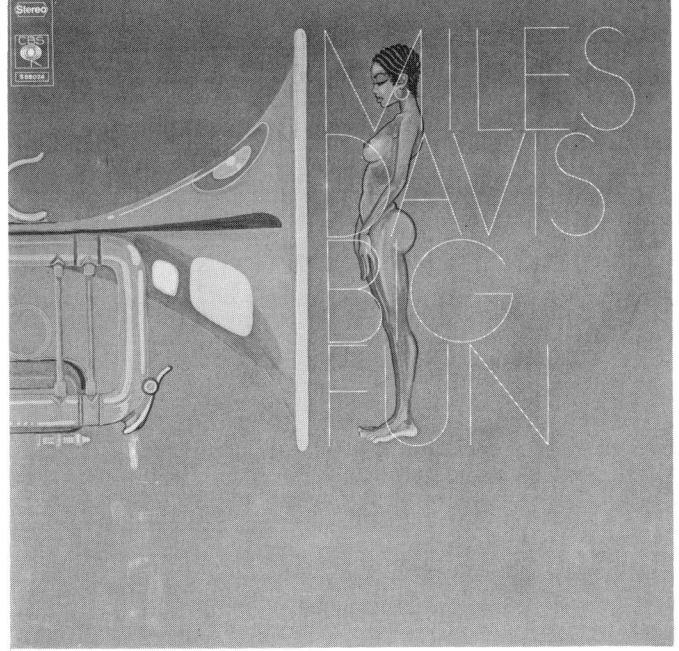

(dr), Airto Moreira (perc), Khalil Balakrishna (el-sitar), Bihari Sharma (tamboura)
B: Miles Davis (tp), Bennie Mauphin (fl, cl), Sonny Fortune (ss, fl), Lonnie »Liston« Smith, Harold I. Williams (keyboards), Michael Henderson (el-b), Al Foster, William Hart (dr), M'tume (perc), Badal Roy (tabla)
C: Miles Davis (tp), Steve Grossman (saxes), John McLaughlin (el-g), Dave Holland (el-b), Jack DeJohnette (dr)
D: Miles Davis (tp), Bennie Mauphin (b-cl), Wayne Shorter (ss, ts), Chick Corea (el-p), Joe Zawinul (el-p, farfisa), Dave Holland (b), Harvey Brooks (el-b), Billy Cobham, Jack DeJohnette (dr), Airto Moreira (perc), Khalil Balakrishna (el-sitar, tamboura)

Columbia PC 32866
CD: CBS 50 DP-705-6 (Japan)

Wenn Miles Davis zur Veröffentlichung des »Big Fun«-Albums anmerkte: »I'll be tired of this music before the day is over; that's four years old«, dann gehört dies in das Arsenal seiner typischen Übertreibungen. Man sollte sich dadurch nicht täuschen lassen; die Musik ist, gemessen am Davis'schen Standard, vielleicht zweite Wahl, doch stehen diese Studiomitschnitte aus der Zeit von 1969/1970 etwa dem »Bitches Brew«-Album kaum nach.
»Great Expectation« und »Lonely Fire« können als meditatives Pendant zur perkussiv-betonten Musizierpraxis aus dieser Zeit gewertet werden und setzen das Experiment, durch eine permanente Wiederholung thematischer Motive ein neues Verhältnis zu zeitlichen Abläufen zu schaffen, fort. Dabei intensiviert eine elektrisch verstärkte Sitar mit dem akkord- und modulationslosen Ragasound die meditative Komponente und den Effekt der Endlosigkeit. Die Stimmung in »Great Expectation« wird schon eingangs im wesentlichen von auf- und abschwellenden Ragaklängen geprägt, über die Miles in Abständen die für ihn typische Dreiklangmelodik im Harmon-Mute-Sound wiederkehren läßt. Dazwischen wird ein weit ausufernder, perkussiver Klangteppich gewoben, der fallweise von sich leicht abhebenden »Gitarrenkürzeln«, E-Pianoklängen, Baßriffs oder Perkussionselementen variiert wird. Daran an-

schließend webt Miles' offenes Horn, unisono mit der Baßklarinette, in das Soundgeflecht melodisch eingelassene, leicht variierte thematische Motive ein. Im Mittelteil bringt der Trompeter ein mitreißendes, echobezogenes Selbstgespräch zu Gehör, das die Spannung anhebt. Danach folgt eine Überblendung zu langen, getragenen und auskomponierten Bläserlinien in Unisono, die, spärlich unterzogen von Sitar- und Perkussionsklängen und fast ohne rhythmische Betonung auskommend, sich langsam zu einer Art »Blueberry Hill«-Stimmung verdichten. Der melodischen Verdichtung, kontrapunktisch von Sitarklängen assistiert, folgt der rhythmische Einsatz von Schlagzeug und einer Tambura, der ein lebendiges Finale bewirkt.
»Lonely Fire« ist ähnlich aufgebaut, obgleich die Themavariation abwechselnd von Miles' Trompete im Harmon-Mute und Wayne Shorters Sopransax vielschichtiger gestaltet sind. Miles' Reminiszenzen an »Flamenco-Sketches« lassen gegen Ende das spanische Herz von Chick Corea erwachen: sein einfühlsames E-Piano-Solo gehört zweifellos zu den schönsten Momenten von »Big Fun«.
Der Titel »Go Ahead John« – eine Reverenz Miles' an den Gitarristen John McLaughlin – ist in Quintettbesetzung während der »Jack Johnson«-Tage entstanden, aber viel jazziger angelegt als der Soundtrack. Getrieben von Jack DeJohnettes funkelnd tönenden Cymbals und zwei Hi-Hats im Kanon, sind wechselnde Soloeinsätze von Sopransax, E-Gitarre und Trompete zu bewundern. McLaughlins längste Soloeinlage – ganz dem Rockidiom verpflichtet – leidet allerdings unter ständigen Ausfällen, die anscheinend von einem Defekt in der Studioanlage herrühren. In der mittleren Passage setzt Davis sich selbst nachhaltig in Szene: zuerst unisono, nur von der Baßgitarre begleitet, danach unter den Trommelwirbeln DeJohnettes »overdubbed«, im Wettstreit mit sich selbst.
»Ife« ist etwa eine Woche nach den Aufnahmen des Albums »On The Corner« entstanden, wirkt aber wesentlich lebendiger und inspirierter als etwa »Black Satin«. Miles bereichert hier zum letzten Mal seinen Gruppensound mit den mystisch-warmen Baßklarinettentönen Bennie Mauphins, der in einer freien Kollektivimprovi-

Columbia KC 31906

CD: CBS 32 DP-716
(Japan)

sation mit Carlos Garnetts Sopransax und einem E-Klavier besonders herausragt. Der Leader meldet sich gegen Ende, nach einer raschen Überblendung, wieder einmal mit schmerzverzerrten Trompetenimpressionen zu Wort.

6. und 12. Juni 1972

Miles Davis
On The Corner

(A) On The Corner / New York Girl / Thinkin' One Thing And Doin' Another / Vote For Miles / Black Satin
(B) One And One / Helen Butte / Mr. Freedom X

Miles Davis (tp), Dave Liebman (ss), Bennie Mauphin (b-cl), Herbie Hancock, Chick Corea, Harold Williams (keyboards), John McLaughlin (el-g), Colin Walcott (sitar), Michael Henderson (el-b), Jack DeJohnette (dr), Billy Hart

(dr, perc), Don Alias (perc), M'tume (perc), Badal Roy (tabla)
A 5, B: Carlos Garnett (ss) replaces Liebman

Columbia KC 31906
CD: CBS 32 DP-716 (Japan)

29. September 1972

Miles Davis In Concert

(A) Miles Davis In Concert Pt. 1
(B) Miles Davis In Concert Pt. 2
(C) Miles Davis In Concert Pt. 3
(D) Miles Davis In Concert Pt. 4

Miles Davis (tp), Carlos Garnett (ss), Cedric Lawson (keyboards), Reggie Lucas (el-g), Khalil Balakrishna (el-sitar), Al Foster (dr), M'tume (perc), Badal Roy (tabla)

Columbia KG 32092
CD: CBS 50 DP-717-8 (Japan)

193

»Wenn Jazz von Rock borgt, borgt er nur von sich selbst« (Shelly Manne). Aus dieser Perspektive muß auch das Etikett »Rockjazz«, das man allenthalben Miles Davis' bislang letztem stilistischen Wandel angehängt hat, als eine der vielen Mythenbildungen der Jazzgeschichte angesehen werden. Die beiden vorliegenden Alben dokumentieren nicht die »Entwicklung in Richtung auf einen hypnotischen Rock-Rhythmus«, sondern sind als ein weiterer Pendelausschlag im Akkulturationsprozeß afroasiatischer Rhythmen in der Stilentwicklung von Miles Davis zu sehen. Manfred Miller beschrieb das einmal als eine Musik, die auf den polymetrischen Rhythmen westafrikanischer Tanzrituale beruht – eine Art Soundfluß, aus dem sich einzelne Instrumente kaum noch herausheben.

Andererseits soll hier nicht bestritten werden, daß Davis in dieser Entwicklungsphase eine vorsichtige Annäherung an die federnden Soul-Rhythmen à la James Brown oder Marvin Gaye vollzogen hat; darauf sind auch die beiden Cover-Illustrationen abgestellt. In knalligen Cartoons, die eine Gruppe (schwarzer) tanzender Hipper mit Parolen wie »Vote Miles«, »Soul« oder »Free Me« auf den Kleidern tragend zeigen, spiegelt sich Miles' Wunsch wieder, auch von seinen schwarzen Landsleuten an der Ecke gehört zu werden. Dementsprechend zeigt Miles Davis auch ein völliges Desinteresse an melodischen Strukturen. Jeder solistische Glanz wurde zugunsten eines kollektiven Klangkörpers verbannt. Selbst Miles' Trompete, deren Sound mit Wah-Wah bis zur völligen Unkenntlichkeit verfremdet ist, und David Liebmans Sopranstimme ordnen sich mit phrasenhaften Kürzeln organisch in den kollektiven Perkussionssound ein. Jeder spielt nur noch genau zum goldrichtigen Augenblick, was sich zu einem straff organisierten, federnden Energiepotential anhäuft.

Über einzelne Stücke aus der vom rhythmischen Fieber gepackten Musik lassen sich kaum irgendwelche speziellen Feststellungen treffen; Themen gibt es keine, die Stücke kommen aus dem Nichts, um wieder zu verschwinden. Dementsprechend werden die einzelnen Titel auf der A-Seite ineinander übergehend als Medley vorgestellt; den einzigen Zusammenhang bilden immer wieder ähnlich angelegte, ostinate Figuren, die überall und überraschend auftreten.

Viele beleidigte Kritiker bewerteten dieses Album, das sich kaum durch einen Höhepunkt auszeichnet, als Indiz für den endgültigen künstlerischen Verfall des Trompetenheros. Dabei gab schon das dick plazierte »off« auf der Cover-Rückseite einen Hinweis darauf, daß Miles selbst »On The Corner« als experimentelles Durchgangsstadium ohne »Netz und doppelten Boden« aufgefaßt hat.

Mit seinem etwa zwei Monate später entstandenen Doppelalbum »In Concert«, einem Live-Mitschnitt aus der Philharmonic Hall in New York, bewies Miles, daß es ihm um mehr gegangen sein muß als um das bloße Geschäft mit populären Rhythmen. Diesmal betrieb er auf der neuen rhythmischen Basis eine Akkulturation abendländischer Elemente. Das drückt sich einmal in einem Schritt zurück zur Melodik aus – es sind wieder längere Linien des Sopransaxophonisten Carlos Garnett zu hören –, außerdem hält Miles die musikalische Szene mit kurzen, Trompetenakzentuierungen ständig in Fluß. Zum zweiten gesellen sich in die brodelnden Rhythmen weit ausgedehnte und stufenlose Toncluster der Akkordinstrumente, die Miles' Interesse an der europäischen Avantgarde bekunden.

Auf dem ganzen Doppelalbum gibt es zwei unbetitelte Stücke, die sich über je zwei Plattenseiten erstrecken. Wer sich die Mühe macht, kann schon über weite Strecken verfolgen, was Miles beabsichtigte: die ständige Verdichtung und Entspannung musikalischer Stimmungsbilder durch den freien Austausch aller Beteiligten. Der zentrale Bezugspunkt sind die einfachen Baßfiguren Michael Hendersons, die einen unüberhörbaren dynamischen Zusammenhang herstellen. Ein Höhepunkt ist auf der B-Seite zu hören: hier erreicht das musikalische Geschehen über einem ostinaten Bläserriff eine derartige Dichte, daß es dem Zuhörer regelrecht den Schweiß auf die Stirn treibt. Intensität wird hier als Produkt der kollektiven Kommunikation zwischen Rhythmik und Klanggestaltung verstanden. Daß sich daneben in längeren Aufbauphasen auch durchaus Langeweile breit macht, vor allem auf der C-Seite, muß vielleicht als logische Konsequenz dieses »Working-Konzepts« hingenommen werden.

Columbia KG 32092

CD: CBS 50 DP-717-8
(Japan)

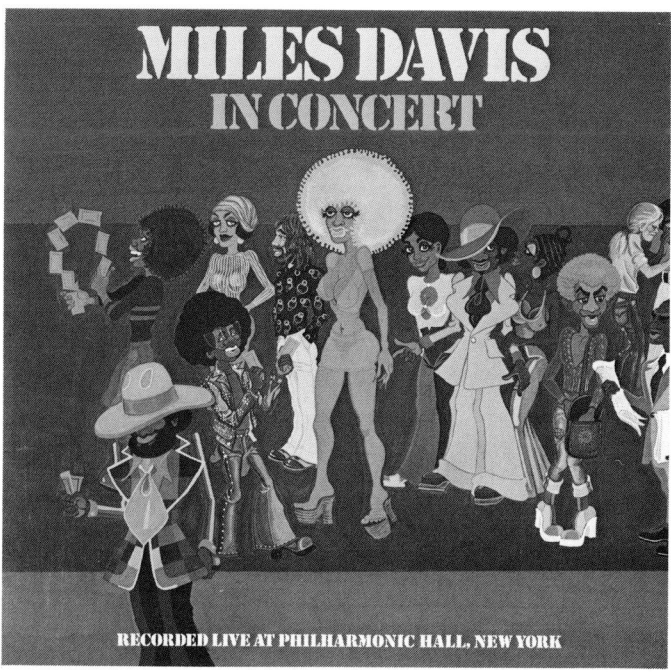

Die D-Seite bringt dagegen noch einmal eine Steigerung. Im beschaulichen Mediumtempo verstehen es eingangs die Perkussionisten James M'tume und Badal Roy, aus verzögerter und sparsamer Akzentuierung frei-kommunikative Spannungslinien zu ziehen, die sich immer schneller zu einem orgiastischen Hexenkessel steigern; Davis verdichtet gegen das Ende selbst die Szenerie mit einer melodischen Komponente. Hier schält sich seine Absicht, mit allerlei Kontrasten im Klangspektrum zu experimentieren, deutlich heraus. Das elektronisierte Instrumentarium bietet extreme Gestaltungsmöglichkeiten: Variationen der Tonhöhe, Tonschwellungen, Verfremdung der Klangfarben, motivische Clusterbildung und die mannigfaltigen Effekte zufälliger Unisono-Klänge. Alles ist einer Absicht verpflichtet, nämlich der Suche nach neuen Variationsmöglichkeiten eines Grundprinzips der Musik – der Intensität.

30. März 1974

Miles Davis
Dark Magus

(A) Dark Magus – Moja
(B) Dark Magus – Wili
(C) Dark Magus – Tatu
(D) Dark Magus – Nne

Miles Davis (tp, org), Dave Liebman (ts, ss), Azar Lawrence (ts), Pete Cosey (el-g), Reggie Lucas (el-g), Dominique Gaumont (el-g), Michael Henderson (el-b), Al Foster (dr), M'tume (perc)

CBS-Sony 40AP 741-2 (Japan)
CD: CBS 50 DP-719-20 (Japan)

»Dark Magus«, mitgeschnitten im Frühjahr 1974 bei einem Konzert in der New Yorker Carnegie Hall, enthält ähnliche Musik, wie sie

195

CBS-Sony 40 AP 741-2
(Japan)

CD: CBS 50 DP-719-20
(Japan)

Miles Davis anläßlich der Berliner Jazztage 1973 vorgestellt hat. In der Kritik war dieser Auftritt umstritten wie selten zuvor: sie reichte von »neue Horizonte« (J. E. Berendt) über »augenblickliches Formtief eines bewundernswerten Stars« (W. Panke) bis zu »elektronischen Aphorismen, die abgeschafft werden sollten« (Jazz Podium) und Werner Burkhardts eher zurückhaltender Feststellung: »Selbstherrlich wie eh und je, gibt er die alten Rätsel auf. Soll man ihn lieben oder hassen?«

Trotz der damaligen Widersprüche in den wohl hauptsächlich ratlosen Kritikerkreisen gibt es keinen Zweifel: »Dark Magus« ist ganz hervorragende Musik.

Verglichen mit dem Album »In Concert« ist hier der Sound aufgrund ausgewogener Klangstrukturen dichter und differenzierter angelegt, was von der veränderten Instrumentierung herrührt: den zweiten Perkussionisten, das Keyboard und die Sitar hat Miles herausgenommen und das Ensemble zusätzlich mit zwei Gitarristen verstärkt, wobei sich der junge Pete Cosey

sofort in den Vordergrund spielt. Ihm gelingt es, das Erbe Jimi Hendrix' mit der Technik John McLaughlins zu paaren. zudem engagierte Davis hier neben David Liebman einen zweiten Saxophonisten: den hochtalentierten und kraftstrotzenden Tenoristen aus dem McCoy-Tyner-Quartett, Azar Lawrence. Beide spielen abwechselnd mit malerischen Linien und eindringlich kurzatmiger Phrasierung, oft auch im kollektiven Wettstreit der Überblaseffekte.

Miles selbst steht oft in der Mitte seines Ensembles und dirigiert seine Schützlinge, sozusagen wie ein hornblasender Mentor. Manchmal setzt er sich überraschend an die Orgel, mit der Handfläche eine Bresche in den musikalischen Fluß schlagend, die seinen Musikern eine rhythmische Veränderung andeutet. Diese sind zwar nicht mehr die großen Individualisten vergangener Tage, doch sie verstehen es, seine Ideen hervorragend in Szene zu setzen. Am meisten hilft ihm dabei der Bassist Michael Henderson, zu dem Miles immer wieder eine traumwandlerische Beziehung herzustellen vermag. Er

196

scheint immer zu ahnen, was der große Meister vorhat, und das ist viel, denn Miles' Bestreben ist es, seinem Publikum eine Art Weltmusik zu präsentieren: »Blues-Akkordik, Soul, Funk, karibische Impressionen, Bolero, Boogie-Anklänge« und freies Spiel der Bläser. Das ergibt ein seltsames Zaubergemisch aus ethnischem Allerlei, das sich durch einen ständigen, schillernd facettenreichen Soundfluß auszeichnet, der sich atmend, federnd, pulsierend oder auch stockend, ächzend, klagend und hämmernd, immer wieder überraschend in eine neue Richtung ausbreitet. Man könnte es als den Versuch des großen »Dark Magus« werten, getrieben von einer magischen Kraft, seine Improvisationen ständig einer unaufhaltsamen, subtilen Veränderung zu unterwerfen. In »Moja« und »Tabu« erhebt sich Miles' elektrisch verstärkte Trompete über einem üppigen Soundgeflecht – klagend, wiehernd, seltener als früher auch strahlend wie eh und je, doch mit einem Ton, der aus einer anderen Welt stammen könnte. So windet er sich schmerzgeplagt durch die tickenden Rhythmen; man spürt förmlich, daß Miles in einer tiefen Krise steckt. Trotzdem erforscht er auf »Dark Magus« auch die neuen technischen Möglichkeiten der elektrisch verstärkten Trompete. manchmal klingt sie wie eine E-Gitarre, dann bricht wieder trotz elektronischer Verfremdung Miles' individuell geprägter Ton durch.

Auf »Dark Magus Nne« spielt Miles zwar weniger Trompete als gewohnt, dafür beteiligt er sich aber als Organist an liebenswerten und voller Zärtlichkeit vorgetragenen Soundmalereien. Allerdings setzt der ständig periodische Wechsel von tonalen Stimmungsbildern und Free-Jazz-ähnlichen Bläserpassagen die äußerste Konzentration des Zuhörers voraus.

Wenn viele Kritiker schon glaubten, die Grabgesänge über Miles Davis anstimmen zu können, dann lag dies sicher vor allem an ihrer geringen Bereitschaft, überhaupt zuhören zu wollen. Andernfalls würden sie das bemerken, was Miles' Sopransaxophonist David Liebman über die Konzeption dieser Musik geäußert hat, nämlich daß es Miles auf die Klangfarbe ankomme und »diese zunehmend den Platz der melodischen Linie einnimmt.«

Geht man bei der Beurteilung dieser Musik von ihrer eigentlichen Intention aus, dann bräuchten die Kritiker nicht mehr so unsicher zu reagieren; denn von der Unsicherheit des Urteils bis zur kategorischen Ablehnung ist es oft nur ein kleiner Schritt. Und gerade das konnten Miles schärfste Kritiker an seinem Personalstil ablesen.

1970–1974

Get Up With It
Miles Davis

(A) He Loved Him Madly
(B) Maiysha / Honk Tonk / Rated X
(C) Calypso Frelimo
(D) Red China Blues / M'tume / Billy Preston

B 2:Miles Davis (tp), Steve Grossman (ss), Keith Jarrett, Herbie Hancock (keyboards), John McLaughlin (el-g), Michael Henderson (el-b), Billy Cobham (dr), Airto Moreira (perc) (ca. April 1970)
B 3, D 3: Miles Davis (org), Cedris Lawson (keyboards), Reggie Lucas (el-g), Michael Henderson (el-b), Al Foster (dr), Khalil Balakrishna (el-sitar), Badal Roy (tabla) (6. 10. 1972)
C: Miles Davis (keyboards), Dave Liebman (fl), John Stubbefield (ss), Pete Cosey, Reggie Lucas (el-g), Michael Henderson (el-b), Al Foster (dr), M'tume (perc, conga) (ca. Sept. 1973)
D 1: Miles Davis (tp), Wally Chambers (harm), Cornell Dupree (el-g), Michael Henderson (el-b), Bernard Purdie, Al Foster (dr), M'tume (perc) & horn-section (ca. Januar 1974)
A : Miles Davis (tp, org), Dave Liebman (fl), Reggie Lucas, Pete Cosey, Dominique Gaumont (el-g), Michael Henderson (el-b), Al Foster (dr), M'tume (perc, conga) (Mai 1974)
B 1: as A except Sonny Fortune (fl) replaces Liebman (19. 6. 1974)
D 2: as A except Sonny Fortune (fl) replaces Liebman, Gaumont out (20. 6. 1974)

Columbia KG 33236 / CBS 88092
CD: CBS 50 DP-712-3 (Japan)

»Get Up With It« ist wirklich ein seltsames Album: außer dem hochklassigen »Honk Tonk« vom April 1970, in dem John McLaughlin und Keith Jarrett durch sparsame Intonation eine herrliche Visitenkarte ablieferten, handelt es sich um ein Konglomerat von Einspielungen, die zwischen September 1972 und Juni 1974 entstanden sind. Dementsprechend ist hier kaum eine stilistische Einheit zu erwarten. Andererseits deutet aber auch viel Hörenswertes darauf hin, daß sich Miles in dieser Periode intensiv mit der europäischen Avantgarde auseinandergesetzt hat.

Das wird vor allem im interessantesten Track der LP »He Loved Him Madly« deutlich. Die Widmung »For Duke« darf allerdings nur verbal verstanden werden, denn die elektronischen Soundcollagen sind von Ellington so weit entfernt wie nur irgend etwas. Auf der Basis spärlicher und eher unbetonter Rhythmik gibt es eine Menge freischwebender Klangorgien zu bewundern. Die dabei aufkommende »Ave Maria«-Stimmung erweckt eindringliche Erinnerungen an die experimentelle, avantgardistische Rockmusik à la Pink Floyd, die nur durch Dave Liebmans lyrische Flöte oder Miles' elektrisch verstärkte Trompete gelegentlich aufgelockert werden. In der zweiten Hälfte des 30minütigen Opus wird durch lange, zügig pulsierende Rhythmen ein eher optimistisches Grundgefühl vermittelt.

»Maiysha« folgt einer ähnlichen Intention, doch im ersten Anschnitt wirkt es, auf einen stark akzentuierten Bossa-Rhythmus aufbauend, wesentlich lebendiger. Miles ist hier wieder einmal mit längeren linearen Improvisationen zu hören, die insgesamt als eine Wiederannäherung an seine Cool-Tradition aufgefaßt werden könnten.

»M'tume«, Miles' Tribut an seinen genialen Perkussionisten ist, wie nicht anders zu erwarten, als Spiel mit abwechslungsreichen Rhythmen gestaltet.

»Rated X« und »Billy Preston« sind wieder näher am »On The Corner«-Konzept und stellen keine Offenbarung dar. Der kurze »Red China Blues« im 12/8-Soulrhythmus muß sogar eher als eine kommerzielle Entgleisung eingestuft werden.

Sehr spannungsreich entwickelt sich dagegen »Calypso Frelimo«. Miles vollzieht hier auf der Basis federleichter Reggae-Rhythmen eine stilistische Integration mit Sololäufen von Trompete, Flöte und Sopransaxophon. Aber auch hier gilt der Satz Joe Zawinuls: »We're always soling and we're never soling!« Der Mittelteil baut auf die schon bekannten Dampfhammer-Ostinatos des Gespanns Michael Henderson und Al Foster auf. Sie zählen hier wieder zur Meisterklasse; ein absolut genaues Timing und gegeneinander laufende Rhythmen schaffen eine fast zeitlos dynamische Räumlichkeit, in die der Gitarrist Pete Cosey und Miles an der Orgel ihre Cluster hineinschießen. Ob mit Orgel oder Trompete, Miles gibt alles vor, fügt es aneinander, integriert es in die rhythmischen Gestalten und löst es auch wieder auf: der ständige Fluß eines Naturschauspiels, das sich wie ein Regenbogenfarbenspektrum um feinste Nuancierungen fließend verändert. Im letzten Drittel wechselt das Stück noch einmal in einen fliegenden Latin-Rhythmus und erweckt fast Santana-Reminiszenzen.

1. Februar 1975

Miles Davis
Agharta

(A) Prelude 1
(B) Prelude 2 – Maiysha
(C) Interlude
(D) Theme From Jack Johnson

Columbia AS 214
CBS 88159

Miles Davis
Pangaea

(A) Zimbabwe 1
(B) Zimbabwe 2
(C) Gondwana 1
(D) Gondwana 2

CBS-Sony SOPZ 96-97 (Japan)
CD: CBS 50 DP-239-40 (Japan)

Columbia KG 33236
CBS 88092

CD: CBS 50 DP-712-3
(Japan)

Columbia AS 214
CBS 88159

Miles Davis (tp), Sonny Fortune (ss, as, fl), Pete Cosey (el-g, synth, perc), Reggie Lucas (el-g), Michael Henderson (el-b), Al Foster (dr), M'tume (congas, perc, water-d, rhythmbox)

Die beiden Alben »Agharta« und »Pangaea« wurden am gleichen Tag aufgenommen, »Agharta« beim Nachmittags- und »Pangaea« beim Abendkonzert in der Festival-Hall von Osaka am 1. Februar 1975. Zu den beiden Live-Doppelalben ist insgesamt zu bemerken, daß sich Miles Davis' ausgeprägte Tendenz zu einer sich frei entwickelnden Formgestaltung weiter fortsetzt. Was sich auf »Dark Magus« schon angedeutet hatte, wird hier weiter ausgebaut, nämlich die vollkommene Integration der Dissonanzen inner- und außerhalb des Tonalitätenbereiches. Zudem werden alle formalen Normen, die die Entwicklung des Jazz bisher bestimmt hatten, fast völlig eliminiert. Man würde dieser Musik nicht gerecht werden, wollte man aus den lang angelegten Improvisationen einzelne Themen oder Titel, die motivisch gleich Brückenpfeilern in der musikalischen Brandung voll von Dichte, Intensität und Spontaneität gestreift werden, isolieren und vielleicht sogar nicht im Vergleich zu früheren Aufnahmen, wie etwa die Themen »Jack Johnson« oder »Maiysha«, beurteilen. Diese Musik erfordert eine Umstellung, weil sie sämtliche Hörgewohnheiten sprengt.

Neben dem durchlaufenden Perkussionsrhythmus stehen rhythmisch freie Teile. Der Interpretation vorgegebener melodischer Strukturen werden größtmögliche Variationsmöglichkeiten eingeräumt; so entstehen vielgestaltige Solostrukturen, die sich ständig aus dem musikalischen Geschehen abheben, um wieder einzutauchen. Aber damit nicht genug: um das musikalische Erlebnis dieser Konzerte wirklich nachvollziehen zu können, muß man sich wohl oder übel Zeit nehmen, die dramaturgische Spannungslinie über alle vier Plattenseiten verfolgen und die eindeutige Differenzierung der einzelnen Instrumente vorzunehmen.

Miles Davis hat hier wieder eine äußerst homogene Gruppe um sich, die seinen legendären Besetzungen früherer Tage eigentlich in nichts nachsteht. Neu hinzugekommen ist der Saxophonist und Flötist Sonny Fortune, der mit blendender Technik und seinen an Jackie McLean orientierten Altsaxlinien glänzt. Pete Coseys Talente auf der Gitarre schlagen sich in Form von unglaublich bizarr-rasenden Läufen nieder, die den Big-City-Blues der Ghettos atmen, aber für eingefleischte Jazz-Puristen sicher ein Ärgernis sind. Michael Hendersons »Dampfhammer-Baß«, weniger der Taktakzentuierung als vielmehr einem pulsierenden und zugleich dynamisch-federnden Sound verpflichtet, bildet zusammen mit Al Foster, dem technisch jede Stilistik auf dem Schlagzeug zur Verfügung steht, den großen Rückhalt: eine Art musikalisches Trampolin, durch das die Phrasierung aller übrigen Mitspieler nachhaltig dynamisiert wird. Überall dazwischen ist der Irrwisch M'tume zu genießen, mit einem schier unerschöpflichen Repertoire an polyrhythmischen Einfällen und Effekten.

Auch nach den inzwischen allgemein verbreiteten Ermüdungserscheinungen durch die Rock-Jazz-Welle wirkt Miles' alles umfassender musikalischer Kosmos unglaublich erfrischend. Aktueller Jazz-Rock-Funk, mit dem man Miles' Musik so gerne identifiziert, nimmt sich dagegen völlig harmlos aus, nicht zuletzt deswegen, weil Miles aus den Fehlern der anderen gelernt hat. Jedenfalls gelingt es ihm, die Grenzen zwischen rhythmischen und melodischen Verdichtungen ständig zu verwischen. Außerdem erzeugt Miles immer wieder kosmische Klangeinschübe aus seiner experimentellen Soundküche, wobei er die Grenze zur Atonalität überschreitet. Flankiert von eskalierenden und präzise getrommelten Perkussionspartikeln M'tumes oder von Fortunes zärtlichen Flötenintonationen werden träumerische Visionen oder auch atemlose Spannungen hervorgerufen.

Miles selbst ist technisch und musikalisch wieder in exzellenter Form und riskiert eine ganze Menge waghalsiger Technik auf der Trompete. Mitte der 70er Jahre gab es keinen, der ihm hätte das Wasser reichen können. Auf der D-Seite des »Agharta«-Albums – innerhalb eines im guten alten Sinne jazzigen Kontexts – entfaltet Miles, getragen von tänzelnden Rhythmen, eine äußerst vielschichtige Improvisation in fließender Phrasierung mit rhythmisch außergewöhnlichen Akzentuierungen. Eine nie zuvor gekannte Breite der Ausdrucksskala vermittelt die vom

CBS Sony SOPZ 96–97
(Japan)

CD: CBS 50 DP-239-40
(Japan)

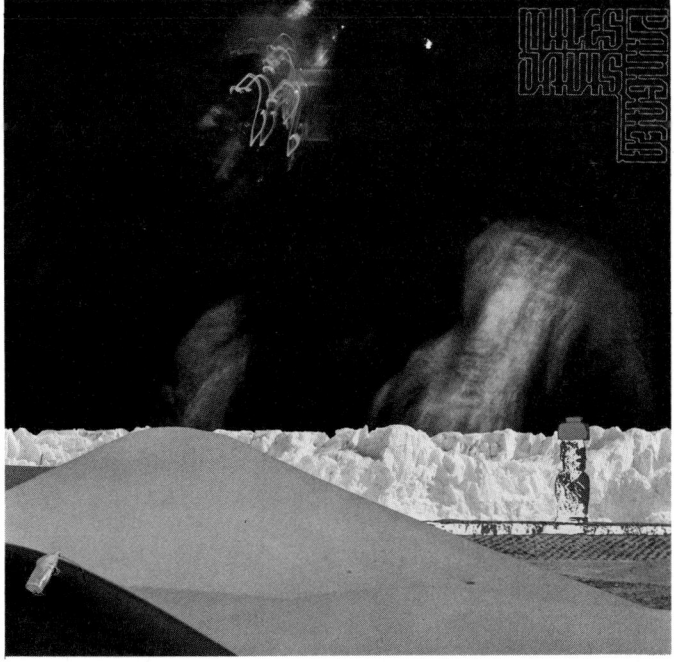

körperlichen Schmerz gekennzeichnete Stimmung Miles': wegen seines Beinleidens soll er bei dieser Tournee schon einen sehr geplagten Eindruck gemacht haben. Durch alle technischen Variationen hindurch – akustischer Cupe-Mute- oder Harmon-Mute-Sound, ja selbst durch die häufig ins Spiel gebrachten elektronischen Verfremdungen – wird Miles' depressive, fast apathische Verfassung spürbar. Die sonst so spontane Kommunikation zu seiner Gruppe hat unter dieser Stimmung sicher gelitten, weshalb das innerhalb des Ensembles aufgebaute, energetische Potential sich manchmal zu diffus entlädt. Der auf »Dark Magus« so faszinierend in Szene gesetzte Stimmungswechsel zwischen dramatischer Hektik und melancholischer Getragenheit will manchmal, besonders auf »Agharta«, nicht so recht gelingen. Miles' Fähigkeiten als Katalysator vermögen die musikalische Szenerie nicht wie gewohnt zu durchdringen.

Natürlich ist das Album »Pangaea« ähnlich aufgebaut wie »Agharta«, denn zwischen den Auftritten lagen ja nur einige Stunden. Trotzdem hinterläßt es einen wesentlich geschlosseneren Eindruck. So hat Miles auch konsequenterweise auf eine Themenbenennung verzichtet.

Über alle vier Seiten des Albums und insbesonders auf der B-Seite stellt sich ein ganz besonderer Flair ein: verschleppende Rhythmen, versetzt mit perkussiven Brücken, mal gereizt-fiebrig, mal meditativ-gläsern, schaffen ein Klangbild, das fast körperlich wirkt. Miles selbst läßt mit minimalen Klangentfaltungen auf den Keyboards eine kaum definierbare tropische Schwüle entstehen; immer wieder wird sie aber auch durchbrochen vom Schrei der Wildnis, mal von der Gitarre, der Flöte, aber auch von Miles Davis' seltsam verfremdeter Trompete ausgehend, als hinge er dem Sound unterschiedlichster Tierstimmen nach. Die schwärzeste, weil afrikanische Musik, die Miles je gestaltet hat.

201

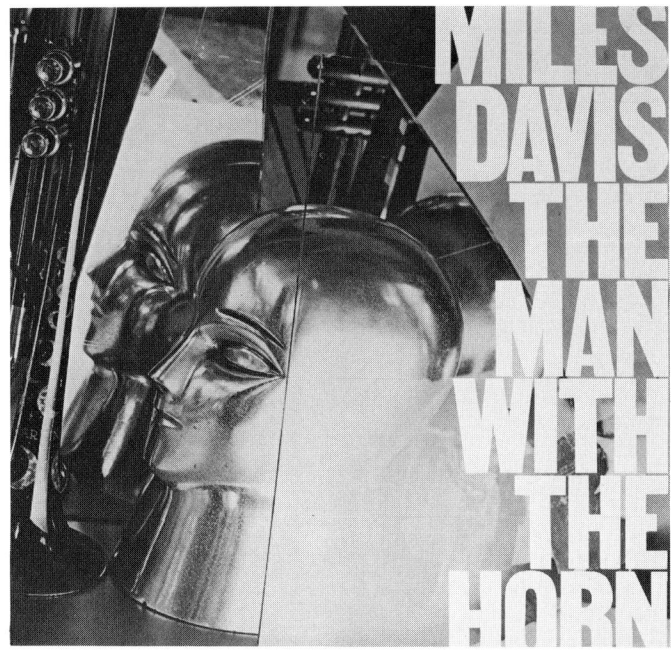

Columbia FC 36790
CBS 32751

CD: CBS 84708

Sommer 1980/Frühjahr 1981

Miles Davis
The Man With The Horn

(A) Fat Time / Black Seat Betty / Shout
(B) Aida / The Man With The Horn / Ursula

*A 1, 2, B 1, 3: Miles Davis (tp), Bill Evans (ss),
Barry Finnerty (el-g), Marcus Miller (el-b), Al
Foster (dr), Sammy Figueroa (perc)*
A 1: Mike Stern (el-g) replaces Finnerty
*A 3, B 2: Miles Davis (tp, el-p), Bill Evans
(saxes, woodwinds), Robert Irving (key-
boards), Randy Hall (el-g, voc), Felton (el-b),
Vince Wilburn (dr), Sammy Figueroa (perc)*

Columbia FC 36790 / CBS 32751
CD: CBS 84708

In mancher Hinsicht erweckt Miles' Comeback-
Album »The Man With The Horn« Erinnerungen an »The Birth Of The Cool«. Ein ähnlich
straffer Organisationsgrad läßt außer für die
jeweiligen Solisten kaum Raum zur freien Entfaltung der Gruppe. Außerdem werden, ähnlich
wie im Übergang vom Bebop zum Coolstil, die
wilden und funkigen Rockrhythmen, die bei
Miles Mitte der 70er Jahre vorherrschten, ihrer
Ausschmückung entkleidet und auf einen
Grundrhythmus mit kollektiven Breaks reduziert. Vorherrschend ist hier die retardierende
Spielweise von Al Foster, Miles' letztem Drummer vor seinem Rückzug aus der Szene. So
scheint der Begriff »Cool Funk« (Down Beat)
nicht unangebracht als Fazit von Miles' stilistischer Entwicklung der 70er Jahre.
Das Album enthält zwei populär gestaltete
Stücke, die nicht zu Unrecht bei der Kritik
allgemein auf Unverständnis stießen. »Shout«
und die Titelnummer »The Man With The
Horn« nahm Miles schon im Frühjahr 1980 mit
einer Gruppe von jungen Chicagoer Musikern
um seinen Neffen, den Schlagzeuger Vincent
Wilburn, auf. Bei dieser Gelegenheit entstanden zehn Titel, zu denen einer der Musiker

ausführte, es seien »Vocals und Electronics, die jungen Leuten gefallen sollen«.

Dementsprechend klingt »Shout« verdächtig nach einer Herb-Alpert-Clownerie, die glücklicherweise buchstäblich im letzten Moment durch Improvisationen von Miles und Bill Evans vor dem Abgleiten in den Disco-Kommerz bewahrt wird.

»The Man With The Horn« ist ein Feature für die Stimme des Gitarristen Randy Hall und klingt wie der groteske Abgesang eines Rockjazz-Barden in einer Hollywood-Show. Es erweckt noch einmal Reminiszenzen an einen Gesangsstil der Miles-Davis-Tuba-Band aus dem Jahre 1948, in dem der Vokalist Kenny Hagood vorschlägt: »Darn That Dream!« (verfluche diesen Traum!). Der Waldhorn-Tuba-Sound von damals wird hier nur von den »electronics« abgelöst.

Der Rest, der etwa ein Jahr später mit Miles' Workin'-Sextett eingespielt wurde, bewegt sich hingegen auf einem guten musikalischen Niveau. Miles spielt wieder akustische Trompete, weite Strecken im Harmon-Mute-Sound, der unwillkürlich an den Soundtrack »L'ascenseur pour l'échafaud« anknüpft, etwa an die atemlose Spannung aus »Julien im Fahrstuhl«. Miles intoniert fast immer sanft bis zärtlich in mittleren Lagen über mehrere Akkorde.

Sowohl in »Black Seat Betty«, basierend auf einem relaxten Latin-Rhythmus, als auch in dem fließend swingenden Meditationsthema »Ursula« – beide mit sparsamen Perkussionspartikeln von Sammy Figueroa versehen – wechselt Miles vom Dämpfer zum offenen Horn; ein Bezug zur »Agharta«-Phase ist hier unverkennbar.

»Aida« ist rhythmisch am lebendigsten und hat ein sehr schönes Thema. In einer für Davis typischen Dreiklangvariation wird der Unisonoklang von Trompete und Sopran wunderbar vorgetragen.

Im federnden »Fat-Time« – ohne Thema, nur mit ein paar Akkorden versehen – sind gekonnte Paraphrasierungen des Gitarristen Mike Stern zu hören. Miles' Solo, vor einem sparsamen und spannungsgeladenen Background, ist abermals sehr traditionsbezogen. Da werden viele Bilder von »Autumn Leaves« aus der Flüsteratmosphäre der Berliner Philharmonie lebendig.

Zudem hat Miles, der Starmacher, wieder einmal ein großes Talent entdeckt: in Bill Evans hat er einen Saxophonisten, der die tiefsten Register des Soprans auslotet und mit einer wunderbar vibratolosen Cool-Intonierung glänzt. Im improvisatorischen Aufbau hat er noch keinen eigenen Stil entwickelt, da steht er noch ganz unter dem Einfluß seines Leaders.

»The Man With The Horn« stellt kein rauschendes Comeback dar, sondern es geht dabei eher um einen zaudernden, risikolosen Neubeginn, der übrigens ganz dem Naturell Miles' entspricht.

27. Juni 1981, 5. Juli 1981, 4. Oktober 1981

We Want Miles

(A) Jean Pierre 1 / Black Seat Betty
(B) Fast Track / Jean Pierre 2
(C) My Man's Gone Now
(D) Knix

Miles Davis (tp, keyboards), Bill Evans (ss, ts), Mike Stern (el-g), Marcus Miller (el-b), Al Foster (dr), Mino Cinelu (perc)

Columbia C2 38005 / CBS 88579

Das Doppelalbum »We Want Miles« wurde während der Comeback-Tournee 1981 bei Konzerten in New York, Boston und Tokio aufgenommen. »We Want Miles« ist ein gutes Live-Album, das weit davon entfernt ist – und warum auch (!) –, neue Wege aufzuzeigen, das »aber das altvertraute in eine neue Beleuchtung rückt. Miles Davis führt jetzt seine Ernte in die Scheuer«, wie Werner Burkhardt treffend bemerkt. Wie Miles seine neue Gruppe live in Szene zu setzen vermag, vermittelt allemal ein prickelndes Gefühl. Weit entfernt von »modernem Funk mit geglätteten Ecken und Kanten« rankt sich das Ensemble mit viel Begeisterung, Konzentration und Esprit um den Trompeten-Heros und präsentiert Mainstream-Musik der 80er Jahre in Davis'scher Tradition. Ein dogmatischer Verfechter dieser Stilrichtung könnte konstatieren,

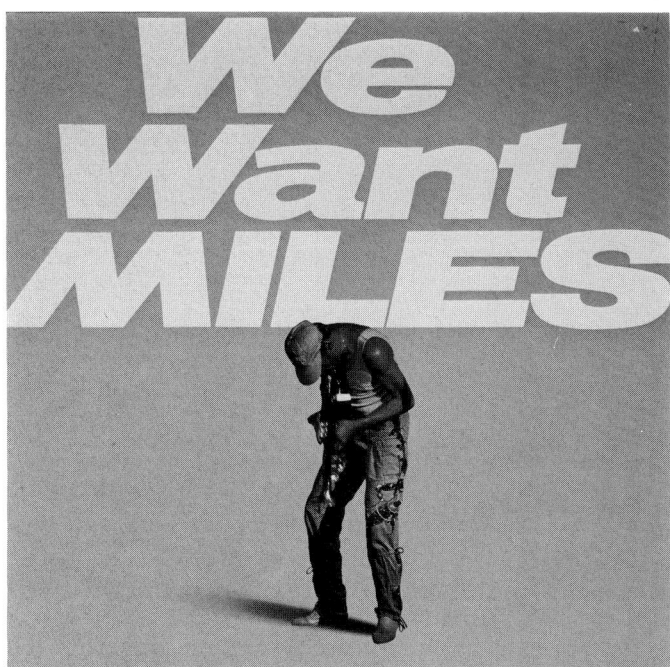

Columbia C2 38005
CBS 88 579

Miles Davis habe die Architektonik der 70er Jahre entrümpelt.

Das wird vor allem in den beiden Nummern aus dem »The Man With The Horn«-Album, »Black Seat Betty« und »Aida«, das Miles hier »Fast Track« betitelt, deutlich. Die aalglatte Geschliffenheit, die den Studioproduktionen oft anhaftet, ist hier wie weggeblasen durch ein kaum noch für möglich gehaltenes Feuer, das aus Miles' Trompete erklingt, getrieben von Al Fosters rhythmisch gestrafftem Unterbau, der seine fill-outs mit der Sicherheit eines Lochautomaten zu setzen vermag. Vor allem in »Fast Track« entstehen Kontur und Spannung durch das ständige, fast ungetüme Pendeln von Tempo, Rhythmus und Stimmungen. Miles hat »alle Fäden in der Hand, läßt zwar der Jugend ihren freien Lauf, holt sie aber auch mit einer unwirsch rotzigen Trompetenfanfare in die Gemeinschaft zurück, wenn ausufernde improvisatorische Alleingänge das Große und Ganze, die Form, zu gefährden drohen« (Werner Burkhardt). So etwa den Gitarristen Mike Stern,

dessen machtvolle Riffs im eisenharten Rocksound die Sprache des Bop verraten, aber manchmal über das Ziel hinausschießen.

Das eigentliche »We Want Miles«-Thema ist »Jean Pierre«, dessen genialer, melodischer Ansatz die Reihe der großen Miles-Kompositionen »Walkin'«, »So What« oder »Country Son« fortsetzt. In dem musikalischen Porträt seines Stiefsohnes vermag Miles so viel hätschelnden Spott zum Ausdruck zu bringen, daß er es in diesem Album gleich zweimal vorstellt; in einer Kurzfassung und einer längeren, in der ausgedehnte Soli zu hören sind.

»Jean Pierre« gehört zu jenen Endlosmelodien, deren kinderliedhafte Einfachheit sich in allen Köpfen als Ohrwurm einnistet. Eingangs ist ein ähnlich hypnotischer Baßriff wie in »Bitches Brew« zu hören. Das Thema wird von den Bläsern zweistimmig vorgestellt. Der schrägdissonante Zusammenklang vom Harmon-Mute-Dämpfer der Trompete und des Sopransaxophons verfremdet das Thema auf reizvolle Weise: ein Touch, der auch entlang der eingelagerten Soloimprovisationen stets gegenwärtig bleibt. Miles spielt zu Beginn vorsichtig intonierend, bis er abgelöst wird vom schweren Gitarrensound. Einen Höhepunkt an Intensität schafft das Sopranspiel von Bill Evans: harmonisierend mit den Stimmungen Miles' sucht er immer verwegener mit beißenden, schreienden Phrasierungen exzentrische Einstiege.

»Weil der alte Fuchs und Hexenmeister auf jedes Tasteninstrument verzichtet und so das Harmonische in den Hintergrund verbannt, können er und seine Leute blitzschnell auf jeden Stimmungswechsel reagieren. Jeder einzelne hat Teil am Ganzen...«, und die Sicherheit, mit der alle auf der A- und B-Seite dieses Doppelalbums agieren und reagieren, entwickelt sich aus dem ureigensten Idiom dieses Ensembles, das schon auf »The Man With The Horn« als »Coolfunk« erarbeitet wurde. Der »spontane Umgang der Musiker miteinander, diese Balance von Freiheit für sich selbst und der Respekt vor dem anderen, was Miles schon immer für seine solistischen Höhenflüge anstachelte, kommt hier besonders zum Tragen« (Werner Burkhardt).

Die Seite C, und vor allem die D-Seite sind von zeitgenössischem Mainstream bestimmt, der sich mehr oder weniger auf die 50er Jahre bezieht.

Hervorragend fällt die 20-Minuten-Version von »My Man's Gone Now« aus, ein Titel, den Miles zum ersten Mal 1958 für das Album »Porgy And Bess« einspielte. 1982 nutzt er das Thema, um einen Abriß sämtlicher Stilrichtungen, die er je kultiviert hat, vorzuführen. Der anfangs relativ frei gestaltete Keyboardlauf mündet in eine streng eingehaltene Funktionsstruktur, farblich aufgelockert von afrikanischen Perkussionstupfern. Und dann betritt Miles mit seinem Horn die musikalische Szenerie. Von seinen zärtlich gehauchten Intonierungen fallen die Jahre – wie so oft in seiner Karriere – einfach ab; die epische Tiefe, so rein und traurig, ist einfach zeitlos. »Wie ein Mann, der über Eierschalen schreitet«, charakterisierte einmal der Kritiker W. Ballit diesen Stil, oder, wie Werner Burkhardt anläßlich des letzten Hamburger Auftritts schrieb: »Plötzlich waren sie wieder da, die hallenden, brüchigen Melodiebögen, und sie sprachen von der Ausweglosigkeit.« Ein weite-

res Mal ist hier die Rolle von Bill Evans hervorzuheben. Sein Ton zeigt schon das Talent eines großen Improvisators auf dem Sopran. In seiner Expression der Einsamkeit und Weltverlorenheit – »der Klang hängt wie eine Wolke« – folgt er den Spuren Miles Davis'.

Die D-Seite des Albums wurde zum Teil bei Miles' erstem Gig nach fast sechs Jahren im Bostoner Club »Knix« mitgeschnitten. Deshalb hat Miles die lockere Jam-Nummer im ¼-Takt diesem Ereignis gewidmet. Er steigt im Harmon-Mute-Sound vielversprechend in das neue Thema ein und läßt die »kristallklare Eleganz des melodischen Brückenbauens« aufblitzen, ein hervorragendes Terrain, auf dem alle folgenden Solisten ihrer Inspiration freien Lauf lassen können.

September 1982/Januar 1983

Miles Davis
Star People

(A) Come Get It / It Gets Better / Speak
(B) Star People / U'n'l / Star On Cicely

A, B: Miles Davis (tp, keyboards), Bill Evans (ss, ts), John Scofield, Mike Stern (el-g), Marcus Miller (el-b), Al Foster (dr), Mino Cinelu (perc)
A 2, 3: Tom Barney (el-b) replaces Miller

Columbia FC 38657 / CBS 25395
CD: CBS 25 395-2

»Musik ist wie eine Sucht«, hat Miles Davis einmal gesagt, und das dritte Album nach seinem Comeback ist ein schlagender Beweis dafür.

Obschon »Star People« im Studio entstanden ist, vermittelt gleich der erste Titel »Come Get It« etwas von dem Feuer der Live-Atmosphäre, die das Ensemble auf seiner Europatournee 1983 zu entfachen vermochte. Miles arbeitet auch im Studio wieder mit hoher Risikobereitschaft. Die im »Up-Tempo« einfach und funky gestalteten Rhythmuspattern in »Come Get It«, deren Rückgrat von einer Baßfigur aus dem

205

Columbia FC 38657
CBS 25395

CD: CBS 25 395-2

Repertoire des legendären Soulvertreters Otis Redding gebildet wird, gewinnen erst durch die chromatisch durchwachsene Melodik des Trompeters in erregenden »High-Notes« an subtiler Qualität. In bestechender Weise verleiht die perfekt getimte Rhythmussektion, Marcus Miller am Baß, Cinelu an den Perkussionsinstrumenten und, last not least, Miles' Lieblingsschlagzeuger seit über zehn Jahren, Al Foster, dieser Platte ihr dynamisches Element. Miles' trompeterischer Sturmlauf, den er immer wieder versteht punktuell zu beruhigen, wird einzig von einem atemberaubenden Solo Mike Sterns flankiert, mit dem sich der Gitarrist wegen der technischen Brillanz des Vortrages und der unter Miles mittlerweile aufgeblühten Improvisationsbegabung als Avantgardist auf diesem Instrument ausweist.

Denjenigen, die Miles nach seinem Comeback schon abgeschrieben hatten, sei der sich daran anschließende Titel »It Gets Better« ins Stammbuch geschrieben, der sowohl verbal als auch stilistisch als Motto für das gesamte Album

gelten mag. Miles greift dabei ganz tief in das kulturelle Erbe seiner schwarzen Landsleute. Das Ergebnis ist ein unwiderstehlicher »Dialog in Blues« zwischen seiner Trompete und seinem neuen Gitarristen John Scofield, basierend auf einer Akkordik, die von Lightnin' Hopkins stammt. In der Verschmelzung solcher Gegensätze wie coole Intonierung und Hot-Phrasierung erweisen sich die beiden als »Soul Brothers«. Im kongenialen Sinn für Formen wird auch das unvergleichliche »Hornfeeling« Scofields deutlich, das er – in der Tradition etwa an Otis Rush orientiert – auf der Gitarre entwickelt hat.

Noch deutlicher geprägt von Miles' Rückbesinnung auf den Blues ist die Titelnummer »Star People«, mit fast 19 Minuten der längste Track des Albums. Auf dem Hintergrund einer sparsam agierenden Rhythmusgruppe, in der ein seltsam verfremdeter Cymbalsound das typisch getragene Bluestempo angibt, legt Miles seine Stimmungsexploration über die allgegenwärtige Schönheit dieser Spielart; seine ausschweifenden lyrischen Trompetenchorusse werden von zwei Gitarrensoli und einem kurzen Tenor-Intermezzo des Saxophonisten Bill Evans kontrapunktiert. Vor allem Mike Sterns zweites Solo weiß dabei mit einer aufgeklärten »B. B. King-Schule« zu gefallen.

In einem etwas lebendigeren Rhythmus setzt »U'n'l« die Stimmung von »Star People« fort. Schwere Gitarrenriffs, die auf Akkordsegmente des Trummy-Young-Hits »Ain't She Sweet« aus den 40er Jahren Bezug nehmen, reiben sich unaufhörlich am zerbrechlichen, aber auch unverwechselbaren Harmon-Mute-Sound Miles', der der langen Kette seiner Endlosmelodien eine weitere reizvolle hinzufügt, nur von einem in der Kontinuität stehenden Sopransolo Bill Evans' unterbrochen. Den Höhepunkt bildet eine dicht am Thema kollektiv frei ausgestaltete Coda.

Die Arrangements der beiden restlichen Titel »Star On Cicely« und »Speak« lassen deutlich die Handschrift von Gil Evans erkennen, der übrigens die Konzeption des gesamten Albums mitgestaltet hat. Ihre bizarre Einfachheit, wie man sie etwa auch von Ronald »Shannon« Jacksons »Decoding Society« kennt, und deren Dynamik, die sich aus den straff organisierten Ensemblepassagen und den sie durchbrechenden kurzen Soloimprovisationen speist, lassen eine Orientierung an den Jazz der 80er Jahre deutlich werden – ein Trend, den Miles bruchlos ohne Identitätsverlust seiner langen stilistischen Entwicklung einfügen kann.

Das englische Fachblatt »Jazz Review« bezeichnete dieses Album treffend als »Sketches in Blue«. Im Zusammenhang mit Miles' »Rebirth Of The Cool«-Ambitionen, die auch in diesem Album deutlich repräsentiert sind, lassen sich durchaus Ansätze von »New Directions« erkennen.

Juli 1983/Anfang 1984

Miles Davis
Decoy

(A) Decoy / Robot 415 / Code M.D. / Freaky Deaky
(B) What Is It / That's Right / That's What Happened

Miles Davis (tp, keyboards), Branford Marsalis (ss), John Scofield (el-g), Robert Irving (keyboards), Darryl »The Munch« Jones (el-b), Al Foster (dr), Minu Cinelu (perc)
B 1, B 3: Bill Evans (ss) replaces Marsalis

Columbia FC 38991 / CBS 25951
CD: CBS 25951-2

Die dritte Studioproduktion seit seiner Rückkehr in die Szene betitelt Miles Davis vieldeutig »Decoy«, was mit Lockvogel, Köder oder auch List übersetzt werden kann. Aber listig ist nicht nur die Verkaufsstrategie von Columbia – das Album wurde mit fünfmonatiger Verspätung ausgeliefert – sondern auch die Musik: Meisterlich versteht es Miles, die scheinbar simple Strukturalität arrangierter Passagen, das Rufen und Antworten oder das kontrapunktisch angelegte Unisonospiel wechselnder Instrumentenkombinationen polytonal aufzulösen; mitunter klingt die Einbindung zweideutig dissonanter Cluster, die sich unaufhörlich an subdominanter Bluesphrasierung reiben, so banal, daß deren eigentlich vertrackte Subtilität leicht überhört werden kann. Was dabei am meisten zu Buche schlägt, ist das Spiel »really-on-the-top-of-the-beat« des Drummers Al Foster; an ihm rankt sich alles hoch, auch die Neuentdeckung Miles': den Baßsound von Darryl »The Munch« Jones vergleicht er selbst mit dem des legendären Jimmy Blanton, der das Baßspiel im Orchester Duke Ellingtons Anfang der 40er Jahre revolutionierte. Andererseits wird dadurch auch eine Tendenz der sterilen Studioatmosphäre – das Abgleiten in substanzloses Geblubber – weitgehend gebannt. Als Paradebeispiel dafür mag das kurze und kompakte »That's What Happened« gelten, aus dem jeder solistische Glanz eliminiert wurde.

207

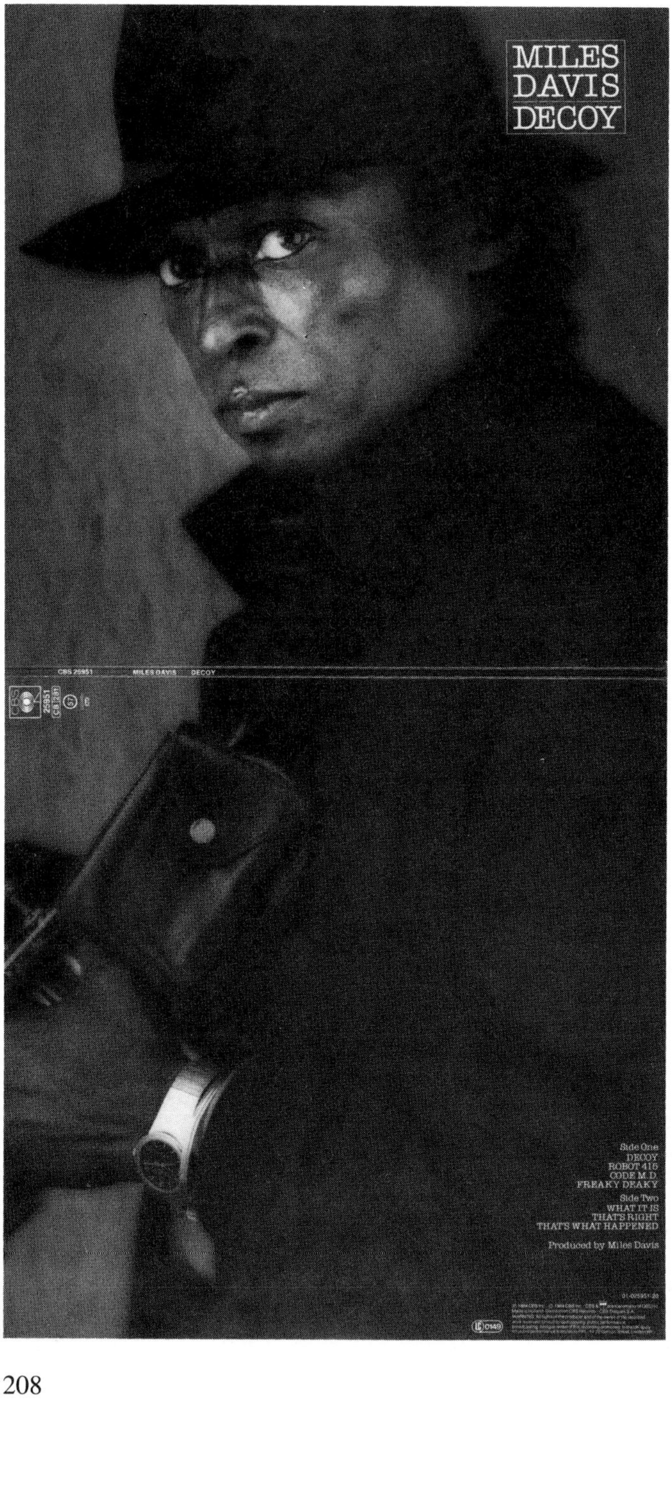

Columbia FC 38991
CBS 25951

CD: CBS 25951-2

Wenn überhaupt, dann reserviert diesen der Altmeister in eindringlicher Manier öfter für sich selbst, wie etwa in »Code Miles Davis«; getragen vom flächenartig angelegten Sound des »Synthesizoniken« Robert Irving läßt er in unvergleichlicher Art das Feuer seines Horns erglühen. Genial ist es allemal, daß es Miles, aller futuristischen Klänge zum Trotz, noch versteht, die melancholische Grundstimmung seines Trompetenspiels zu Gehör zu bringen. In diesem Sinne ragt die Titelnummer des Albums heraus, die ganz vom Harmon-Mute-Sound Miles' erfüllt ist. Aus der merkwürdig verschrobenen, ineinander verschachtelten Rhythmik schälen sich atemlos parasolistische Beiträge. Schließlich wird John Scofields brilliant angelegter Gitarreneinsatz von Branford Marsalis' schwebenden Sopranklängen – zuerst schmiegsam, dann feuriger – zu einer sich schlängelnden Kadenz ausgestaltet.

An die kurze Bridge-Nummer »Robot 415«, die Miles Davis dem Schwulenmilieu von San Francisco gewidmet hat, schließt sich das bereits erwähnte »Code M. D.« an. »Freaky Deaky« ist die Suche Miles' nach motivischer Expression mit anderen Mitteln; in samtwarmer Intonierung entlockt er dem Synthesizer eine pastell abgestufte Soundcollage, die ohne Thema auskommt.

Über die Hälfte der B-Seite nimmt ein schon obligatorischer Blues ein – eine Art von »Cool-Blues«, der zu Miles' Gütesiegel der 80er Jahre werden könnte. So dient ihm »That's Right« als Vehikel, für den immer wiederkehrenden Versuch, sanfte Intonierungen und drängende Linearphrasierung miteinander zu verbinden. Die Richtung ist auf die modale Zerlegung der Bluesharmonie angelegt. Miles zieht einen weiten Improvisationsbogen, und nicht ohne chromatische Durchlauferhitzungen zu plazieren, überläßt er den solistischen Staffelstab John Scofield. Dieser erweckt durch seine ansatzlosen Gitarrenläufe den Eindruck, als wolle er den Mythos des Bluespropheten Jimi Hendrix erwecken. Wie Miles liebt Scofield originäre, sehr melodische Kürzel, die wie Leuchtbojen in seinen Improvisationen aufflackern.

Umrahmt ist der Blues von zwei Aufnahmen, die quasi »live« in Montreal aufgenommen wurden. Allerdings sind »What Is It« und das schon angesprochene »That's What Happened« im Studio »overdubbed« – eine Gelegenheit für Miles, mit sich selbst zu kommunizieren. Insgesamt gelingt es Miles Davis in »Decoy« – wie zuvor in den Alben »The Man With The Horn« und »Star People« – die Synthetisierung widerstrebender Strukturelemente aus Cool und Funk weiter voranzutreiben. Als Motto könnte man »Gruppensound mit Trompete« wählen.

Winter 1984/85

Miles Davis
You're Under Arrest

(A) One Phone Call / Street Scenes / Human Nature / MD 1 / Something's On Your Mind / MD 2 / Ms. Morrisine / Katia Prelude
(B) Katia / Time After Time / You're Under Arrest / Medley: Jean Pierre / You're Under Arrest / Then There Where None

Miles Davis (tp, synth), Bob Berg (ts, ss), Robert Irving III (synth, org, celeste), John Scofield (g), John McLaughlin (g), Darryl »The Munch« Jones (b), Al Foster (dr), Vincent Wilburn Jr. (dr, simmon dr), Steve Thornton (perc)

CBS 26447
CD: CBS CD-26447 (USA)

Time After Time

Time After Time / Katia

Besetzung wie oben

CBS 26447 Maxi Single

Miles' Pose als Asphaltkiller auf dem Album »You 're Under Arrest« ist durchaus programmatisch zu verstehen. Musikalisch taucht er unter und bricht ins »magische Dreieck« modischer Black Music ein – Jagdszenen in Sachen Soul, Funk und Pop. Jedes erfolgversprechende Stilelement wird gnadenlos anvisiert, abge-

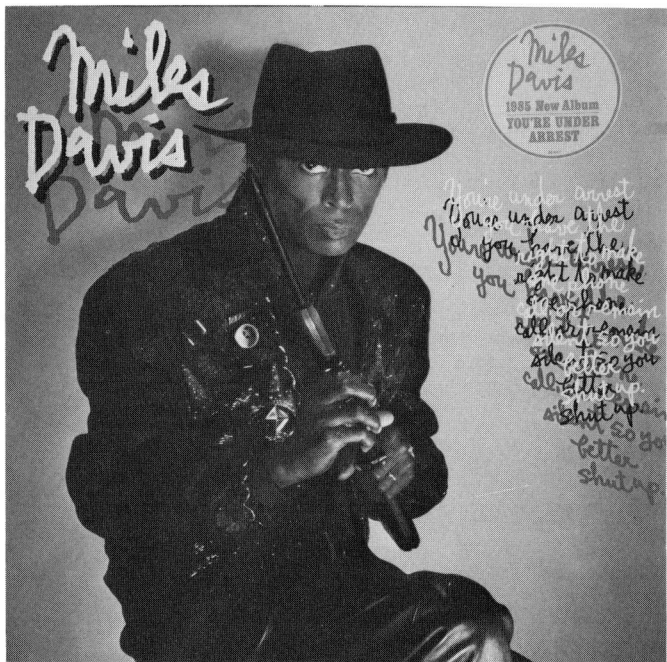

CBS 26447

CD: CBS CD 26447

schossen und eiskalt einverleibt: Der Titel »Street Scenes« spricht diese Sprache: im linken Ohr ein Baßlauf, der in Miles' musikalischer Karriere immer wieder wie eine Fata Morgana auftaucht (wie z. B. in »Jack Johnson« oder »Pangaea«), im rechten ein banales Ostinato. Schlagzeuger Al Foster, sein langjähriger Liebling, muß aufs Altenteil – ein jüngerer nimmt hinter der »Schießbude« Platz; es ist zufällig Miles' Neffe; er heißt Vincent Wilburn Jr. und er liebt die gnadenlosen, ratternd-knatternden Rhythmen des Digitaldrumming. Irgendwo dazwischen taucht der Harmon-Mute-Sound auf, einsam und verloren, fast nostalgisch an alte Zeiten erinnernd. Plötzlich einige »Salven« aus dem offenen Horn; im Nu entsteht so etwas wie ein akustisches Graffiti. Da, wo sich andere mit dem Eierkocher begnügen müssen, bringt Miles, der Vulkan, mit ein paar Strichen das musikalische Grau in Grau zur Eruption. Unvermutet gewinnen die Konturen an Prägnanz, die Klangfarben erglühen.

»Human Nature« ist ein wenig gelungener Ausflug in das Reich des Popstars Michael Jackson, dem auch ein Miles Davis keine wesentlichen Reize hinzufügen kann.

Das Ergebnis rechtfertigt Miles' bis ins Maßlose vorangetriebene Egozentrik in »Something's On Your Mind«: die simple rhythmische Grundlegung scheint Miles besonders zu inspirieren – er hält dagegen, seine Trompetenintonationen gehen durch den Ensemblesound wie der Löffel durch die Schlagsahne. Miles zieht über die gesamte A-Seite ein »melodisches Spinngewebe«, schlingt von Titel zu Titel das Ornamenthafte enger, dem man sich nach mehrmaligem Hören nicht mehr entziehen kann.

»Ms. Morrisine« ist ein einziger Höhenweg brennender und leuchtender Schönheit, obgleich der Titel schon nach ein paar Takten vermeintlich nach »Tijuana Brass« klingt. Miles holt sich allerdings nur zurück, was er einst Herb Alpert, Mitte der sechziger Jahre, mit auf den Erfolgsweg gab. An der Ansatztechnik einer Reduzierung der Lippenspannung, die ein Abfallen der Tonhöhe um Halbtöne bewirkt, hat

Miles ein halbes Leben lang gearbeitet. Mit der Elektronik ist das ein Kinderspiel; ähnlich akzentuiert ein romantisch angelegter Synthesizer-Lauf die Atmosphäre: traurig und verträumt, wie ein Chopin des 20. Jahrhunderts.

Miles ist nicht nur Killer, sondern auch Boss, denn wie er seinen einstigen Schüler unter die Fittiche nimmt, läßt sich an dem furiosen Gitarrenauftakt ablesen, mit dem McLaughlin den längsten und alles überragenden Track dieses Albums einleitet. »Katia«, dessen Motiv mit nur einem Notenschritt auszukommen scheint, ist ein einziges rhythmisches Beben. In unisono mit den Keyboards schießt Miles ungewöhnlich getimte Trompetensalven in den rhythmischen Strom und treibt die Spannung, das *in the heat of the night,* auf einen kaum für möglich gehaltenen Höhepunkt. Dann entspinnt sich ein Duell zwischen Trompete und Gitarre, das seinesgleichen sucht: kurz und mit Pfeffer, ständig alternierend und chromatisch konvergierend wie Momentaufnahmen eines gewaltigen Springbrunnens.

Und dann setzt Miles im Kontrast doch noch einen drauf; er bläst der »weißen Killerbraut« Cindy Laupers ein Ständchen, und deren Antwort könnte lauten: »Machs noch einmal Miles!« Die motivische Verwertung des stillen Pophits »Time After Time« markiert so weise wie Miles gestrige Zukunft, seine damalige avantgardistische Auffassung. Sein unwiderstehlicher Hang zum Trivialen – man höre, wie sich das Gitarrenriff aus der Reggae-Rhythmik löst – schafft immer wieder, durch alle Stilwandlungen hindurch, neue Varianten der Poesie. Dabei entsteht aber auch das Phänomen des »Déjà vu« im Sinne einer Zeitlosigkeit. Unvermutet flammt sie auf, Miles' vielleicht eigentliche Natur, seine Traurigkeit. Früher sprach sein schneidender Ton von der Ausweglosigkeit der Eingeschlossenen im »Fahrstuhl zum Schafott«, und in seinem Album »Kind Of Blue« verkörperte Davis Ende der 50er Jahre den Inbegriff des Lebensgefühls, das mit dem Begriff »blue« gemeint ist, das des melancholischen Hipsters.

Scofields »You're Under Arrest« ist eine gitarrengerechte Komposition, wohl die intelligenteste, aber auch abstrakteste des Albums. Der Asphaltkiller verwandelt sich in Zorro und rächt

sich elegant, listenreich aber auch mutig mit einer kühlen Klinge an den Kritikern seines Coolfunk. Rasantes Unisonospiel mit ständig wechselnden Instrumentierungen ergeben in Verbindung mit Miles' zwingender Virtuosität eine Dichte wie aus einem Guß. Wieselflink und schwerelos blüht das junge Talent des Bassisten Darryl »The Munch« auf, und wie geölte Blitze jagen sich entlang chromatischer Einschübe die Soloattacken von Trompete, Tenorsaxophon und Gitarre durch Miles' bislang überzeugendste Orchestrierung im Sinne dieser Stilistik. Zum Finale inszeniert Miles eine Art »Overkill«, in dem er sein derzeitiges Lieblingsthema »Jean Pierre« – angerissen als knappes, funkelndes Wetterleuchten – in ein Medley mit dem Titelstück des Albums verbindet: Ein Baby schreit, und zu den Klängen einer Spieluhr verdichtet sich das Ganze zu einem atonalen Inferno.

1985

Sun City
Artists United Against Apartheid

(A) Sun City / No More Apartheid / Revolutionary Situation
(B) Sun City (Version II) / Let Me See Your I.D. / The Struggle Continues / Silver And Gold

B 2: Miles Davis (tp) und viele andere
B 3: Miles Davis (tp), Stanley Jordan (el-g), Herbie Hancock (p), Richard Scher (keyboards), Ron Carter (b), Tony Williams (dr), Sonny Okosuns (talking-dr)

EMI 064 24 0467 1

Mit dem Benefiz-Album »Sun City« manifestierten mehr als 50 internationale Pop- und Jazzstars politischen Protest gegen den Rassismus in Südafrika. Miles Davis wirkt bei zwei Titeln dieses Albums mit. In »The Struggle Continues« trifft Miles wieder auf Musiker aus den Reihen seines berühmten Quintetts der 60er Jahre. Die Musik gibt Aufschluß, wie diese

EMI 064 24 04671

Formation möglicherweise heute klingen würde. In der intensiven Kollektivimprovisation ist Herbie Hancock auf dem akustischen Klavier zu hören und, in gewohnter Souveränität, die Rhythmusgruppe Ron Carter–Tony Williams. Den Platz des Saxophonisten Wayne Shorter nimmt dabei der Gitarrist Stanley Jordan ein, dessen Sound sehr an John Scofield erinnert. In dem Stück »Let Me See Your I.D.« legt Miles Improvisationslinien unter den Sprechgesang einer New Yorker Rap-Crew, eine rhythmisch raffiniert montierte Sprachcollage, in die Fragmente aus Reden von Reagan und Mandela, Botho und Tutu montiert wurden.

Frühjahr 1986

Miles Davis – Tutu

(A) Tutu / Tomaas / Portia / Splatch
(B) Backyard Ritual / Perfect Way / Don't Lose Your Mind / Full Nelson

WEA 925490-1
CD: WEA 925 490-2

Tutu

(A) Tutu (B) Portia

WEA 920 611-0 (Maxi-Single)

Full Nelson

(A) Full Nelson (ext. remixed version)
(B) Full Nelson / Tomaas

WEA 920 693-« (Maxi-Single)

WEA 925 490-1

CD: WEA 925 490-1

Specially Priced

(A) Backyard Ritual (extended version)
(B) Backyard Ritual (7'' edit) / Tomaas

WEA 0-20717 (Maxi-Single)

Miles Davis (tp), Marcus Miller (el-b), (div.
synth), (ts, ss, cl, b-cl), (dr), (drum-maschine)
& add. synth.-programming
on »Splatch« Adam Holzman (synth. & synth.-
program.)
on »Tomaas« Omar Hakim (dr & perc)
on »Don't Lose Your Mind« Michael Urbaniak
(el-v)
on »Tutu«, »Portia«, »Splatch« & »Backyard
Ritual« Paulinho da Costa (perc)
All instruments other than perc, b-g. & tp on
»Backyard Ritual«: George Duke
on »Backyard Ritual« Marcus Miller (el-b)

WEA 925 490-1
CD: WEA 925 490-2

Natürlich bezeichnet man Miles' Zusammenarbeit mit Marcus Miller am liebsten als Pop-avantgarde; aber es geht bei Tutu um mehr: in der konzentrierten Zweisamkeit aus Elektronik-orchester und Solotrompete entsteht telepathische Kommunikation; Marcus Miller kann sich auf Miles einstellen wie kaum ein anderer, weil er nämlich zuhören kann; der, dem er zuhört, dankt es ihm mit den außergewöhnlichsten Sololglanzlichtern seit Jahren.

Die zugrundegelegten Strukturen sind einfach, wie Miles es liebt: Anlehnung an die A-B-A-Form (»Tutu«, »Splatch« und »Portia«), offene Formen, die auf einem Akkord basieren (»Tomaas« und »Backyard Ritual«) oder eine Kombination aus offenen und wechselnden Formen (wie zum Beispiel »Full Nelson«). Die Leistung des Komponisten und Arrangeurs Marcus Miller besteht darin, die Konzepte so ineinander zu verzahnen, daß sie nur schwer identifizierbar sind; die pure Improvisation der Sequenzen, die skizzierten und ausgearbeiteten, können ebenfalls nicht mehr unterschieden werden. Nimmt

213

man die Musik des Albums als Ganzes, ist es, als ob man sich in einem akustischen Spiegelsaal befindet.

Trotzdem, das moderne Dekor täuscht, »Tutu«, die Titelnummer des Albums, ist eine Referenz Millers an die Tradition afroamerikanischer Musik. Wie vom Donner gerührt steigt das Sampling-Orchestra ein und baut eine berstende Spannung, die sich unmittelbar in eine getragene, federnde Rhythmik entlädt, ein »shuffle« treibt dahin, wie er so typisch nur in New Orleans anzutreffen ist. Marcus Miller haucht dem Drum-Computer sozusagen die Seele ein, Authentizität und Erdverbundenheit sind bestechend; es entsteht das typische *walkin' feeling,* dessen Faszination man sich kaum entziehen kann. Dann erst ein paar Noten von Miles, ehe er mit dem Orchester das Thema vorstellt, eine vertraute A-B-A-Form, vertrackter als sie erscheint. Miles als Solist durchbricht sie immer wieder mit verblüffenden Einflechtungen.

»Tomaas« ist ein Knüller, der einem nur schwer wieder aus dem Kopf geht. Kernstück ist die simple, aber auch bizarre Rhythmusgitarre aus den Soulbands von James Brown, dazu der geheimnisvoll klingende Perkussionssound, wie ein elektronischer Voodoozauber. Jedes Instrument befindet sich mit einem anderen im Dialog, dadurch entsteht ein verwirrendes Kommunikationsspiel. Miles preßt seine figuralen Variationen durchs Horn, mit einer Konzentration, wie man sie selbst bei ihm selten erlebt; was ihn beflügelt, ist der mysteriöse Sound der Baßklarinette, der sich wie ein Lavastrom durch die musikalische Landschaft schlängelt.

Bei »Portia« hat Miles, wieder einmal unwiderstehlich, sein Ohr an der musikalischen Galaxis. Millers »Concierto de Flamenco« im Kleinformat markiert das maurische Erbe, fremd und schön: Miles' grandiose Trompetenstrahlen durchziehen eine Aura orchestralen Lichts, in asketischer Klarheit, aber da schwingt auch unüberhörbar ein Charme mit, wie ihn Miles in den letzten Jahren immer nachhaltiger ins Spiel bringt.

Danach wirkt der bombastische Funk von »Splash« ein wenig deplaziert. Adam Holzmans Midi-Sound, wie brechendes Glas und ballernde Gewehre, verkündet etwas davon, wie Miles sich seine musikalische Zukunft auch vorzustellen vermag.

»Backyard Ritual« kriecht einem fast ins Ohr, wie »Tomaas«, aber mit der für Miles typischen Traurigkeit, über die auch die zickigen Ostinati kaum hinwegtäuschen können.

Der Titel »Perfect Way«, ein Disco-Hit von Scritti Politti, ist ein Glanzstück der Arrangierkunst von Marcus Miller: der Dschungel an Klangfarben und Sounds, den er in viereinhalb Minuten aufschichtet und ineinander verzahnt, ist faszinierend. Die *stoptimes* des Orchesters schaffen Raum für die vielleicht erregendsten Trompetenlinien des Albums, ihre Schwerelosigkeit wird unterlegt mit durchlaufenden Rhythmen und vielfältigen *scratch sounds*, wie sie Miles besonders zu lieben scheint. Es ist kaum mehr nachzuvollziehen, daß hier außer Miles' Trompete und dem polyphon angelegten Klarinettensatz, mit reizvollen Kontrapunkten versehen, alles gesampelt ist: ein dichtes, spannendes Kommunikationswunder.

»Don't Lose Your Mind« ist die Fortsetzung von »Perfect Way« mit anderen Rhythmen: ein Reggae mit knallharten Discobreaks. E-Baß und Klarinette in unisono schaffen die tonalen Ebenen für ein wildes Soundfeuerwerk, das durch ein erregendes Violinsolo von Michael Urbaniak noch zusätzliche Dramatik bekommt.

»Full Nelson« ist ein Konzentrat des gesamten Albums, mit Anklängen an den Soul-funkgroove von Sheila E. und Prince, sowie einem Bläsersound, der James Brown zum Kochen bringen würde. Zum Ausklang gibts dann noch einmal ein Miles »Special«: Miles agiert wie ein Schamane, der auf glühenden Kohlen tanzt, den Widerspruch von »Cool« und »Hot« auf eine neue Spitze treibend.

»Tutu« ist bislang das wichtigste Album, das Miles Davis in den 80er Jahren vorgelegt hat. Es geht hier weder um die »No-Wave / Pop-Ecke«, noch um konventionellen »electric jazz«, sondern um neue Türen zur Musik des 21. Jahrhunderts.

Warner Brothers Records
25655-1

CD: 25655-2

1987

Miles Davis / Marcus Miller
Music From Siesta

(A) Lost In Madrid I / Siesta / Kitt's Kiss / Lost
In Madrid II / Theme for Augustine / Wind /
Seduction / Kiss / Submission / Lost In Madrid
III
(B) Conchita / Lament / Lost In Madrid IV / Rat
Dance / The Call / Claire / Lost In Madrid V /
Afterglow / Los Feliz

*Miles Davis (tp), all other instruments Marcus
Miller, Jason Miles (synthesizer programming)
A 2: John Scofield (acoustic-g), Omar Hakim
(dr)
B 6: Earl Klugh (classical-g)
B 9: James Walker (fl)*

Warner Brothers Records 25655-1
CD: 25655-2

»Für mich ist Flamencomusik einfach zu spielen, weil ich ihn fühle, ihren Blues, den Blues
Spaniens«, gab Miles einmal zu verstehen.
»Lost in Madrid«, in fünf Variationen, zieht
sich wie ein Leitmotiv durch den Soundtrack
»Siesta«. Gleich zum Auftakt mag im Hintergrund das »noise programming« der Synthesizer wie Grundrauschen für jene absolute Leere
stehen, aus der sich Miles' Trompetenklang wie
eine aufgehende Sonne schält. Dieser virulente
Widerspruch des Schönen und des Nichts, der
die ganze Musik dieses Albums durchzieht, ist
auch Thema der im Renaissancestil gehaltenen
Abbildung des Covers: In erlesener, rotgoldener Umrahmung zeigt sie eine junge Schönheit,
die sich kritisch in einem Handspiegel betrachtet, und über die Schulter blickt ihr der Tod.
Schon zweimal gelangen Miles in seiner Karriere mit »Ascenseur pour l'échafaud« und
»Jack Johnson« Soundtracks in spannungsreicher Harmonie zu einem zeitgenössischen
Thema – Jazz nicht als Untermalung sich bewegender Bilder, sondern als eigenständige

Komponente in der Dramaturgie des Mediums Film. Im Gegensatz zu damals überschüttet uns Miles nicht mit »weitgeschwungener melodischer Architektur« sondern gestaltet eher »lyrische Kleinform«. Miles ist, könnte man mit dem Seitenblick auf die Literatur sagen, beim Vierzeiler oder zumindest beim Sonett gelandet. Das Titelstück des Albums macht es am deutlichsten: es klingt wie eine Schichtung der berühmten Gil-Evans-Kompositionen aus dem berühmten Album »Sketches of Spain«, »Solea« und »Saeta«, wie zwei musikalische Panoramen, die aufeinander gelegt wurden. Daß Miles die Musik von »Siesta« Gil Evans gewidmet hat, kommt also nicht von ungefähr. Der, der heute dafür verantwortlich ist, wie einst Gil Evans, Miles' Trompetenklang in einen orchestralen Sound zu integrieren, heißt seit dem Album »Tutu« Marcus Miller: er schrieb und arrangierte die Musik, und welche Instrumente er spielt, von der Gitarre über den Baß und die Baßklarinette bis zu allen denkbaren Keyboards und Synthesizern, wird auf dem Cover schon gar nicht mehr aufgeführt: ein Dialog Miles –Miller in wechselnden Rollen.

Das »synthesizer programming« ist von einer kaum denkbaren Raffinesse und stellt mit digitaler Technik ein Gil-Evans-Klangbild, seine charakteristische Orchestrierung aus Flöten-Oboen-Tuba, nach; der Sound wirkt wie ein Rätsel, und man stellt vielleicht irritiert die Frage: Streichquartett oder Fairlight? Baßklarinette oder Emulator? »Conchita« ist mehr als ein beeindruckendes Beispiel dafür, wie Marcus Miller mit seiner Elektronik ein dramatisch orchestriertes Klangbild zu schaffen imstande ist: die Rhythmik symbolisiert Linie und Licht, unvorbereitete Dissonanzen schlagen einen in Bann, die schreienden Klarinetten mögen für die Dramatik eines nahenden Unheils stehen.

Und wie Miller mit der Baßklarinette umgeht, zeigt noch einmal nachhaltig sein Multitalent. In »Theme For Augustine« schlüpft Miller in die Rolle des »Faun de l'Après-Midi«: die wunderschöne zärtliche Kreation eines schönen, jungfräulichen Mädchens in Weiß durch Miles' Harmon-Mute-Sound kontrastiert er im Dialog, dissonant mit einer mystischen Klangorgie; der Tod schaut ihr über die Schulter!

»Miles' wahre Meisterschaft bestand schon immer darin, sich nicht zuletzt auch die richtigen Partner auszuwählen.«

Abkürzungen

arr	Arrangeur	com	Komponist	sax	Saxophone
as	Altsaxophon	dr	Schlagzeug	ss	Sopransaxophon
b	Baß	el	elektrisch	synth	Synthesizer
b-cl	Baßklarinette	fl	Flöte	tb	Posaune
bj	Banjo	fl-h	Flügelhorn	tp	Trompete
bo	Bongos	fr-h	Waldhorn	ts	Tenorsaxophon
bs	Baritonsaxophon	g	Gitarre	tu	Tuba
celeste	Celesta	harp	Harfe	v	Violine
cello	Violoncello	org	Orgel	vib	Vibraphon
cga	Conga	p	Piano	voc	Gesang
cl	Klarinette	perc	Percussion	v-tb	Ventilposaune
co	Kornett	picc	Piccoloflöte	xyl	Xylophon

Alphabetisches Verzeichnis der Plattentitel und der eingespielten Stücke

(Plattentitel sind *kursiv* gesetzt)

Literatur

Berendt, Joachim E.: *Das große Jazzbuch. Von Rag bis Rock. Entwicklung, Elemente, Musiker, Sänger, Combos, Big Bands.* Neue illustrierte Ausgabe mit erweiterter Diskographie. – Frankfurt/M.: Krüger, 1976

Berendt, Joachim E.: *Das große Jazzbuch. Von Rag bis Rock* (s. o.). – Frankfurt/M.: Fischer Taschenbuch Verlag, 1982

Berendt, Joachim E.: *Ein Fenster aus Jazz. Essays, Portraits, Reflexionen.* Überarbeitete und erweiterte Ausgabe. – Frankfurt/M.: Fischer Taschenbuch Verlag, 1978

Berendt, Joachim E.: *Photo-Story des Jazz.* – Frankfurt/M.: Wolfgang Krüger Verlag, 1978

Berendt, Joachim E. (Hrsg.): *Die Story des Jazz. Vom New Orleans zum Rock Jazz.* – Stuttgart: Deutsche Verlags-Anstalt, 1975

Carr, Ian: *Miles Davis. A Critical Biography.* – London: Quartet Books, 1982

Chambers, Jack: *Milestone I, The music and times of Miles Davis to 1960.* Toronto, Buffalo, London: University of Toronto Press, 1983

Chambers, Jack: *Milestones II, The music and times of Miles Davis since 1960.* Toronto, Buffalo, London: University of Toronto Press, 1985

Cole, Bill: *Miles Davis. A Musical Biography.* – New York: Morrow, 1974

Endress, Gudrun: *Jazz Podium. Musiker über sich selbst.* Zeichnungen von Herbert Joos. – Stuttgart: Deutsche Verlags-Anstalt, 1980

Feather, Leonhard G.: *The Book Of Jazz. From Then Till Now. A Guide To The Entire Field.* Foreword By Dizzy Gillespie. – New York: Horizon Press, 1957

Feather, Leonhard G.: *The Encyclopedia Of Jazz In The Sixties.* Foreword by John Lewis. – New York, Horizon, 1966

Gillespie, Dizzy und Fraser, Al: *To Be Or Not To Bop.* – London: W. H. Allen

Hentoff, Nat: *Jazz Is.* – Discus/Avon Books

Jost, Ekkehardt: *Free Jazz. Stilkritische Untersuchungen zum Jazz der 60er Jahre.* – Mainz: Schott, 1975

Nisenson, Eric: *'Round About Midnight, a portrait of Miles Davis* – New York: The Dial Press, 1982

Kerschbaumer, Franz: *Miles Davis. Stilkritische Untersuchungen zur musikalischen Entwicklung seines Personalstils.* – Graz: Akademische Druck- und Verlagsanstalt, 1978

Parker, Chan und Paudras, Francis: *To Bird With Love.* – Poitiers, Editions Wizlov, 1981

Polillo, Arrigo: *Jazz. Geschichte und Persönlichkeiten der afroamerikanischen Musik.* – München/ Berlin: Herbig, 1978

Wilmer, Valerie: *As Serious As Your Life. The Story Of The New Jazz.* – London: Quartet, 1977

Wölfer, Jürgen: *Handbuch des Jazz.* – München: Heyne-Verlag, 1979

Zeitschriften

Coda Publications
Box 87 Station J
Toronto Ontario M4J4 × 8
Canada

Down Beat
222 W. Adams St.
Chicago
II 60606

Jazz Forum
The magazine of the
International Jazz Federation
Nowogrodzka 49
00-695 Warsaw, Poland

Jazzpodium
Vogelsangstr. 32
7000 Stuttgart 1

Jazzthetik
Hansaplatz 9
4400 Münster

Spotlight
Somu Verlag
Dionysiusstraße 167
4150 Krefeld

Stereo
S. Z. V. Verlag
Schellingstr. 39
8000 München 40

Swing Journal
9–3, Sakaecho, Shiba Mianatoku,
Tokyo, Japan

John Litweiler

Das Prinzip Freiheit
Jazz nach 1958

Aus dem Amerikanischen übersetzt von Peter
Niklas Wilson.
292 Seiten mit 41 teils farbigen Fotos. Paper-
back DM 36,–.
ISBN 3-923657-22-6

John Litweiler lebt seit 1964 in Chicago, der
Metropole des Blues und des Jazz, und nimmt
als Jazzjournalist am Leben und an der Arbeit
der Musiker, von denen viele zu seinen persönlichen Freunden gehören, intensiv teil. Er
ist ständiger Mitarbeiter der Jazz-Zeitschrift
»Downbeat« und Direktor des »Jazz Institute
of Chicago«.

Das Streben nach neuen Horizonten – und insbesondere nach Freiheit – war die
Triebkraft der jungen Generation der 60er und 70er Jahre, sowohl im gesellschaftlichen
Bereich, wie auch in der Kunst.
Dieses Buch gibt einen Überblick über die verschiedenartigen »Wege in die Freiheit«
der Jazzmusiker und macht diese anhand von repräsentativen Schallplatteneinspielun-
gen für den Hörer nachvollziehbar. Wir begegnen **Ornette Coleman,** der den Weg zu
neuen Möglichkeiten des Zusammenspiels öffnete, **John Coltrane** und seinem ästheti-
schen Universum der Innerlichkeit, dem schillernd-brillanten **Miles Davis** und seinen
Erfolgsrezepten für publikumswirksame Vermischung von modalem Jazz mit Rockmusik, dem legendenumwobenen **Sun Ra** oder den Suchern nach einer neuen populären Romantik wie **Keith Jarrett.**
Einen großen Raum nehmen die Musiker des Free Jazz ein. Der Autor beschäftigt sich
mit **Eric Dolphy, Albert Ayler, Cecil Taylor,** dem **Art Ensemble of Chicago** und
anderen prägenden Künstlern des neuen Jazz. Auch die Szene in Europa wird
gewürdigt und die internationale Situation der 80er Jahre analysiert.

OREOS VERLAG · 8176 SCHAFTLACH

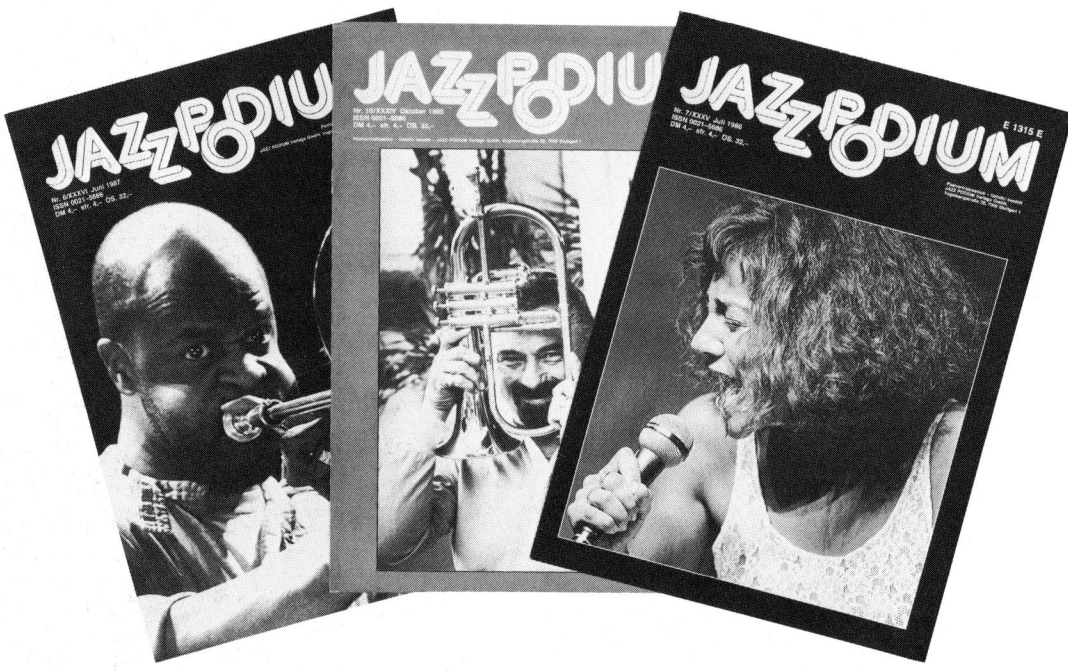

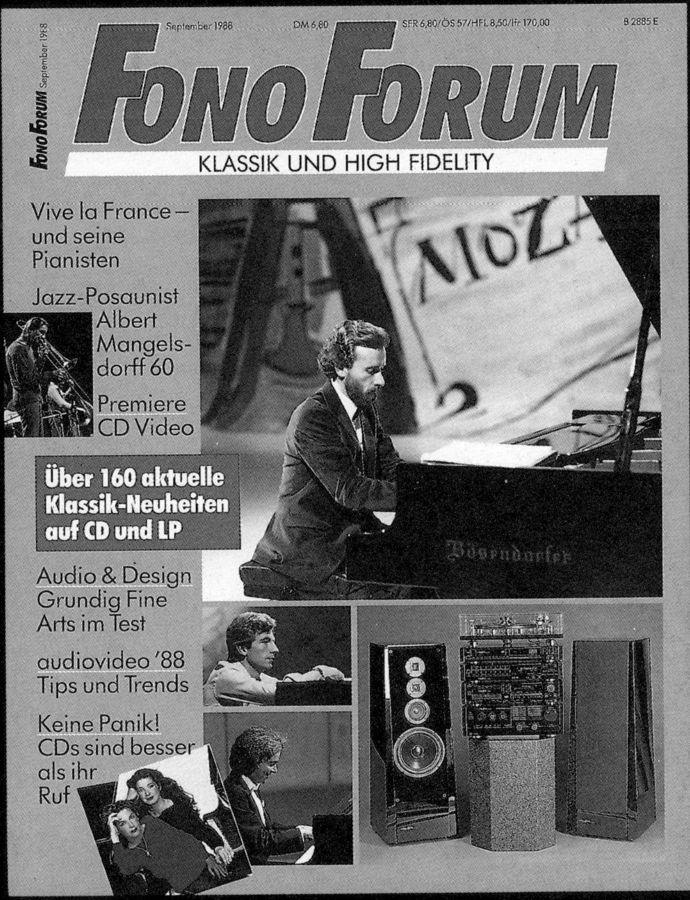

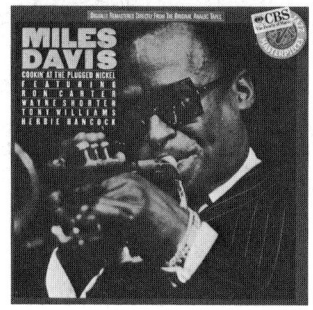